《黑龙江省乡村产业振兴探讨》
编委会

主　　编：矫　江　黄峰华

副 主 编：刘艳霞　段新宇　苏　戈　姜　莹

编写人员：李晓晨　王敬元　李　阳　张海峰

　　　　　张　宇(1980—)　龙江雨　张　宇(1981—)

作者单位：黑龙江省农业科学院农业遥感与信息研究所

黑龙江省乡村产业振兴探讨

矫 江 黄峰华 主编
刘艳霞 段新宇 苏 戈 姜 莹 副主编

中国农业科学技术出版社

图书在版编目(CIP)数据

黑龙江省乡村产业振兴探讨／矫江，黄峰华主编. --北京：中国农业科学技术出版社，2024.1

　　ISBN 978-7-5116-6704-5

　　Ⅰ.①黑… Ⅱ.①矫…②黄… Ⅲ.①乡村-农业产业-产业发展-研究-黑龙江省 Ⅳ.①F327.35

中国国家版本馆 CIP 数据核字（2024）第 028615 号

责任编辑	史咏竹
责任校对	马广洋
责任印制	姜义伟　王思文

出 版 者	中国农业科学技术出版社
	北京市中关村南大街12号　　邮编：100081
电　　话	（010）82105169（编辑室）　　（010）82106624（发行部）
	（010）82109709（读者服务部）
网　　址	https://castp.caas.cn
经 销 者	各地新华书店
印 刷 者	北京建宏印刷有限公司
开　　本	185 mm×260 mm　1/16
印　　张	13.5　　彩插　2面
字　　数	271千字
版　　次	2024年1月第1版　2024年1月第1次印刷
定　　价	68.00元

━━━━━ 版权所有·翻印必究 ━━━━━

序

  发展乡村产业，推进乡村振兴，是党和国家指导"三农"工作的基本方针。我国地域辽阔，各地农业农村基础条件差别大。自提出解决"三农"问题以来，历经发展现代农业，再到乡村振兴，尽管有很多乡村产业发展的好典型，同时也看出影响发展因素的复杂性，以及全面实现乡村产业振兴目标任务的艰巨性和长期性。"上有千条线，下为一根针"，全面实现乡村产业振兴，需要国家惠农政策支持，更需要广大乡村干部和群众共同努力，因地制宜发展产业，实现乡村经济良性循环和可持续发展，才能达成全面实现乡村振兴目标。

  黑龙江是我国最主要的商品粮主产区，资源禀赋、耕地规模、气候条件和所在区位都有显著特殊性。本书通过调查各地先进典型经验，分析总结"三农"发展的规律，以期通过有益的启示，为黑龙江全面实现乡村产业振兴提供借鉴参考。在此基础上，坚持问题导向，进一步分析了黑龙江农业农村特点，以及乡村产业发展现状和存在的问题。特别是遵循"大食物观""全面开发国土资源"和"质量效益农业"指导方针，研究划分了黑龙江农业资源类型，分析了各类型产业化发展方向和潜力。同时，归纳总结了农业产业化发展的一般规律，指出了黑龙江乡村产业具体发展路径，并提出了加快发展的综合对策和建议。希望本书的出版能为实现"粮食持续增产，农民生产增收，企业加工增效，剩余劳力就业，集体经济壮大，政府财政增税和建设美丽乡村"等"宜居宜业"乡村振兴发展目标贡献绵薄之力。

  本书提出了"地产资源产业化""招商与创业并重"和"村办生产服务业"，以及建设包括相关工业在内的"农业产业集群"的新观点，希望对村集体和企业投资选项目、农民朋友拓宽创业增收渠道，以及各级领导指导乡村产业振兴，实现黑龙江由

"商品粮大省"向"农业强省"转变起到参考作用。

　　我国"三农"形势正处于大变革时期，针对发展现状和问题，很多专家学者在不同角度都有自己的见解和观点。本书编写人员虽然长期从事农业农村发展相关研究，但个人观点难免存在不妥之处，也希望进一步与同行业专家交流和探讨。

　　本研究得到黑龙江省科学技术顾问委员会和哈尔滨市咨询委员会立项支持，黑龙江省农业科学院农业遥感与信息研究所各位领导和同事为工作创造了有利条件，在此一并表示感谢。

矫　江

2023 年 11 月 30 日

前　言

我国实施乡村振兴战略，目的是解决"三农"问题，最终目标是实现城乡一体化。针对乡村振兴，国家已明确提出了"产业兴旺、生态宜居、乡风文明、治理有效、生活富裕"总要求。习近平总书记在党的第二十次全国代表大会上所作的报告，进一步强调了乡村振兴工作的重要性，并提出了建设农业强国的任务目标。全面建设社会主义现代化国家，"最艰巨最繁重的任务仍然在农村""坚持农业农村优先发展"，可见乡村振兴是一项影响因素复杂、需要长期建设的艰巨任务。

黑龙江省城市和县域经济发展不平衡，各地乡村发展水平差距还较大，与全国发展趋势相同，城乡居民收入比虽然在缩小，但实际差距还较大（图）。

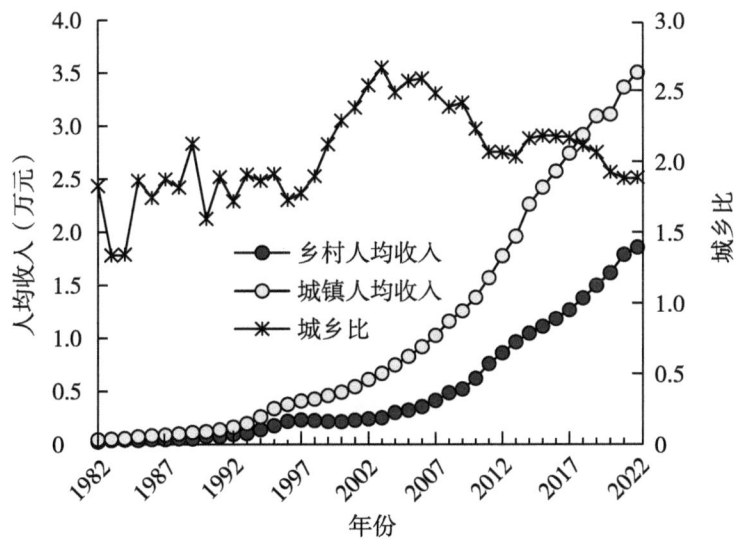

图　黑龙江省城乡居民收入

（数据来源：黑龙江统计年鉴）

乡村振兴与县域发展密不可分，需要同步协调发展。我国已进入工业反哺农业时期，随着经济的发展，预计各级政府对乡村振兴建设资金投入将会继续增加，但实现乡村全面振兴不能完全靠政府投入支持，各地乡村只有依据自然资源优势，抓住"产业振兴"重点，实现"产业兴旺"，才能筑牢乡村全面振兴经济的基础。我国各地已涌现出很多乡村振兴的好典型，坚持问题导向，借鉴先进典型经验，深入分析黑龙江省农业资源，并依据资源禀赋，因地制宜采取相应对策，才能实现乡村全面振兴和加快县域经济发展的目标。

编委会

2023 年 11 月

目 录

第一章 我国乡村产业发展的启示 ·· 1
    一、农业生产区域化 ··· 1
    二、资源开发多元化 ··· 3
    三、生产主体规模化 ··· 5
    四、经营管理社会化 ··· 7
    五、融合发展产业化 ··· 9
    六、结　语 ·· 12

第二章 黑龙江农业特点 ··· 13
    一、国土资源与农业 ·· 13
    二、寒地气候与农业 ·· 15
    三、生产结构与农业 ·· 23
    四、生产体制与农业 ·· 33
    五、结　语 ·· 38

第三章 黑龙江农业农村发展现状 ·· 39
    一、农业产值不高 ·· 39
    二、农民收入偏低 ·· 41
    三、人口快速减少 ·· 43
    四、集体经济薄弱 ·· 45
    五、县域经济不强 ·· 47
    六、结　语 ·· 50

第四章　黑龙江农业资源与发展潜力 … 51
一、主要粮食资源 … 52
二、主要养殖资源 … 98
三、北方蔬菜资源 … 122
四、寒地特色种养资源 … 133
五、区域特色作物资源 … 148
六、结　语 … 177

第五章　乡村产业振兴路径 … 178
一、全面开发国土资源 … 178
二、走产业化发展道路 … 180
三、建设农业产业集群 … 191
四、结　语 … 194

第六章　加快乡村产业振兴的对策建议 … 195
一、转变乡村发展理念 … 195
二、尽快出台乡村振兴规划 … 196
三、壮大乡村集体经济 … 197
四、招商创业同步发展 … 198
五、重视冬季加工生产 … 199
六、完善科技支撑体系 … 200
七、争取国家项目支持 … 201
八、营造产业发展氛围 … 202
九、结　语 … 203

参考文献 … 204

第一章 我国乡村产业发展的启示

20世纪80年代我国农村经营体制改革,调动了广大农民生产积极性,我国农业生产发展速度加快。2004年,针对农村出现的新问题,以中央一号文件为标志,国家进一步重视"三农"工作。特别是取消农业税后,加快了工业反哺农业步伐,我国农业生产进入快速发展新阶段。但影响"三农"发展因素很多,针对不断出现的新问题,国家也陆续出台相应政策举措指导农村农业发展。我国人口众多,人均耕地面积少,需要走以粮食安全为主要目标的中国特色现代农业发展道路。现代农业主要是建设"产业、生产和经营"三大体系（图1-1）。我国地域辽阔,各地生产条件差距较大,现代农业发展已呈现出以下主要发展趋势,应借鉴先进经验,顺应发展规律,科学系统决策,确保黑龙江省乡村产业发展少走弯路,实现产业兴旺和乡村全面振兴。

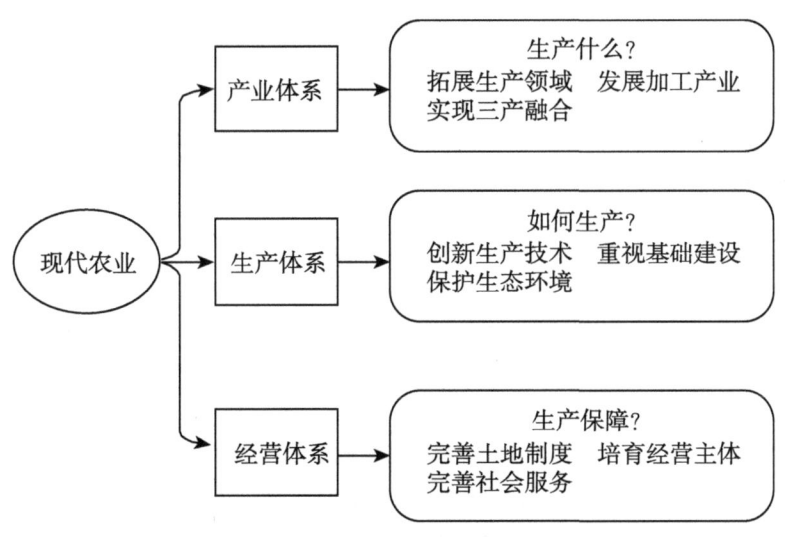

图1-1 我国现代农业三大体系建设

一、农业生产区域化

我国地域辽阔,区域间温度、水资源和耕地等条件差别较大。"顺天时,量地力,用工少而成功多",在市场经济主导生产的大背景下,什么效益好农民就生产什么。特别是国家对主产区的惠农补助政策，引导着我国各类农业生产向气候适宜区集中，并形成了各类特色农业集中产区。例如，华北地区的冬小麦，从西南到东北的黄金玉米带，华北和南方地区的蔬菜，长江中下游地区的水稻和油菜，新疆①的棉花和葡萄，以及广西②的甘蔗和陕西的苹果等；沿海地区的海水养殖，南方水网地区的淡水养殖，华北农区的肉蛋养殖业生产，以及四川的生猪等。种植面积较小的作物也呈现向气候适宜区集中发展趋势，例如，山东的"金乡大蒜"和"莱芜生姜"，内蒙古的杂粮和葵花籽等。在这种生产区域化发展过程中，黑龙江省耕地面积迅速增加，种植的农作物主要又向粮食集中，现已成为全国最大的粮食产区（图1-2）。到2022年，黑龙江省粮食产量已经连续13年排在全国第一位。粮食生产主要又集中在玉米、大豆和水稻3种作物，合计占粮食作物播种面积的98.1%，并形成了"东中部水稻""西南部玉米"和"北部大豆"三大集中产区。

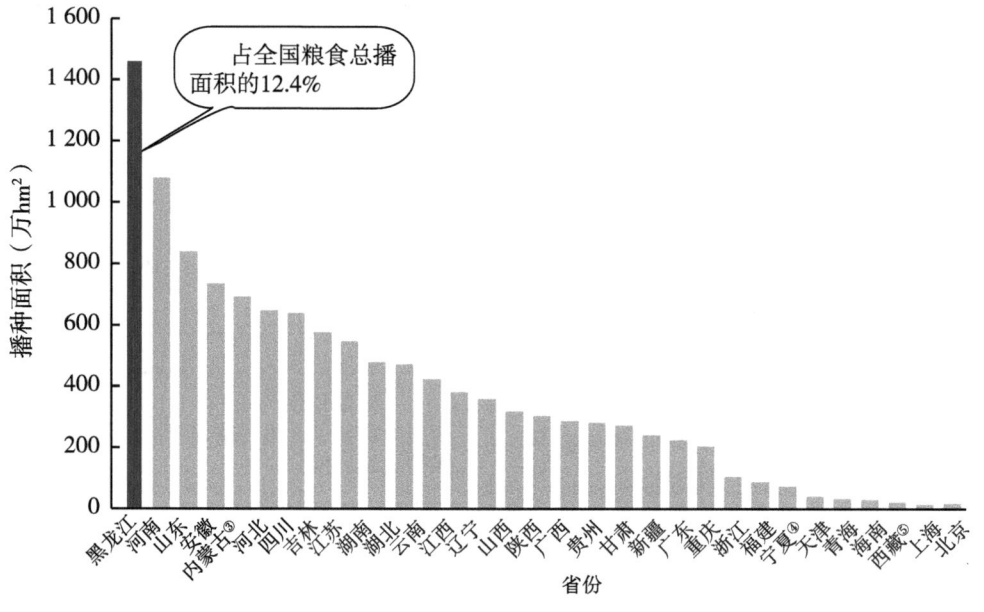

图1-2　2021年我国各地粮食播种面积

（数据来源：中国统计年鉴）

注：台湾地区、香港特别行政区和澳门特别行政区数据缺失，全书同。

---

① 新疆维吾尔自治区，全书简称新疆。
② 广西壮族自治区，全书简称广西。
③ 内蒙古自治区，全书简称内蒙古。
④ 宁夏回族自治区，全书简称宁夏。
⑤ 西藏自治区，全书简称西藏。

区域化集中生产有利于发挥气候优势，提高农产品产量和质量；有利于整合土地资源，扩大生产规模和提高土地利用率；有利于实现机械化生产，提高生产技术标准和解放劳动力；有利于全面发展加工业和打造商品区域知名品牌。我国信息化快速发展，物流体系建设日趋完善，农业生产已完全进入商品化农业新时代。各地须针对资源禀赋充分发挥气候资源优势，才能把农业产业做大做强。这也是世界农业发展大趋势，美国和加拿大等国，因其有丰富的耕地资源才成为世界粮食出口大国；荷兰耕地少，重点发展高附加值的花卉和蔬菜，以世界高消费市场为目标，也成为高效益农业大国；日本和韩国重视专用特色品种提高生产效益；以色列干旱缺水、土地瘠薄，重视发展节水灌溉生产蔬菜，以及奶牛和火鸡等特色养殖，也成为高效益农业的典范。国内外农业发展的经验都说明，因地制宜，扬长避短，扬长补短，确保增加生产比较收益，才能实现引导生产结构调整目标。生产区域化也带来了一些亟待解决的问题，如难实现有效轮作、秸秆大量集中难以处理、生产过度依赖化肥和农药，以及养殖业粪便污染环境和处理增加生产成本等（图1-3）。

图1-3 焚烧秸秆及养殖业粪便污染

二、资源开发多元化

农业分为广义农业和狭义农业。广义农业包括种植业、畜牧业、渔业和林业，又称大农业，这是国民经济的第一产业。狭义农业是指具体某一种农业生产，如种植业又分为粮食、果菜、油料和经济作物等多种生产类型。我国人口多，人均耕地面积少，以往特别强调粮食数量生产。随着粮食单产水平的提高和种植结构变化，我国人均粮食占有量已经迈上新台阶，并已超过世界年人均400 kg的指标（图1-4）。特别是2001年我国加入世界贸易组织后，伴随着全球经济一体化，我国粮食安全策略已经由"确保粮食安全"转变为"确保口粮安全和谷物适当进口",以及大豆完全放开进口。党的二十大又明确提出了"转变农业发展新理念",树立"大食物观",构建多元化食物供给体系。这说明我国在端牢中国人"饭碗"的基础上,农业生产正在由强调粮食安全向"全面开发国土资源"转变,并充分利用国内外"两类资源"和"两个市场",实现"进出口并存",以保障人民对肉蛋奶和瓜果菜等高质量农产品的需求。

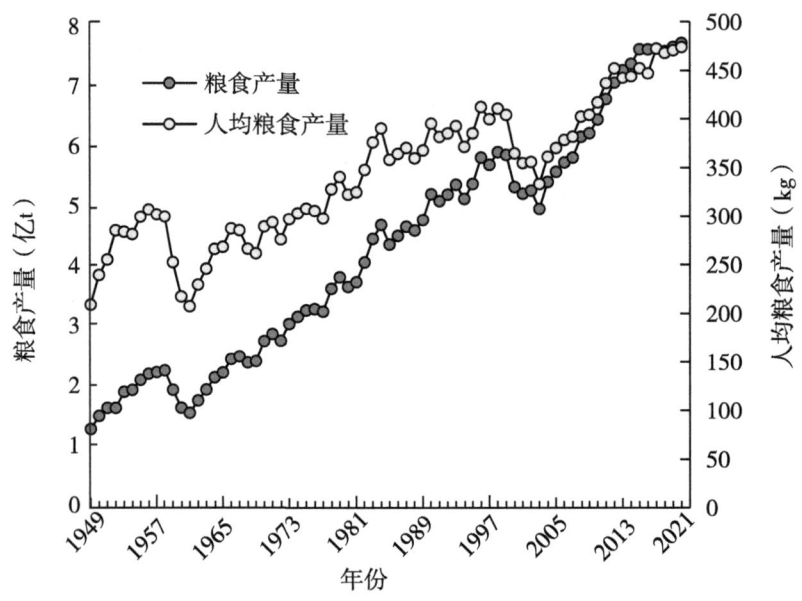

图1-4 我国历年粮食产量与人均粮食产量

(数据来源:中国统计年鉴等)

树立"大食物观"和"大农业"生产理念,需要根据各地的资源禀赋,在重视粮食生产的基础上,因地制宜,"念好山水经,唱好林草戏,打好果蔬牌",全面开发利用国土资源,提高国土资源利用率和产出率,提升大农业整体效益。同时,粮食生产现代化产生的剩余劳动力向其他种养业转移,拓宽农民增收渠道。我国已涌现出很多农业多元化发展的好典型。例如,山东省2021年农作物播种面积为黑龙江省的72.7%,但农业总产值却比黑龙江省高77.5%;农村人口虽然是黑龙江省的3.4倍,但人均纯收入却比黑龙江省高16.2%。其重要原因之一是山东省农林牧渔生产结构平衡发展,蔬菜、肉类和禽蛋产量均排在全国各省份第一位,这也为农业产业化和农村"三产融合"发展奠定了基础。黑龙江省只有粮食产量排在全国第一位,其次是奶类产量排在全国第三位,其他均不突出(表1-1)。我国再大幅度增加耕地面积的可能性很小,已明确划定18亿亩耕地红线,并强调"藏粮于地、藏粮于技",不断提升粮食单产和实现耕地可持续利用。种粮基本农田占比一般应为70%~80%,黑龙江省粮食种植面积占农作物生产面积比例过大，农业总产值却不高。应深入探讨农民种植其他作物和发展养殖业积极性不高的原因，以农民生产增收为目标，发挥寒地优良生态环境和特色产品优势，采取相应对策，促进生产向多元化发展，在当好国家粮食安全压舱石的基础上，再向"确保食物安全"，生产肉蛋奶等高附加值产品转变，同时实现大幅度增加农民收入目标。

表1-1 2021年黑龙江省与山东省农业生产比较

项目	山东省 数据（A）	排名	黑龙江省 数据（B）	排名	A/B （%）
农村人口（万人）	3 667.0	2	1 072.0	21	342.1
农业总产值（亿元）	11 468.0	1	6 460.0	10	177.5
农民纯收入（元/人）	20 793.9	8	17 889.3	18	116.2
粮食产量（万t）	5 500.7	3	7 867.7	1	69.9
肉类产量（万t）	819.3	1	300.4	14	272.7
禽蛋产量（万t）	455.4	1	109.8	17	414.8
奶类产量（万t）	288.4	4	501.0	3	57.6
水产品产量（万t）	854.4	2	71.9	16	1 188.3
蔬菜产量（万t）	8 434.7	1	674.3	23	1 250.9

数据来源：中国统计年鉴，其中蔬菜产量为2020年数据，其他为2021年数据。

三、生产主体规模化

我国耕地实行集体所有权、农户承包权和放活经营权三权分置。现代农业的生产主体包括家庭农场和生产合作社，这是农业生产的基本单位，也是国家对农业生产普惠性补助的重点。一般主粮作物和大宗养殖"原字号"产品如卖价过高，会增加后期加工成本和市场消费成本；如卖价过低又会降低生产者收益，影响再生产积极性。为此，国家采取仓储调控和进出口调控，以实现价格基本稳定。可见，我国这些"原字号"农产品并不是"完全商品"，而具有一定公益属性。我国人均耕地面积少，以往农田分布较分散，浪费耕地资源，不便于管理作业，劳动生产效率较低。生产主体只有在重视提高单产水平和产品质量的基础上，努力扩大生产规模，才能产生更大的规模效益。随着农业机械化快速发展，农村土地流转加快，生产主体规模正在不断扩大。我国各地耕地资源禀赋差距大，人均耕地面积少，生产规模并非越大越好，应根据各地情况和生产类型发展适度规模经营（图1-5）。

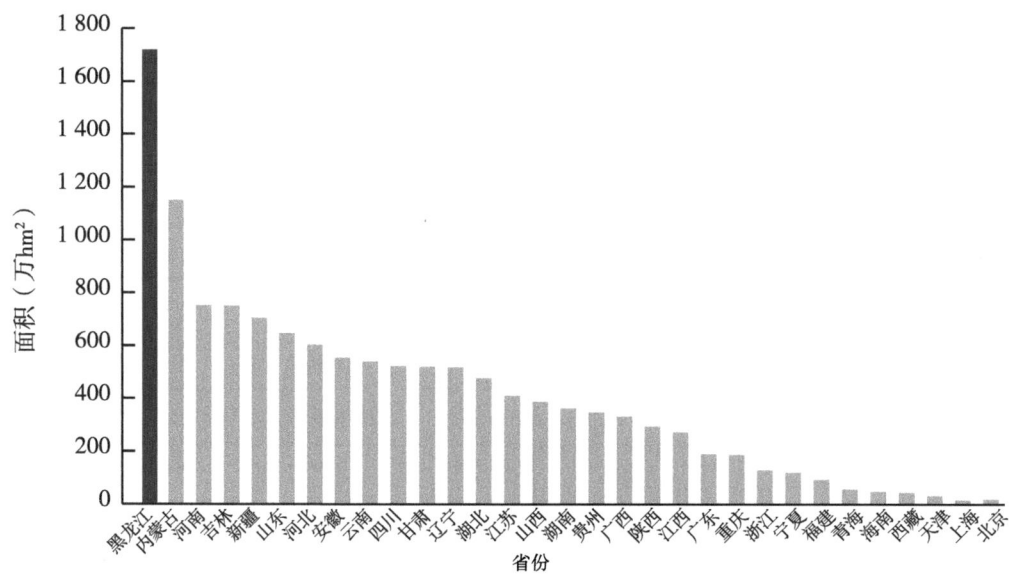

图1-5 2019年我国各地耕地面积

（数据来源：中国统计年鉴）

我国各地虽然有大规模流转土地生产的典型，但总体看与农业发达国家相比差距还较大。扩大生产规模需要相应的生产机械设备和社会化服务体系支持，并投入资金整合土地，此外，扩大生产规模必然会涉及剩余劳动力转移再就业问题。一般粮食和饲料牧草等适宜大规模生产，美国、澳大利亚和加拿大等国，一般旱田农场可达到200~400 hm²。我国北方耕地资源较多的地区，特别是黑龙江省，可借鉴法国和德国等欧洲国家，以及日本北海道，旱田以户均30~50 hm²作为适度规模发展参考目标。南方人口密集区户均面积可适当小一些。受气候条件影响较小的猪、鸡养殖业，主要应走工厂化高密度规模化发展道路。我国大部分地区的其他种养业，主要应借鉴日本、荷兰、韩国和以色列等人口密集和耕地资源较少国家的经验，走集约化适度规模经营发展道路。受资源限制较大的牛、羊养殖业，以及鸭、鹅等，还需要重视饲草保障和粪便处理成本，并分散建设牧场，实现人畜分离和建设美丽乡村（图1-6）。随着农业生产规模化和集约化，种植业和养殖业劳动力数量必然减少，农村劳动力转移也是大势所趋，分散的小村屯趋于集中，实现居住城镇化。我国乡村人口数量还将继续减少（图1-7）。

图 1-6　发展工厂规模化养殖业

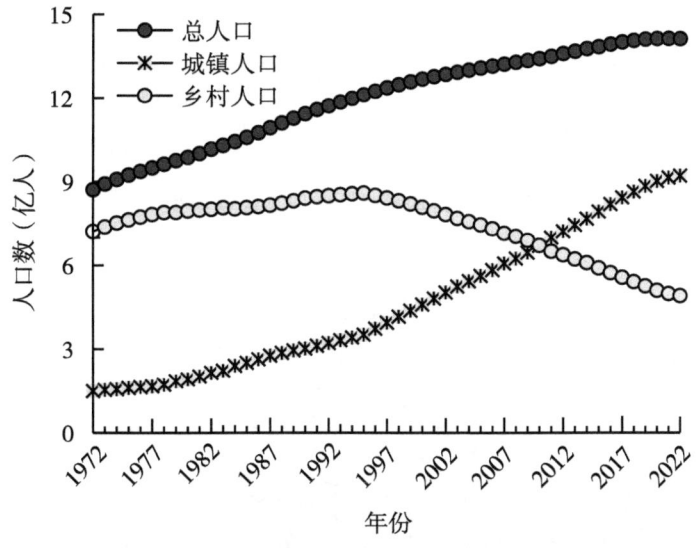

图 1-7　我国城乡人口变化

（数据来源：中国统计年鉴）

四、经营管理社会化

家庭农场和生产合作社，是以家庭成员或社员为主要劳动力从事农业生产的主体。随着生产规模扩大，各生产环节事必躬亲、面面俱到的生产方式，已不适应现代农业生产发展的需求。各生产技术环节，可由相关专业社会化服务体系完成。我国华北冬小麦产区，每年夏季随着小麦成熟，有10多万台联合收割机从南到北移动，为农户收割小麦。机主与农户互不相识，谈妥价格即开始作业，大幅度降低了农户收割脱粒成本，也提高了收获质量。北大荒农垦集团总公司建三江分公司用大飞机对大面积连片生产的水稻喷洒农药防治病虫害，提高了预防时效性，降低了单位面积作业成本（图1-8）。对于田块较小、作物有交叉种植的地块，以及高秆作物和果树等，用无人机防治病虫害和喷洒叶面肥，在作业安全、减损增效和提质增效等方面同样取得了良好效果（图1-9）。社会化服务体系在适合大机械作业的耕翻整地、玉米直收脱粒和水稻工厂化育秧等生产环节都出现很多好典型。

华北地区收小麦

北大荒农垦集团总公司
建三江分公司飞防作业

图1-8 大规模社会化服务体系典型

图1-9 小规模社会化服务体系典型

社会化服务体系是现代农业经营体系的重要组成部分。对加快土地流转，扩大农业生产主体规模会起到积极推动作用。农业社会化服务体系可由农民专业合作社或各类服务公司组建。影响农业生产发展的因素复杂，生产主体与社会化服务体系协同发展，农民才能从繁重的体力劳动中解放出来，使农业成为让人羡慕的"潇洒农业"。农业作为基础性产业，需要各级政府从农机设备和技术培训等方面加大支持力度，并建设高标准农田以及完善生产资料供给体系。农民实现稳定持续增收，才能使农业成为"有奔头的产业"，最终实现现代农业的"集约化、社会化、专业化和标准化"高产稳产和可持续发展目标（图1-10）。生产区域较分散和生产规模较小的农户，也可探索分工协作生产模式，主要是各自侧重农机或植保等某一生产技术领域，专攻单项技术，农户间相互服务，由此降低生产成本并实现技术标准化。我国社会化服务体系建设正在探索发展过程中，当前出现的"生产托管"等也是社会化服务体系建设的新探索，应不断总结、创新和完善。应牢牢把握农民是农业生产的主体，筑牢农业生产的根基。探索让农民"种自己的地"和"种更多的地"，不断提升耕地质量，才能实现农业可持续发展和种地农民大幅度增收。

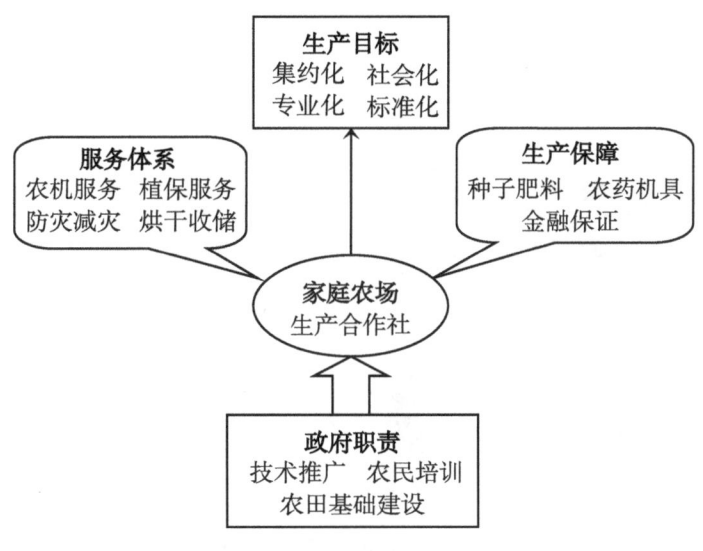

图1-10 现代农业生产模式

五、融合发展产业化

农业具有公益生产属性，这是一般商品粮主产区产粮多税收少、县域经济发展滞后的重要原因。针对"原字号"农产品附加值低和销售难题，我国大力支持农业产业化发展道路。主要内容是以龙头企业为核心，带动实现建设生产基地、农产品深加工、拓宽销售市场和打造知名品牌的目标（图1-11）。

不仅是农业产业，一切适宜乡村环境友好的加工业都可以探索发展。我国沿海地区"小商品，大市场，获得大效益"和"建设产业集群"都是可以借鉴的成功经验（图1-12）。农村三产融合，就是在农业生产的基础上，把农产品加工等相关工业作为第二

图 1-11 发展农产品加工业

产业,把品牌营销和旅游观光等作为第三产业,实现"农业产加销一体化"和"农工贸一体化"。由此使县域乡村由单纯农业生产转变为多元经济,使乡村实现产业振兴和县域经济高质量发展目标。

图 1-12 我国沿海地区农村工业产品

我国农产品加工技术已取得显著进步,并形成了较完善的"龙头企业+基地+农户"订单产业化模式,还有"农民生产合作社发展加工企业"和"村集体办加工企业"等发展模式。我国已建成了鲜活农产品运输大通道,一般城市物流节点都建有大宗产品存储库和大型农贸市场。空运、海运、铁路运输和陆路运输等,包括国际物流渠道建设日趋完善,已为农产品销往国内外市场奠定了基础。网络村村通和手机的普及,使通信不再是制约农业产业化发展因素。这说明我国各地乡村已普遍具备了加快农村三产融合发展的基本条件。需要注意的是各地居民消费习惯、消费方式和消费水平差距较大,特别是黑龙江省作为农业产区,农业产业化更应重视研究消费市场,开发生产适销对路的产品,走"加工销售带动原料生产基地建设"发展道路。一般应先立足本区域销售,同时再开拓国内国外两个消费大市场,特别是重视开发高端消费市场,并积极策划打造产地区域知名品牌。山东省邹平市西王村，发挥当地玉米生产资源优势，做大做强玉米系列产品加工业，成为全国著名的富裕村；黑龙江省尚志市元宝村，利用半山区条件，不依靠政府投入，发展小微企业并做大做强，发展成为全国最大的铅笔制造村。两者都是依据当地资源，创办村集体企业，走三产融合发展道路，实现产业兴旺，壮大集体经济和乡村产业振兴发展的典型（图1-13）。

山东邹平西王村　　　　　　　　　　　黑龙江尚志元宝村

图1-13　乡村产业振兴的典型案例

另外，农业"产前产中产后"相关工业领域很广泛，如农业机械制造业、产品加工业和产品包装业等，都可以创造巨大的经济价值和社会价值，甚至在这些领域涌现出一些世界著名大型企业，如美国约翰迪尔、凯斯纽荷兰和日本久保田等（图1-14）。我国是农业大国，黑龙江又是农业大省，不仅是商品粮生产，农机制造业和农产品包装业等相关产业都应不断努力，起到带动县域乡村工业发展的效果。

图1-14　世界著名农机公司产品

六、结　语

我国地域辽阔，从解决"三农"问题开始，到发展现代农业，再到乡村振兴，历经 20 多年时间，各地已涌现出很多发展产业振兴乡村的先进典型。同时，也可看出现代农业发展的规律和"三农"发展的趋势。我国"三农"形势正在发展变化过程中，黑龙江农业资源禀赋具有特殊性，总结和学习各地先进典型经验，借鉴投资失败的教训，遵循客观规律，认清发展大趋势，与时俱进，有利于把握产业发展大方向和科学决策，少走弯路，加快实现乡村产业振兴的目标。

第二章　黑龙江农业特点

黑龙江省位于欧亚大陆东端和中国最北端。南北两大山区，东西两大平原，地形地势大致是西北部、北部和东南部偏高，东北部、西南部偏低，主要由山地、台地、平原和水面构成。黑龙江省总面积约为47.0万hm²，居全国第六位，但沙漠和荒原等不宜开展农业生产的面积很小，国土资源有效利用率高，是全国耕地面积最大，农业资源最丰富的地区之一，有利于发展现代化大农业（表2-1）。

表2-1　2021年我国土地面积、耕地面积与耕地占比前十位的省份

排名	总面积		耕地面积		耕地占比	
	地区	面积（万km²）	地区	面积（万hm²）	地区	占比（%）
1	新疆	166.5	黑龙江	1 719.5	河南	45.0
2	西藏	120.3	内蒙古	1 149.6	山东	42.0
3	内蒙古	118.3	河南	751.4	吉林	40.0
4	青海	72.2	吉林	749.9	江苏	39.9
5	四川	48.1	新疆	703.9	安徽	39.7
6	黑龙江	47.0	山东	646.2	黑龙江	36.4
7	甘肃	45.4	河北	603.4	辽宁	35.5
8	云南	38.3	安徽	554.7	河北	32.1
9	广西	23.6	云南	539.6	天津	29.2
10	湖南	21.2	四川	522.7	上海	25.7
	全国	960.8	全国	12 786.2	平均	13.3

数据来源：根据中国统计年鉴以及各地资源概况整理。

一、国土资源与农业

黑龙江是我国农业开发较晚地区，中华人民共和国成立后耕地面积增加较快，特别是在20世纪80年代农村经营体制改革后取得跨越式发展。地理区位、耕地土壤、气候条件、生产规模及农业生产结构等均具有特殊性。

(一) 耕地面积大，农业机械化程度高

东北平原主体部分位于黑龙江省，包括西部松嫩平原和东部三江平原两大部分。黑龙江省是我国平原面积大、耕地最多的省份，2019 年全国耕地普查，黑龙江省耕地面积为 1 719.5 万 hm²，占全国耕地面积的 13.5%，适宜大规模机械化粮食生产。世界稀有的四大黑土区之一东北平原，主要也位于黑龙江省，耕地土质肥沃，适宜植物生长。2021 年黑龙江省农村人均耕地面积是全国平均的 6.3 倍，生产主体规模较大，特别是大中型农机具多。大田农业生产已基本实现了全程机械化（图 2-1），这是黑龙江省与我国南方地区传统农业的显著不同点。黑龙江省耕地面积相当于法国、泰国和德国等国家的耕地面积。

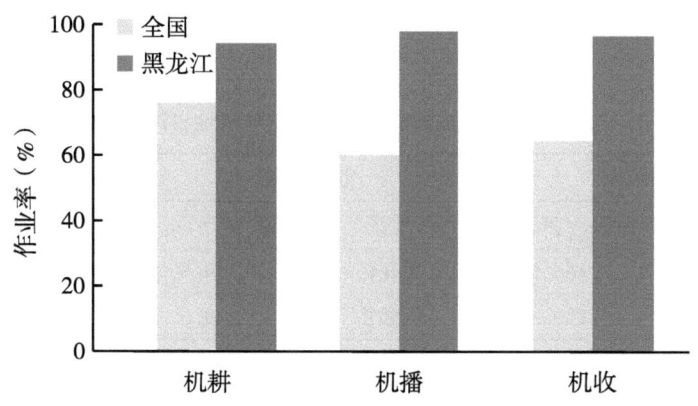

图 2-1 2021 年农业机械化作业率

（数据来源：中国农村统计年鉴）

(二) 资源类型多，有利农业全面发展

黑龙江除突出的耕地资源外，大小兴安岭、张广才岭和老爷岭，构成了全省山林基本格局，林地面积占总面积超过 45.0%，荒山秃岭少，林业用地和森林面积等主要指标都排在全国前列（表 2-2）。黑龙江省有黑龙江、松花江、乌苏里江和绥芬河四大水系，兴凯湖、镜泊湖和五大连池等众多湖泊，是我国北方水面资源最多的省份。加之还有草地和湿地等农业资源类型，可见黑龙江省不仅是粮食生产优势产区，而且发展畜牧养殖业、林下经济和冷水渔业，以及其他特色种植养殖业都有较大的发展潜力（表 2-3）。多样的自然资源类型有利于发展各类乡村产业，推进实现"一村一品""一乡一业"和乡村全面振兴。

表 2-2 2021 年我国森林资源前十位省份情况

排名	林业用地面积		森林面积		森林覆盖率		活立木总蓄积量	
	地区	面积（万 hm²）	地区	面积（万 hm²）	地区	比例（%）	地区	蓄积量（亿 m³）
1	内蒙古	4 499.2	内蒙古	2 614.9	福建	66.80	西藏	23.1
2	云南	2 599.4	云南	2 106.2	江西	61.20	云南	21.3
3	四川	2 454.5	黑龙江	1 990.5	广西	60.20	黑龙江	20.0
4	黑龙江	2 453.8	四川	1 839.8	浙江	59.40	四川	19.7
5	西藏	1 798.2	西藏	1 491.0	海南	57.40	内蒙古	16.6
6	广西	1 629.5	广西	1 429.7	云南	55.00	吉林	10.5
7	新疆	1 371.3	湖南	1 052.6	广东	53.50	福建	8.0
8	湖南	1 257.6	江西	1 021.0	湖南	49.70	广西	7.4
9	陕西	1 236.8	广东	946.0	黑龙江	43.80	江西	5.8
10	广东	1 080.3	陕西	886.8	北京	43.80	陕西	5.1
	全国	32 368.6	全国	22 044.6	全国	23.00	全国	190.1

资料来源：中国统计年鉴，第九次全国森林资源清查资料。

表 2-3 2021 年黑龙江省国土资源状况

类别	面积（万 hm²）	占比（%）
林地	2 162.8	45.95
耕地	1 716.6	36.47
湿地	349.2	7.42
水面	170.6	3.62
草地	117.6	2.50
园地	6.7	0.14
其他	183.4	3.90
总面积	4 706.9	100.00

数据来源：黑龙江省统计年鉴。

二、寒地气候与农业

黑龙江南起北纬 43°26′，北至北纬 53°33′，南北跨 10 个纬度，是我国地理纬度最高的省份。地处欧亚大陆东部、太平洋西岸，受季风影响，属温带大陆性季风气候。

（一）热量资源较少

黑龙江省春夏秋冬四季分明，但"冬季严寒时间长，夏季短暂积温少"，春季升温和秋季降温均较快，各地温度特征有一致性，但不同纬度地区热量资源差异较大。热量资源是限制作物生长发育主要因素，各地有效积温和作物可生育期差距较大，只能选用与热量资源相适宜的偏早熟品种，故称为"寒地农业"。黑龙江省夏季高温期虽较短，但也可满足一般北方农作物生长需求，选用生育期适宜的农作物品种，每年均可完成一季生产（图2-2）。全省每年10℃以上有效积温分布在1 800~2 800℃，无霜期100~150 d。全省划分6个积温带，不同熟期的作物品种种植范围窄，只能在适宜的积温带种植才能确保正常成熟。黑龙江作物生长季日照时间长，太阳辐射量与我国南方农业主产区基本相同。作物生育期昼夜温差较大，有利于作物干物质积累，采用相适应的栽培技术，粮食生产与我国南方多季生产相比单产水平并不低（表2-4）。受不同年份气候波动影响，虽然偶尔发生夏季低温冷害，春秋季早霜害，但随着耐寒品种育成和栽培技术进步，与南方地区难避免的高温热害相比受灾风险性也较低。蔬菜保护生产生育期较短，"投入产出比"受影响较大。水产养殖可生长期较短，生长速度受影响较大。

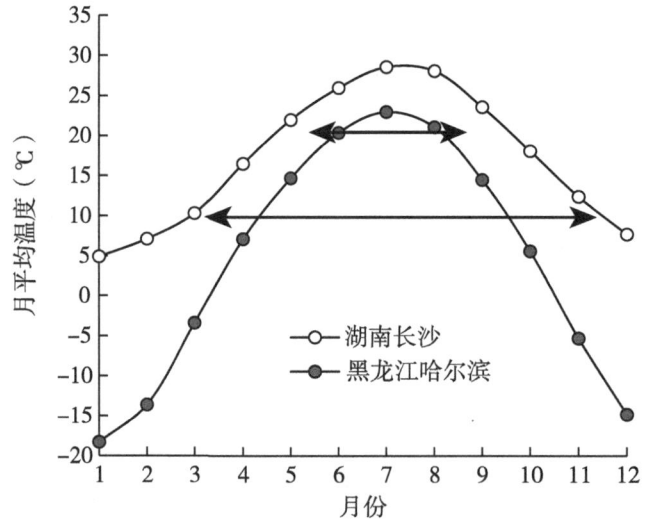

图2-2 黑龙江与南方地区温度比较

表2-4 三大作物平均单产比较

项目	稻谷	玉米	大豆
全国平均单产（kg/hm²）	7 075.6	6 308.3	1 942.4

（续表）

项目	稻谷	玉米	大豆
黑龙江平均单产（kg/hm²）	7 333.5	6 573.2	1 859.3
黑龙江省与全国平均单产水平差距（%）	3.6	4.2	-4.3

数据来源：中国统计年鉴，2019—2021年三年平均值。

（二）水资源较丰富

我国各地自然降水量差距大，一般规律是从东南到西北逐渐减少，并对种植结构产生重大影响。黑龙江省年均降水量虽不多（图2-3），但85%左右降水量集中在作物生育期，为"雨热同季"，自然降水有效利用率较高（图2-4），属于典型的"雨养农业"。从作物生育期间干湿度区域分布看，黑龙江省大部分地区与我国南方同属气候湿润区，只有西部小部分地区属于半湿润区，并没有对农业生产有重大不利影响的半干旱区和干旱区，这是农业生产大面积快速发展和实现高产稳产的重要条件。但不同时期田间蒸发量和降水量也存在差距，由此形成了春季易旱期和夏季多雨期，特别是不同年份降水量波动，出现春季干旱，甚至春旱连夏旱，以及平原地区内涝和大雨造成坡岗地农田水土流失问题（图2-5）。除自然降水外，黑龙江省外来水资源也较多。黑龙江省拥有国际界河黑龙江和乌苏

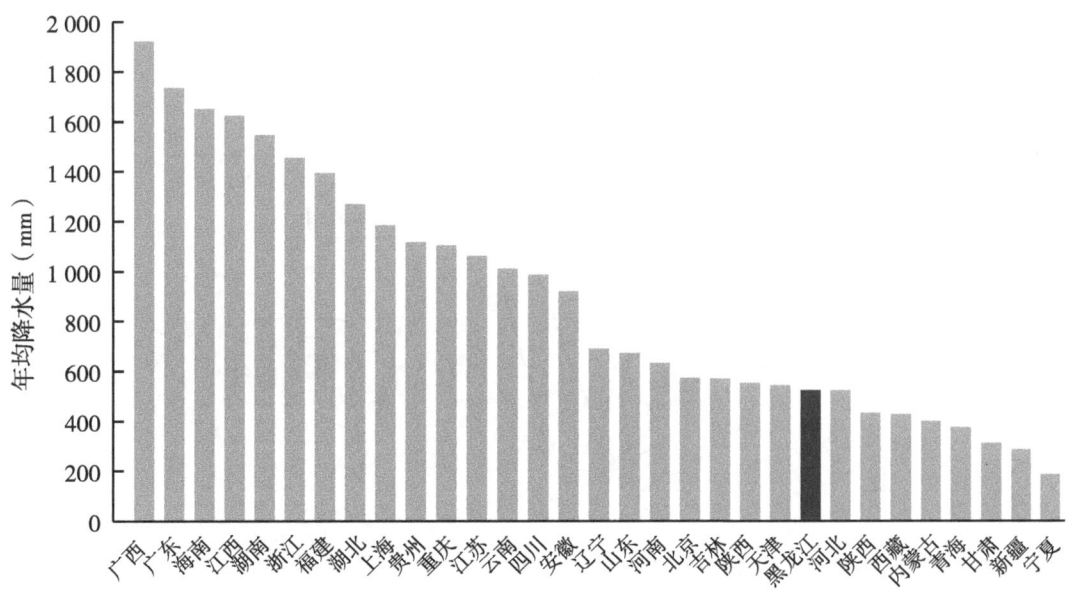

图2-3 我国各省份省会城市年均降水量

里江，特别是松花江流域，我国内蒙古东部和吉林省大部分水系最终汇入松花江干流。松花江干流两侧为松嫩和三江两大平原，土地资源丰富，但目前水资源利用率还很低，仅有25%左右。在松花江干流拦江筑坝，在黑龙江和乌苏里江建提水站，将有助于建设旱涝保收的高产稳产基本农田。从统计资料看出，不论是水资源总量，还是地表水和地下水，黑龙江都是我国北方最好的地区，甚至超过很多南方地区（表2-5）。河北、河南和黑龙江是我国地下水开发利用最充分的地区。黑龙江低洼易涝地区，开发利用地下水资源"打井种稻"，特别是东部三江平原"种稻治涝"，极大地提高了粮食作物高产稳产性，也使黑龙江发展成为全国乃至世界最大的粳稻产地。

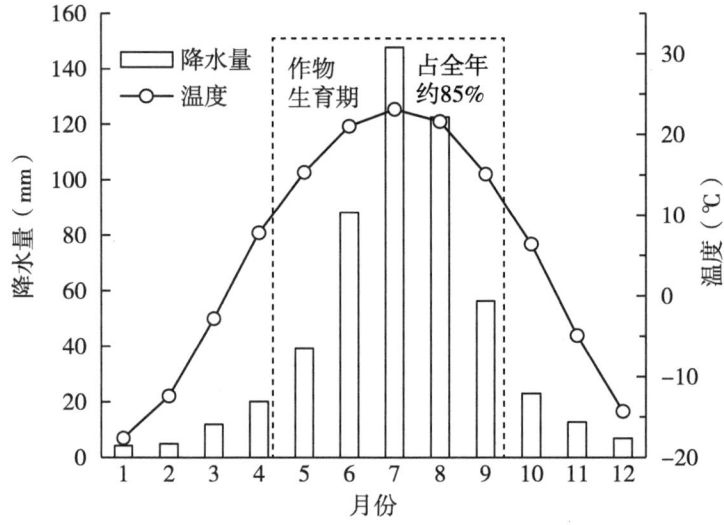

图2-4 哈尔滨月均降水量与温度

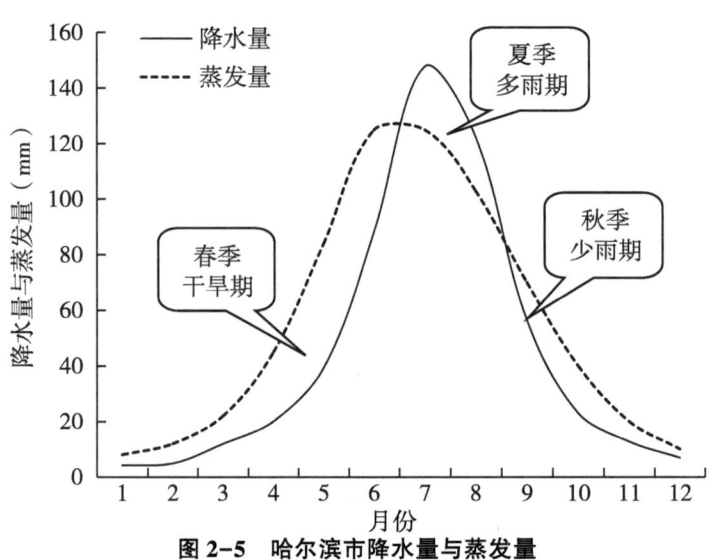

图2-5 哈尔滨市降水量与蒸发量

表 2-5　我国水资源前十位省份情况

排名	水资源总量		地表水		地下水		人均水资源	
	地区	储量（亿 m³）	地区	储量（亿 m³）	地区	储量（亿 m³）	地区	占有量（万 m³/人）
1	西藏	4 501.0	西藏	4 501.0	西藏	1 025.4	西藏	12.544 7
2	四川	2 970.2	四川	2 969.1	四川	630.4	青海	1.549 3
3	湖南	2 002.6	湖南	1 995.3	云南	579.1	黑龙江	0.407 9
4	广西	1 920.4	广西	1 919.3	新疆	482.1	广西	0.385 1
5	江西	1 719.0	江西	1 700.0	湖南	458.6	江西	0.375 9
6	云南	1 649.6	云南	1 649.6	广西	413.2	四川	0.355 1
7	广东	1 638.5	广东	1 628.6	青海	404.2	云南	0.347 1
8	黑龙江	1 375.9	浙江	1 211.7	广东	402.9	新疆	0.323 6
9	浙江	1 230.9	黑龙江	1 182.6	江西	400.1	贵州	0.312 4
10	湖北	1 185.7	贵州	1 179.0	黑龙江	388.9	湖南	0.297 5
11	贵州	1 179.0	湖北	1 162.9	湖北	308.4	海南	0.289 1
12	福建	961.0	福建	959.6	福建	273.7	内蒙古	0.259 5

数据来源：中国统计年鉴 2020—2022 年平均值。

（三）生态环境优良

黑龙江寒地农业生态环境优良，加之有丰富的农业资源，生产高附加值绿色食品和有机食品潜力较大。一是耕地农药用量少。冬季严寒时间长，很多病菌虫卵难越冬，春季病虫繁殖基数小；夏季短暂温度低，病虫种类和繁殖代数少，为害程度也较轻，化学农药用量必然少。黑龙江省耕地单位面积农药施用量仅为全国平均值的43.4%；东北地区以南5个主要农业省（河南省、山东省、安徽省、江苏省和广东省）农药施用量平均是黑龙江省的4.1倍。黑龙江省使用的农药中，对人畜危害较大的杀虫剂占比很小，80%以上是对人畜危害较小的除草剂。二是土壤肥沃，用化肥少。黑龙江省农业开发历史短，又多是黑土、黑钙土和草甸土等肥沃土壤，化肥用量也较少，年化肥用量仅为全国平均值的40.1%，东北地区以南5个主要农业省化肥用量平均是黑龙江省的5.6倍（表2-6）。三是山区林地多。除大面积林区之外，半山区农林交错面积也较大，包括平原农区防护林带，由此形成了生态隔离。很多林产品，包括野生山产品、各类小浆果和木耳等食用菌，属于天然的绿色有机产品。四是城乡工业排污少。黑龙江省工业发展相对滞后，特别是县域工业更少。加之严格管控工业排污，几乎所有江河水资源均未受到工业污染，山区河流和地下水几乎都达到可饮用标准（图2-6）。五是人口密度小，生活垃圾少。农区乡村较分散，广阔的天然林区，是天然的"氧吧"，加之美丽乡村建设，生活垃圾对水土污染少，总之是"土好水好空气好"。据国家生态环境监测，黑龙江全省长期未出现大面积河流水源污染和耕地重金属超标问题。六是严控转基因产品。2017 年黑龙江省修订出台了《黑龙江省食品安全条例》，明确限制种植和加工转基因产品。可见黑龙江省具有全域生产绿色食品的自然条件，也具备生产有机食品的有利基础。

表 2-6 2020 年耕地化肥和农药单位面积用量

地区	化肥用量（kg/hm²）	农药用量（kg/hm²）
东北地区以南 5 个主要农业省	783.3	15.5
黑龙江	141.1	3.8
全国平均	352.2	8.8

数据来源：中国农村统计年鉴。

注：化肥为纯量，农药为商品量。

图 2-6 黑龙江水资源丰富、水质优良

近年黑龙江省绿色食品和有机食品发展较快。据中国绿色食品发展中心统计，2021 年黑龙江省绿色食品和有机食品生产面积合计达到 459.1 万 hm²，占全国总面积的 28.1%，是全国第一绿色食品和有机食品生产大省。我国有机食品种植面积显著小于绿色食品面积，生产企业数和产品数差距也很大。全国绿色食品生产企业为 2.35 万家，是有机食品生产企业的 18.5 倍，绿色食品产品数是有机食品的 11.1 倍，但黑龙江省有机食品种植面积、生产企业数和产品数量仍均居全国首位，企业数和产品数分别占全国总数的 8.92% 和 17.91%（表 2-7）。黑龙江省绿色食品生产企业和产品数分别为有机食品的 10.7 倍和 4.0 倍。黑龙江绿色食品在全国属于生产规模较大的省份，但与江苏、

安徽和山东等省相比还存在差距（表2-8）。绿色食品生产企业数在全国仅排在第七位，产品数排在第四位，与排在第一位的江苏省相比分别低46.7%和35.8%。这虽然与农业生产结构密切相关，但也可看出存在的差距。绿色食品包含领域十分广泛，分为5个大类57个小类产品（表2-9），其中最多的是农业加工产品，占80%以上，其次是饮品类，主要包括各种茶类、酒类、饮料和矿泉水等。从绿色食品农产品分类看，占比最高的是蔬菜和水果类，这是我国南方江苏、山东和安徽等地绿色食品生产企业和产品数较多的重要原因（表2-10）。黑龙江的绿色食品和有机食品种植面积最大的是水稻，其产品在全国都有较大影响力。其次是玉米和大豆，目前作为加工原料的绿色食品、有机产品玉米和大豆还较少，但食用玉米和特色食用大豆，特别是鲜食玉米的绿色食品、有机产品增加较快。黑龙江省是我国最大的商品粮主产区，也有丰富的其他农业资源，包括其他种植业和养殖业，特别是小浆果、各类食用菌、小杂粮和肉类等。应发挥环境优势，重视生产绿色、有机食品，提高商品价值并打造知名品牌。

表2-7 2021年有机食品企业与产品数量前十位的省份

排名	企业			产品		
	地区	数量（家）	占比（%）	地区	数量（家）	占比（%）
1	黑龙江	113	8.92	黑龙江	821	17.91
2	江苏	91	7.18	湖南	286	6.24
3	内蒙古	88	6.95	内蒙古	254	5.54
4	湖北	88	6.95	甘肃	238	5.19
5	湖南	77	6.08	福建	235	5.13
6	甘肃	61	4.81	江苏	228	4.97
7	山东	60	4.74	湖北	223	4.86
8	重庆	50	3.95	青海	205	4.47
	全国	1 267	100.00	全国	4 584	100.00

数据来源：中国绿色食品发展中心。

表2-8 2021年绿色食品企业与产品数量前十位的省份

排名	企业			产品		
	地区	数量（家）	占比（%）	地区	数量（家）	占比（%）
1	江苏	2 272	9.67	江苏	5 055	9.90
2	安徽	1 990	8.47	山东	4 137	8.10
3	山东	1 788	7.61	安徽	3 788	7.42
4	浙江	1 719	7.32	黑龙江	3 244	6.35
5	湖南	1 454	6.19	重庆	3 239	6.34

(续表)

排名	企业			产品		
	地区	数量（家）	占比（%）	地区	数量（家）	占比（%）
6	河南	1 261	5.37	湖南	3 099	6.07
7	黑龙江	1 211	5.16	浙江	2 442	4.78
8	重庆	1 136	4.84	云南	2 378	4.66
	全国	23 486	100.00	全国	51 061	100.00

数据来源：中国绿色食品发展中心。

表 2-9　2021 年我国绿色食品产品数统计

产品类别	产品数（个）	占比（%）
农业加工产品	41 248	80.76
畜禽类产品	1 837	3.60
水产类产品	703	1.38
饮品类产品	5 477	10.72
其他产品	1 806	3.54
总计	51 071	100.00

数据来源：中国绿色食品发展中心。

表 2-10　2021 年全国农业绿色农产品统计

序号	产品数量			产品产量		
	类别	数量（个）	占比（%）	类别	产量（万t）	占比（%）
1	蔬菜与加工品	13 351	32.4	蔬菜与加工品	2 029.2	24.7
2	水果与加工品	12 641	30.7	水果与加工品	1 673.3	20.3
3	大米与加工品	7 318	17.7	大米与加工品	1 534.0	18.6
4	其他产品与加工品	1 801	4.4	其他产品与加工品	655.6	7.9
5	杂粮与加工品	1 540	3.7	小麦与面粉	595.9	7.2
6	小麦与面粉	1 374	3.3	玉米与加工品	479.9	5.8
7	菌类山野菜加工品	1 134	2.7	食糖类	473.1	5.7
8	玉米与加工品	804	1.9	菌类山野菜加工品	317.8	3.8
9	大豆与加工品	697	1.7	大豆与加工品	203.0	2.5
10	食用油及制品	499	1.2	杂粮与加工品	195.1	2.4
11	食糖类	89	0.2	食用油及制品	70.4	0.8
	总计	41 248	100.0	总计	8 227.2	100.0

数据来源：中国绿色食品发展中心。

三、生产结构与农业

从"大食物观"和"大农业"产业化发展角度看,黑龙江是我国粮食第一大生产省。农业生产结构和产业结构均有显著特殊性。随着现代农业发展,生产结构和产业结构还将不断发展变化,最终形成以效益为目标、有利于实现乡村产业振兴和县域经济全面发展的新格局。

(一) 粮食生产发展快

2001—2021年,随着耕地面积大幅度增加,黑龙江省农作物总播面积增加了60.1%,占同期全国增量的39.1%。特别是粮食作物播种面积增加了70.5%,占同期全国增量的52.1%(图2-7)。粮食作物播种面积占农作物总播面积比例也呈波动性增长态势(图2-8),2019—2021年三年平均超过96.8%,比同期全国平均值高出27.0个百分点,是全国种粮比例最高的地区,这对保证全国粮食作物面积基本稳定发挥了不可替代作用。我国粮食生产总的趋势是北方种粮增加,南方种粮减少,很多南方地区种粮面积仅为50%左右,海南和新疆已降至40%以下(图2-9)。黑龙江省随着种粮面积的大幅度增加,黑龙江省粮食产量也大幅度增长,2021年为7867.7万t,占全国总产量的11.5%,已连续13年位居全国第一位,而且人均粮食产量全国最多,商品率高达

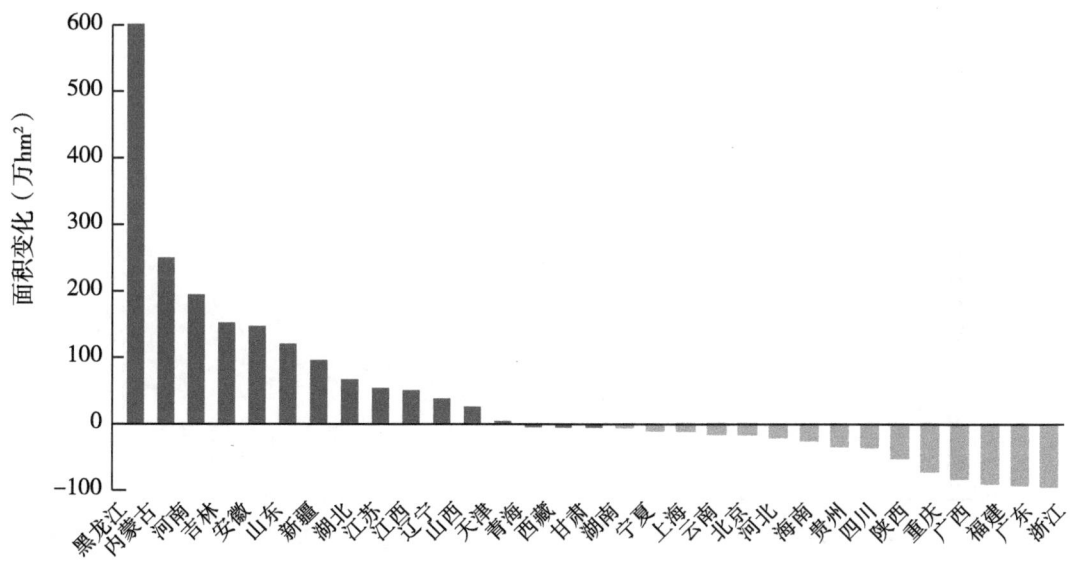

图 2-7　2001—2021年我国各省份粮食作物播种面积变化

(数据来源:中国统计年鉴)

80.1%，2021年商品量占全国省际商品量38.1%左右，是名副其实的商品粮生产大省，对我国粮食安全起到了"压舱石"作用（表2-11）。

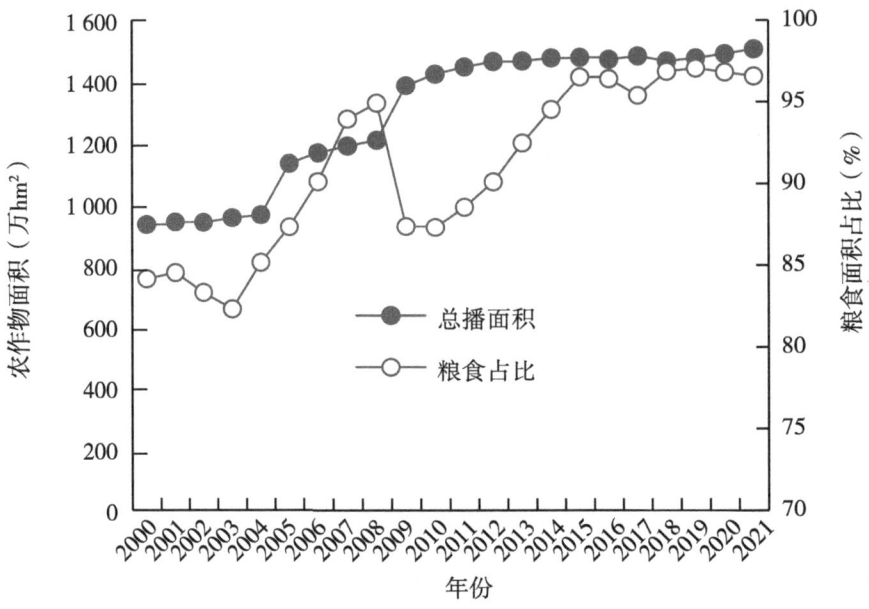

图 2-8 黑龙江省粮食面积及其占比

（数据来源：黑龙江统计年鉴）

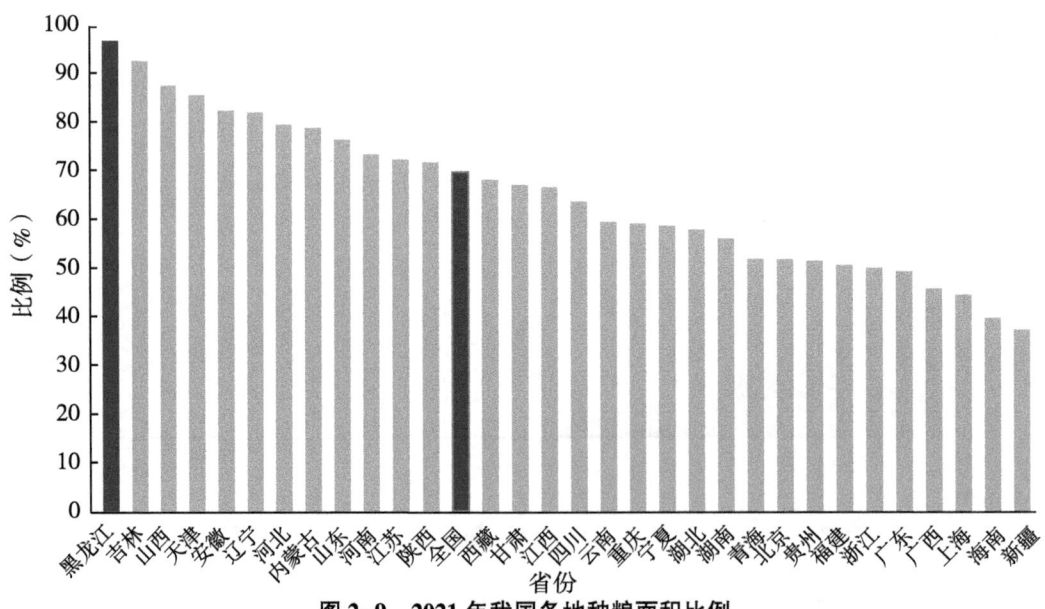

图 2-9 2021年我国各地种粮面积比例

（数据来源：中国统计年鉴）

表 2-11 2021 年我国各地粮食产量、人均粮食产量和商品量前十位省份

排名	粮食产量		人均粮食产量		商品量	
	地区	产量（万 t）	地区	人均产量（kg/人）	地区	数量（万 t）
1	黑龙江	7 867.7	黑龙江	2 517.7	黑龙江	6 357.1
2	河南	6 544.2	吉林	1 700.7	吉林	2 891.2
3	山东	5 500.7	内蒙古	1 600.1	内蒙古	2 680.1
4	安徽	4 087.6	安徽	668.7	河南	1 766.7
5	吉林	4 039.2	河南	662.2	安徽	1 132.5
6	内蒙古	3 840.3	辽宁	600.3	山东	584.6
7	河北	3 825.1	山东	540.9	辽宁	494.5
8	江苏	3 746.1	河北	513.6	新疆	484.3
9	四川	3 582.1	宁夏	508.2	河北	224.7
10	湖南	3 074.4	甘肃	494.6	甘肃	27.8
	全国	68 284.7	全国	483.4	全国	16 670.3

数据来源：根据《中国统计年鉴 2022》整理。

（二）经济作物减少多

黑龙江省种粮比例增加，经济作物种植面积必然减少，2019—2021 年三年平均，经济作物占农作物总播面积比例不足 3.2%（图 2-10），是全国种植比例最低的地区。以往黑龙江曾是全国最大的甜菜和亚麻产地，近十多年种植面积快速减少，目前仅有零星种植。黑龙江省曾是全国马铃薯最主要的产地之一，如今种植面积也已大幅减少。有些数千人乃至上万人的全国知名农产品加工企业，因缺少原料等原因破产或萎缩，不仅造成加工企业数量减少，也直接降低了加工业产值，特别是造成大量企业职工下岗，增加了城镇就业压力和加工企业技术人才流失。除此之外，蔬菜、油菜、白瓜子、烟叶、向日葵和饲料作物等种植面积全面下滑，只有药材和汉麻等少数经济作物近年种植面积呈波动增长趋势（图 2-11）。黑龙江林区面积大，是我国食用菌五大产地之一，随着生产区域不断扩大，加之生产技术进步，食用菌的产量呈增加趋势，特别是干木耳产量占全国产量的 45% 左右。

经济作物不仅是简单的种植业生产，关键是作为加工原料发展加工业，实现产加销一体化，对区域经济发展有重大现实意义。全面开发国土资源，因地制宜发展经济作物和相关加工业，将是黑龙江省县域乡村发展产业、实现产业兴旺和乡村全面振兴的重要

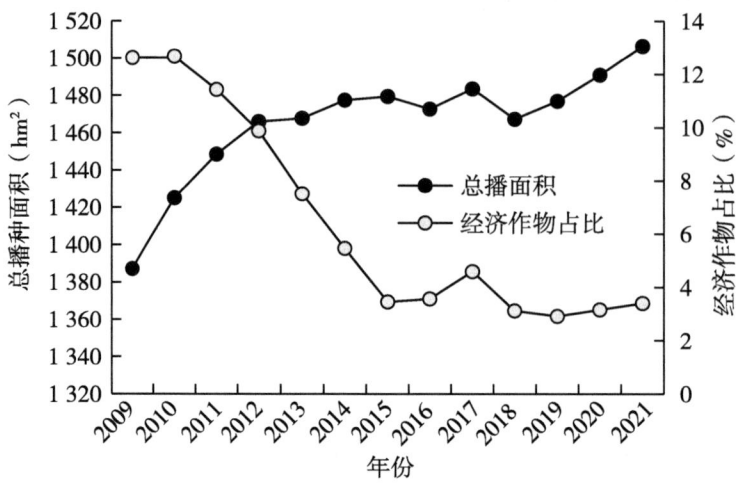

图 2-10　黑龙江省农作物总播种面积与经济作物占比

（数据来源：黑龙江统计年鉴）

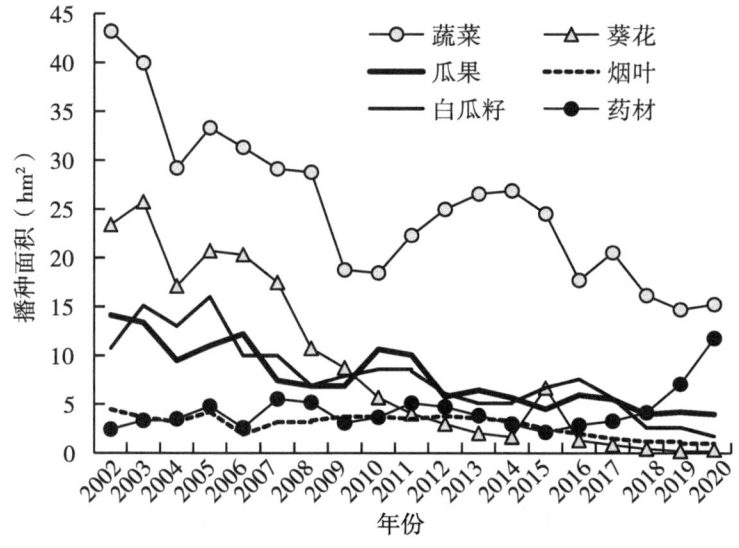

图 2-11　黑龙江省经济作物播种面积

（数据来源：黑龙江统计年鉴）

途径。农民生产看比较效益，什么效益好种什么。经济作物减少，除与我国生产区域化发展和黑龙江寒地气候，以及所处区位等复杂因素有关外，主要还是受国家差异化惠农政策影响较大。为此，加快经济作物发展，还需要呼吁国家政策支持，突出产品特色，走龙头企业带动生产基地建设发展道路，确保种植生产获得较高的比较效益，才能实现发展目标。

（三）养殖产业有潜力

黑龙江为北方内陆地区，农业生产主要是种植业和畜牧养殖业，以粮食生产为主。2020—2022年平均计算，黑龙江省种植业产值占比高达63.5%，畜牧业占比为28.5%，二者产值比为1∶0.45。世界同类型农业发达国家的种养比一般为1∶1；生产条件与黑龙江省相似的吉林省种养比已超过1∶1。黑龙江饲料粮和作物秸秆资源丰富，具有发展农区养殖业的潜力。实现由粮食生产大省向肉蛋奶高附加值产品大省转变（图2-12），这也是增加农业总产值、容纳乡村剩余劳动力和实现农民大幅度增收的朝阳产业。

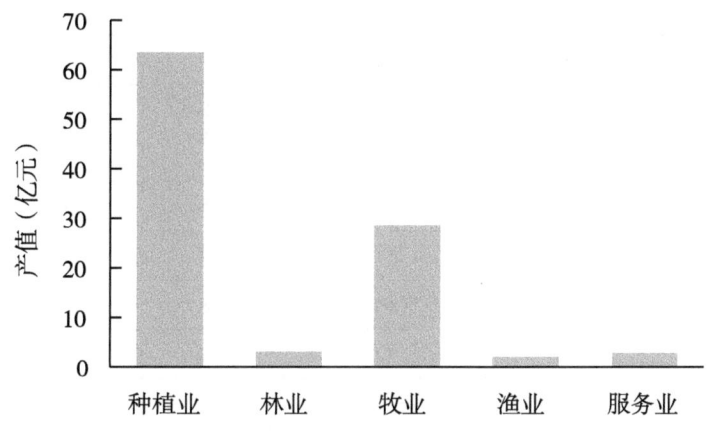

图 2-12　黑龙江省农业产值构成

（数据来源：黑龙江统计年鉴）

受资源禀赋影响，我国各地养殖类型、产品产量和产业发展程度差距很大。近年黑龙江畜产品产量与全国同步，在波动中虽呈增长趋势，但肉类和禽蛋产量在全国排位均不高，只有奶类较突出（表2-12），排在全国各省份第三位，产品主要是牛奶。从人均畜产品产量看，黑龙江省肉蛋奶产量又显著高于全国平均值，在全国排位也不低，说明黑龙江省也是全国商品畜牧业产区（表2-13），在我国肉蛋奶市场基本饱和的情况下，产品销售也是影响生产发展的重要问题。从土地产出率看，每公顷粮食作物播种面积的肉蛋产出量仅相当于全国平均值的1/4~1/3，只有奶类略超过全国平均值（表2-14）。这说明黑龙江省养殖业还有较大的发展潜力。我国是世界第一大猪肉生产和消费国，其次是鸡肉，而牛羊肉占比较少。世界肉类产量以鸡肉最多，其次是猪肉，牛肉也较多，我国牛肉产量则较少（表2-15）。我国禽肉中，鸡肉占比最高，其次是鸭肉和鹅肉，以及鸽子肉等。

表 2-12　2022 年我国畜产品产量前十四位省份

排名	肉类		禽蛋		奶类	
	地区	产量（万t）	地区	产量（万t）	地区	产量（万t）
1	山东	844.5	河南	456.2	内蒙古	740.8
2	四川	685.7	山东	438.1	河北	549.3
3	河南	660.0	河北	398.4	黑龙江	501.9
4	湖南	580.9	辽宁	315.8	宁夏	342.5
5	云南	521.6	江苏	233.4	山东	304.5
6	广东	481.0	湖北	208.0	新疆	231.5
7	河北	478.8	安徽	186.7	河南	217.8
8	安徽	475.3	四川	175.5	陕西	170.5
9	广西	454.9	山西	118.0	山西	143.1
10	辽宁	446.2	湖南	117.5	辽宁	135.1
11	湖北	441.2	黑龙江	107.8	甘肃	92.7
12	江西	359.9	吉林	95.8	四川	70.8
13	江苏	318.1	江西	68.4	云南	70.2
14	黑龙江	312.5	陕西	63.6	江苏	68.8
	全国	9 328.4	全国	3 456.4	全国	4 026.5

数据来源：中国统计年鉴。

表 2-13　2022 年我国人均畜牧产品产量前八位省份

排名	肉类		禽蛋		奶类	
	地区	人均产量（kg/人）	地区	人均产量（kg/人）	地区	人均产量（kg/人）
1	吉林	124.0	辽宁	75.3	宁夏	470.5
2	内蒙古	118.3	河北	53.7	内蒙古	308.6
3	云南	111.1	河南	46.2	黑龙江	161.9
4	辽宁	106.3	山东	43.1	西藏	158.8
5	黑龙江	100.8	吉林	40.8	新疆	89.5
6	广西	90.1	湖北	35.6	河北	74.0
7	湖南	88.0	黑龙江	34.8	青海	59.3
8	山东	83.1	山西	33.9	陕西	43.1
	全国	66.1	全国	24.5	全国	28.5

数据来源：中国统计年鉴。

表 2-14　土地产出率比较

地区	肉类	禽蛋	奶类
黑龙江省产出率（kg/hm²）	206.5	75.4	344.3
全国平均产出率（kg/hm²）	764.3	289.8	321.2
黑龙江省与全国平均的比值	0.27	0.26	1.07

数据来源：《中国农村统计年鉴 2022》。

表 2-15　我国肉类产量与世界比较

类别	世界		中国		中国产量占世界的比例（%）
	产量（万t）	占比（%）	产量（万t）	占比（%）	
禽肉	13 164.7	39.1	2 361.1	26.3	17.9
猪肉	11 011.0	32.7	5 295.9	58.9	48.1
牛肉	7 260.4	21.6	697.5	7.8	9.6
羊肉	1 617.5	4.8	514.1	5.7	31.8
其他肉类	610.3	1.8	121.4	1.4	19.9
肉类总计	33 663.9	100.0	8 990.0	100.0	26.7

数据来源：中国农村统计年鉴，中国为 2021 年数据，世界为 2019 年数据。

我国是世界第一大水产品生产国，产量呈持续增长趋势，人均产量超过世界人均值。我国水产品类型多，既有淡水养殖和淡水自然捕捞，又有海水养殖和海洋自然捕捞。海水产品和淡水产品各占 50% 左右。自然捕捞产量呈下降趋势，已降至 20% 以下。人工养殖产量呈较快增加趋势，产量占比已超过 80%，其中，海水人工养殖产量已占海水水产品总产量的 65.3%，淡水人工养殖产量已占淡水水产品总产量的 96.0% 以上（表 2-16）。水产品种主要为各种鱼类、虾蟹类、贝类和藻类等。其中，海水产品主要是贝类、鱼类和虾蟹类，分别占 46.1%、31.1% 和 11.0%；淡水产品主要是鱼类和虾蟹类，分别占 82.7% 和 14.3%。

表 2-16　2017—2021 年我国水产品产量变化　　　　　　　　（单位：万t）

年份	水产品总产量	海水		淡水		
		总产量	养殖产量	总产量	养殖产量	鱼类产量
2017	6 445.3	3 321.7	2 000.7	3 123.6	2 905.3	2 702.6
2018	6 457.7	3 301.4	2 031.2	3 156.2	2 959.8	2 691.4
2019	6 480.4	3 282.5	2 065.3	3 197.9	3 013.7	2 686.4
2020	6 549.0	3 314.4	2 135.3	3 234.6	3 088.9	2 697.3
2021	6 690.3	3 387.2	2 211.1	3 303.1	3 183.3	2 732.3

数据来源：中国统计年鉴。

我国水产品生产主要集中在沿海和南方水网地区，一般北方地区，特别是内陆地区养殖产量很少。2021年我国北方15个省份水产品产量占全国总产量的26.2%。黑龙江省2021年水产品产量71.9万t，占全国总产量不到1.1%，人均产量为全国平均值的48.5%，其中，淡水鱼类产量69.4万t，占全国同类产品的2.5%，人均产量22.2 kg，超过全国平均15.0%左右，排在全国第十位，这说明黑龙江省淡水鱼类养殖具有相对比较优势。我国北方15个省份淡水鱼产量占全国的17.1%（表2-17）。

表2-17 2021年黑龙江水产品产量比较

项目	全国产量（万t）	我国北方		黑龙江省		
		产量（万t）	占全国比例（%）	产量（万t）	占全国比例（%）	占北方比例（%）
淡水产品	3 303.1	514.5	15.6	71.9	2.2	14.0
淡水鱼类	2 732.3	467.0	17.1	69.4	2.5	14.9

数据来源：中国统计年鉴。

黑龙江省淡水鱼产量排在山东省、河南省和辽宁省之后稳居我国北方地区第四位（图2-13）。发挥大水面广和鱼类品种多的优势，突出冷水环境特色，黑龙江淡水鱼养殖和产业化很有发展潜力。

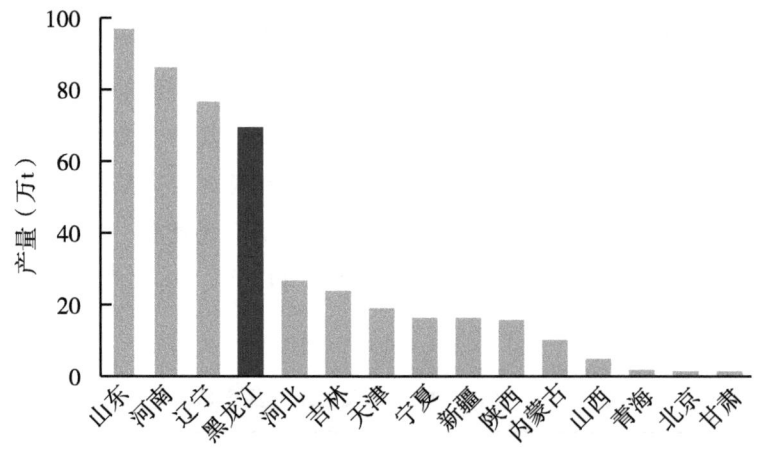

图2-13 2021年我国北方淡水鱼类产量

（数据来源：中国统计年鉴）

（四）区域差异明显

黑龙江省行政区划为13个市（地级），辖区面积、县（市）乡（镇）数量、行政村数量、人口数量和人口密度，以及农村居民人均收入等差距均很大。位于黑龙江省西南部人口最多的省会哈尔滨市与北部的大兴安岭地区，乡（镇）数量、行政村数量，以及人口密度分别相差4.5倍、23.6倍和48.3倍以上（表2-18）。一般规律是西南部和中部平原地区人口密度较大，北部、东部地区和林区人口密度较小。

表2-18　2021年黑龙江省各行政区域情况与农民收入

地区	辖区（个）	县市（个）	乡镇（个）	村（个）	面积（万km²）	人口数量（万人）	人口密度（人/km²）	农民收入（万元/人）
哈尔滨	9	9	167	1 889	5.3	1000.1	188.4	2.151
齐齐哈尔	7	9	123	1 261	4.2	403.7	95.5	1.995
鸡西	6	3	48	459	2.2	149.4	68.7	2.341
鹤岗	6	2	21	212	1.5	88.7	60.5	1.946
双鸭山	4	4	42	461	2.2	120.3	54.6	1.873
大庆	5	4	58	482	2.1	278.1	131.3	2.042
伊春	4	6	33	205	3.3	87.3	26.6	—
佳木斯	4	6	75	962	3.2	214.9	66.4	2.115
七台河	3	1	17	220	0.6	68.5	110.7	1.725
牡丹江	4	6	55	887	3.9	227.9	58.7	2.383
黑河	1	5	65	567	6.7	127.7	19.1	2.054
绥化	1	9	160	1 341	3.5	371.7	106.6	1.847
大兴安岭	4	3	37	80	8.3	32.7	3.9	1.748
合计	58	67	901	9 026	47.1	3 171.0	67.4	1.789

数据来源：黑龙江统计年鉴，其中，人口数据为2020年数据，其他为2021年数据。

黑龙江省县（市）所属乡（镇）数和乡（镇）所属行政村数差距很大。按户籍人口统计，2021年人口超过80万人的县（市）只有2个，还有2个县不足5万人，3个县（市）人口密度在5人/km²以下。各县（市）乡（镇）村经济发展状况差距更大。各项经济指标，尤其是工业产值和公共财政收入差距更明显（表2-19），很多乡村的生产几乎完全是以粮食生产为主的第一产业。缺少可靠的资金支持和缺少农业剩余劳动力就业机会是制约乡村振兴的突出问题。由此可看出，乡村基本条件的差异明显，实现乡村全面振兴任重道远。另外，黑龙江省有2 981.3 km边境线，周边又多属于人口密度小和财政收入较少的农林产区，这类地区更缺少农村工业，三产融合发展难度更大，加快乡村振兴应更加重视争取国家特殊政策支持。

表 2-19 2021 年黑龙江 67 个县（市）差异性比较

项目	最多	平均	最少	相差倍数
总面积（km²）	18 428	5 518	442	41.7
年末人口（万人）	88.3	31.8	4.3	20.5
人口密度（人/km²）	201.5	57.7	3.0	61.7
县域乡镇数（个）	24.0	10.9	2.0	12.0
乡镇平均村数（个）	24.3	9.98	0.7	36.2
地区总产值（亿元）	292.1	95.4	14.9	19.6
人均总产值（万元）	8.1	4.16	2.1	3.9
一产占总产值比（%）	74.7	44.4	2.7	27.6
规上工业产值（亿元）	203.0	45.45	0.6	317.0
公共财政收入（亿元）	10.6	3.92	0.2	58.8

数据来源：黑龙江统计年鉴。

（五）产品销售难度大

黑龙江位于我国东北最边远地区，省内南北跨度有 1 120 km，东西宽 930 km。黑龙江人口较少，又是典型的商品农业生产大省，本地农产品消费量有限，做大做强农产品加工业，实现产业兴旺，必须重视产品外销。而农产品外销，特别是商品粮等大宗农产品，多数需要销售到我国人口密集区，距离远，运输成本高。在我国各类农产品基本饱和情况下，黑龙江出现农产品剩余问题，特别是东部三江平原和北部商品粮集中产区问题更突出。我国东南沿海地区进口粮食等农产品，每年的进口数量和时间等，都直接影响黑龙江省的粮食销售价格和外销速度。黑龙江省一年一季生产，秋季农作物收获期很短，大量商品粮集中收获，但粮食加工企业为了降低原粮存储成本，一般并不急于一次性大量入库原粮，国家粮库开始收储与农户收获也存在时间差，并有含水量等指标要求。目前多数农户还不具备完备的存储和脱水条件，由此经常出现临时堆放待销和卖难问题。不确定的雨雪天气，很容易对粮食质量造成诸多负面影响（图 2-14）。

由此看出，农产品销售是影响黑龙江省乡村产业兴旺的突出问题。我国农产品运输大通道建设已较完善，已形成了"南菜北运"大趋势，这必然冲击黑龙江省消费市场。黑龙江省各地乡村发展产业，只有突出产品特色，走差异化发展道路，适应国内外两个大市场消费需求，加工生产终端消费品，才能提高产品市场竞争力。需要不断探索创新，降低外销运输成本。对商品量巨大的粮食和大宗加工产品，也要积极争取国家外销运输补助政策支持，使产品价格在销区市场与当地产品站在同一"起跑线上"。

图 2-14 收获后粮食堆放和公路晾晒

四、生产体制与农业

黑龙江省农业生产主要分县域农业、垦区农业和林区农业等。因农业开发历史、耕地资源、涉及范围和生产经营体制机制不同，现代农业发展程度差别较大。

（一）县域农业

县域农村是黑龙江农业生产的主体，耕地面积占全省的80%左右。2021年黑龙江行政区划为46个县和自治县，21个县级市，合计县（市）67个。其中，近年伊春市有4个区转设为行政县建制，但其农业生产规模还较小。以往随着地市级以上城市规模扩大，城市周边县（市）已划归成为市辖区，如副省级城市哈尔滨市的阿城区、呼兰区和双城区等。地区行署升级为地级城市，所辖县（市）也转设为市辖区，如绥化市的北林区和黑河市的爱辉区等。这类市辖区（共11个）农村乡（镇）村数较多，农村人口占比例较高，耕地规模也较大，是黑龙江农业农村的重要区域。目前，黑龙江省县域农业应包括这11个市辖区在内的78个行政县（市、区），合计面积占全省总面积的86.1%，乡（镇）数和行政村数，分别占全省的82.3%和94.1%。另外，在13个市地级城市中，也有以农业生产为主的乡镇和行政村，包括少量的城中村。可见黑龙江农业农村包含范围具有复杂性和多样性。

黑龙江省县域农村耕地资源多，涉及种植业、畜牧业、林业和水产业等大农业全部生产领域，省市县三级对应国家各部委都设有"制定规划、生产管理、技术推广和产业发展"等服务管理机构。我国农业农村发展主要经历了集体生产到农户承包经营的变化过程。目前农村土地实行"三权分置"管理机制，即土地所有权为村集体所有，承包权是把土地分配给农户长期经营，经营权是农户可以把承包的土地出租转让给其他人经营获得收益。随着我国现代农业发展，国家鼓励经营权转移，发展家庭农场和生产合作社，目的是集中分散的耕地，解决耕地细碎化的问题，实现生产规模化和现代化。对长期进城居住不再从事农业生产的农民，国家鼓励其自愿退出耕地，但土地承包权不能强行改变。黑龙江省户均耕地面积较多，特别是还有国家惠农政策，土地已成为农民的重要收入来源，全省几乎没有弃耕地，很多地区甚至处于过度开垦状态。土地流转形式多样，除少数签较长期合同流转外，多数是根据预测产品销售价格商定土地流转金，近年土地流转金呈增长趋势。

（二）垦区农业

垦区农业是由1947年黑龙江生产建设兵团创办的农场发展而来，1997年成立了黑龙江农垦总局，2020年挂牌成立北大荒农垦集团有限公司，又称北大荒集团。2020年北大荒集团生产总值493.8亿元，占全国农垦系统产值的5.7%，位于新疆生产建设兵团、湖北农垦和河北农垦之后居第四位。从产业构成看，黑龙江垦区一产占比较大，而二产、三产占比较小（图2-15）；农业总产值726.6亿元，占全国农垦的17.2%，位于新疆兵团之后居第二位。黑龙江垦区的突出优势是种植业（图2-16）。种植业主要又是粮食生产，农作物播种面积291.1万hm^2，占全国农垦的42.5%；粮食播种面积289.3万hm^2，占全国农垦的60.2%，种粮比全国农垦平均值高出29.2个百分点；粮食产量2 134.0万t，占全国农垦总产量的59.9%。三项指标均为全国农垦的第一位。垦区的农产品加工也有突出典型，其中国家和省级龙头企业11家，培育出"北大荒""完达山""九三"等一批中国驰名商标。"北大荒"品牌连续3次入选世界品牌500强。

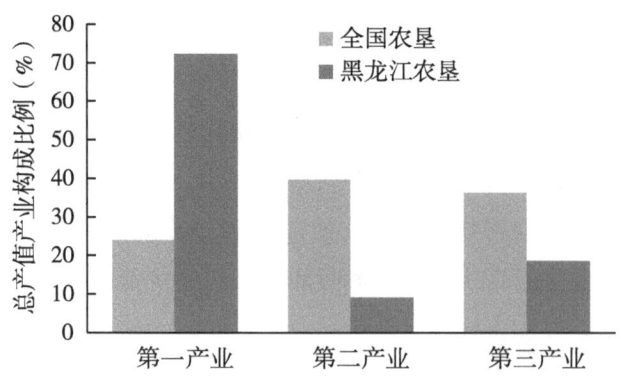

图2-15　2020年农垦总产值产业构成比例

（数据来源：中国农垦统计年鉴）

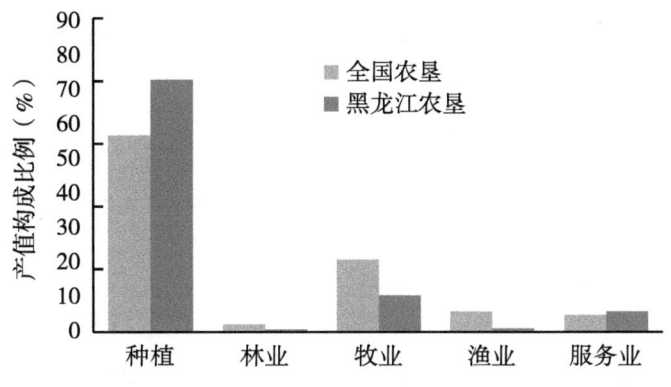

图 2-16　2020 年农垦农业产值构成比例

（数据来源：中国农垦统计年鉴）

2021 年，黑龙江垦区总人口 141.3 万人，从业人口 50.5 万人。垦区总面积 5.54 万 hm²，占全省的 11.8%。下辖 9 个农业分公司（农垦管局），共 113 个子公司（农场）（图 2-17），113 个子公司不均匀分布在全省 12 个市 74 个县（市、区）。建三江和九三等 6 个规模较大的分公司，主要集中在东部三江平原和北部地区。位于西部松嫩平原的哈尔滨、绥化和齐齐哈尔 3 个规模较小的分公司，所属子公司分布区域较分散。北大荒集团为隶属农业农村部农垦局管理的国有企业，土地为国家所有。农场耕地除小部分作为"口粮田"分配给职工经营外，大部分耕地是分多年和当年由职工或外来人员承包经营。户均生产规模较大，水稻一般在 15 hm² 左右，30 hm² 以上的农户也很多；旱田一般为 30 hm²，60 hm² 左右的农户也不少。当年的"出租发包费"标准由农场根据粮食市场预测价格确定。出租土地资金是各农场收入的主要来源。农场职工实行退休制，退休后收回口粮田，享受国家社保待遇。113 个农场中还有 16 个是上市企业黑龙江北大荒农业股份有限公司的重要组成部分。

垦区耕地多为大平原，土质肥沃，集中连片，人均占有资源多，一产从业人员人均占有耕地 7.5 hm²，适宜大型机械化作业。作为农业农村部命名的"国家级现代化大农业示范区"，主要农作物耕种收综合机械化水平已近 100%。垦区有较完善的农技推广、生产资料供应和社会化服务体系。特别是北大荒通用航空有限公司有各类农用飞机 105 架，每年肥药管理航化作业能力 192.1 万 hm²。已形成了"农场规划与承包经营"，具有农场特色的"统分结合"生产管理模式。2021 年黑龙江垦区粮食作物占农作物总播面积比例，比黑龙江全省 96.8% 高 2.6 个百分点。粮食作物中水稻面积最多，占 52.9%，大豆和玉米面积分别占 27.7% 和 18.1%。黑龙江垦区粮食单产比黑龙江省高 41.2%，其中玉米、大豆和水稻，分别高 50.3%、35.1% 和 21.1%。黑龙江垦区粮食作物播种面积占黑龙江省的 20.0%，总产量占全省的 28.3%，特别是水稻产量占全省的

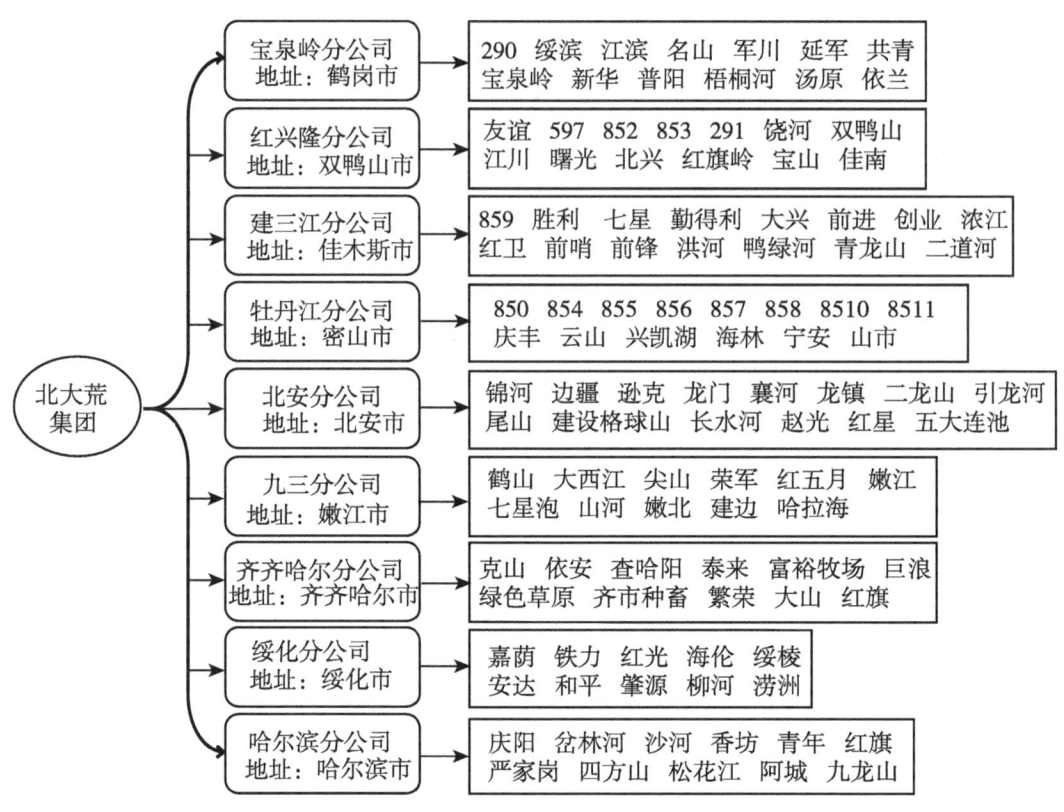

图 2-17 北大荒集团分公司和子公司

47.9%（表 2-20）。黑龙江垦区是我国规模最大和机械化程度最高的国有农场群。粮食产量持续增长，年产量已连续 10 多年稳定在 2 000 万 t 以上，是典型的商品粮生产，2022 年产量达到 2 256.5 万 t，其中商品量 2 140 万 t，商品率达到 94.8%。垦区总体生产技术显著高于一般地区，起到了农业生产技术示范和引领发展的作用。

表 2-20　2020 年黑龙江垦区粮食生产情况

项目		黑龙江垦区	黑龙江省	垦区占全省比例（%）
面积 （万 hm²）	总播	291.1	1 491.0	19.5
	粮食	289.3	1 443.8	20.0
	水稻	153.0	387.2	39.5
	玉米	52.4	548.1	9.6
	大豆	80.2	483.2	16.6
产量 （万 t）	粮食	2 134.0	7 540.8	28.3
	水稻	1 386.5	2 896.2	47.9
	玉米	523.5	3 646.6	14.4
	大豆	206.3	920.3	22.4

(续表)

项目		黑龙江垦区	黑龙江省	垦区占全省比例（%）
单产（kg/hm²）	粮食	7 375.4	5 222.9	141.2
	水稻	9 061.1	7 479.9	121.1
	玉米	9 999.6	6 653.2	150.3
	大豆	2 572.9	1 904.6	135.1

数据来源：黑龙江垦区统计年鉴。

（三）林区农业

黑龙江省林地面积多，占全省总面积的 45.9%。林区主要是营林管理，但其中也有很多农业范畴的野生采摘和人工动植物种养等，是林下经济主要产地（图 2-18），同时也有少量耕地。黑龙江省国有林区主要包括大兴安岭、伊春和龙江森工集团三大部分。历经"政企分离"与"政企合一"，以及隶属关系和行政区划变革，目前独立涉农较多的是龙江森工集团，全称是中国龙江森林工业集团有限公司。不同于黑龙江省地方林业生产，龙江森工集团是大型国有公益性企业，主要担负生态建设、产业发展和林业投资等职责。2018 年由中国龙江森林工业集团改组成立，是大型综合性企业，下设公益类子公司和商业类子公司，包括林区分公司和子公司，直属森林经营和商业类子公司，以及中高职院校、院墙企业、三甲医院和其他事业单位等。2021 年总人口 83.9 万人，其中林业人口 77.7 万人，职工 12.48 万人，退休人员 18.45 万人。

图 2-18 黑龙江林区特色产业

龙江森工集团森林经营总面积658.6万hm²，占黑龙江省总面积的14.5%。所属林区有野生动物408种，野生植物近2000余种，已探明储量的矿产资源有30多种。有2A级以上景区21家，其中4A级12家，包括主打冰雪旅游的"中国雪乡""亚布力雪场"，凤凰山国家森林公园，半野生放养式"平山鹿苑"，以及抗联遗址兴隆鸡冠山等。依托林区资源优势，正在构建以营林、森林食品、种植养殖、旅游康养和林产工业为主的五大产业体系，目标是实现生态保护与经济发展相互促进的经营机制。龙江森工集团耕地面积约36万hm²，耕地主要分布在原3个管理局的23个子公司中（图2-19）。耕地特点是相对分散，丘陵坡岗地较多，耕地经营类型有职工长期承包和短期出租等多种形式。

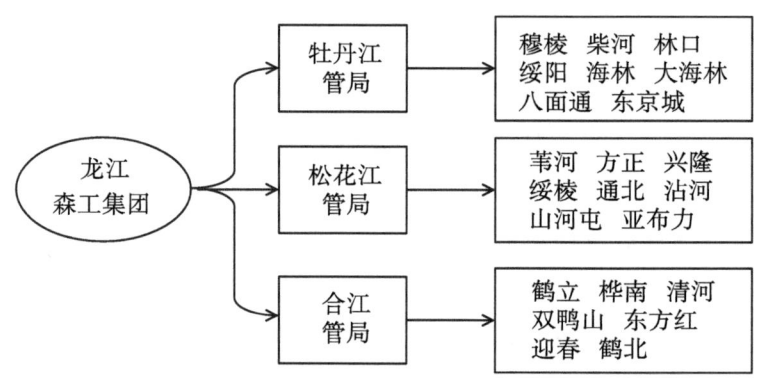

图2-19　龙江森工集团的原3个管理局和23个子公司

另外，作为曾经的军队后勤农业生产基地等，还有少量耕地分布在黑龙江中北部地区。随着体制机制改革，这些耕地多转变为隶属国有企业从事粮食生产。

五、结　语

黑龙江省是我国特殊的农业生产区。耕地面积全国最多，又多是肥沃的黑土地。种粮比例全国最高，户均生产规模大，人均粮食产量全国最多，以商品粮生产为主要特征的规模农业具有显著特殊性，农业机械化生产走在全国前列。黑龙江省地理纬度高，寒地农业又有优良的生态环境条件，丰富的耕地、森林、大水面和草地等资源都适宜发展绿色食品和有机产品。县域地方、国有农场和龙江森工集团等经营主体，能全面开发国土资源，提高国土资源产出率，全面实现乡村产业振兴有利因素较多。

第三章 黑龙江农业农村发展现状

作为我国最主要的商品粮生产基地,黑龙江为确保国家粮食安全发挥了"压舱石"作用。但从实现乡村全面振兴角度看,还存在很多需要深入探讨的问题。

一、农业产值不高

随着农业生产的发展,黑龙江农业总产值也呈持续增长趋势,但近年增速与全国平均值相比还较慢,2017—2022年,占全国农业总产值比重呈持续下降趋势(表3-1)。黑龙江省2017年农业总产值在全国排第七位,2022年已持续下降至第十位,与其他几个农业大省相比排位明显靠后(图3-1)。

表3-1 2017—2022年黑龙江省农业总产值比较

年份	全国农业总产值（万亿元）	黑龙江省农业总产值（亿元）	黑龙江省农业总产值在全国占比（%）
2017	10.933 2	5 586.6	5.110
2018	11.357 9	5 624.3	4.952
2019	12.396 8	5 930.0	4.783
2020	13.778 2	6 438.1	4.673
2021	14.701 3	6 460.0	4.394
2022	15.606 6	6 718.2	4.305

数据来源:中国统计年鉴和黑龙江统计年鉴。

农业总产值不高,主要是与生产结构密切相关。据2019年全国农业普查数据,山东省耕地面积为646.2万hm^2,仅相当于黑龙江1 719.5万hm^2的37.5%。比较农作物总播种面积,山东省可以复种,2022年为1 096.4万hm^2,也仅为黑龙江1 520.9万hm^2的72.1%。但是,山东省农林牧渔各业产值均高于黑龙江省(表3-2),其中,除渔业有海洋捕捞等不可比因素外,即使是种植业、牧业和服务业等也存在较大差距。黑龙江省只有粮食和奶类产量高于山东省,而肉类、蛋类产量山东省则显著高于黑龙江

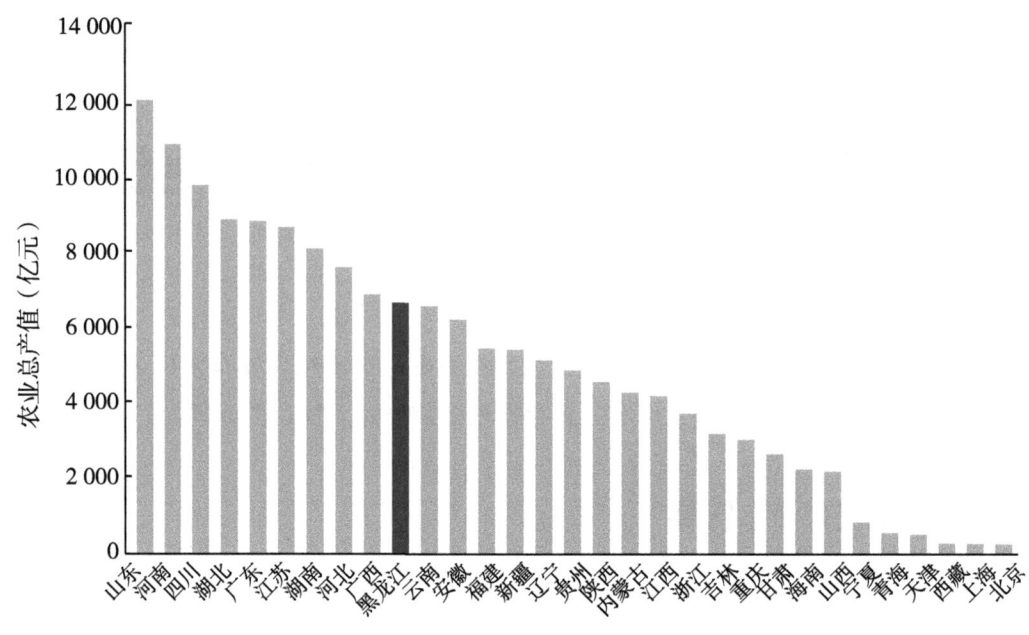

图 3-1　2022 年各地农业总产值

（数据来源：中国统计年鉴）

省，特别是蔬菜和水果，山东省的产量分别是黑龙江省的 12.1 倍和 16.3 倍（表 3-3）。

表 3-2　2022 年黑龙江省和山东省农业总产值构成　　（单位：亿元）

省份	总产值	农业	林业	牧业	渔业	服务业
黑龙江	6 718.2	4 320.5	212.3	1 842.8	147.9	194.7
山东	12 130.7	6 206.5	227.3	3 003.5	1 729.7	963.7

数据来源：中国统计年鉴。

表 3-3　2022 年山东省和黑龙江省农业生产统计

项目	山东省产量（万 t）	黑龙江省产量（万 t）	山东省/黑龙江省
粮食	5 543.8	7 763.1	0.714
奶类	304.5	501.9	0.607
肉类	844.5	312.5	2.702
禽蛋	438.1	107.8	4.064
水产品	881.3	73.5	11.990
蔬菜	8 801.1	725.4	12.133
水果	3 095.5	189.4	16.344

数据来源：中国统计年鉴，其中，蔬菜为 2021 年数据，其他为 2022 年数据。

从种植业结构可看出，2022年黑龙江粮食种植面积占农作物总种植面积的96.5%，而山东省为76.4%，相差20.1个百分点。山东省其他经济作物有259.2万hm²，黑龙江仅为52.6万hm²，相差近4倍。蔬菜、花生和棉花等高附加值作物较多是山东省农业总产值高的重要原因。由此看出，黑龙江耕地面积虽多，但是以低附加值粮食生产为主，农林牧渔各业发展不平衡。种植业中高附加值的经济作物占比很少，生产结构单一，土地产出率低，是黑龙江农业产值低的根本原因。

二、农民收入偏低

黑龙江农村居民人均纯收入与全国同步呈持续增长趋势，以往曾略高于全国平均值，但以2014年为拐点，开始低于全国平均值（图3-2）。2022年比全国平均值低1 555.4元，低7.7%。这说明黑龙江农民收入增速变缓，差距也呈加大趋势。我国区域间农民收入差距较大，2022年各省份高低相差3.3倍。2013年以前，黑龙江农民收入超过全国平均值，仅次于我国东部沿海9省（市），排在全国第十位。以后排位逐年下降，2022年已经降至全国第二十位，即使与我国中部地区相比排位也不高（图3-3）。

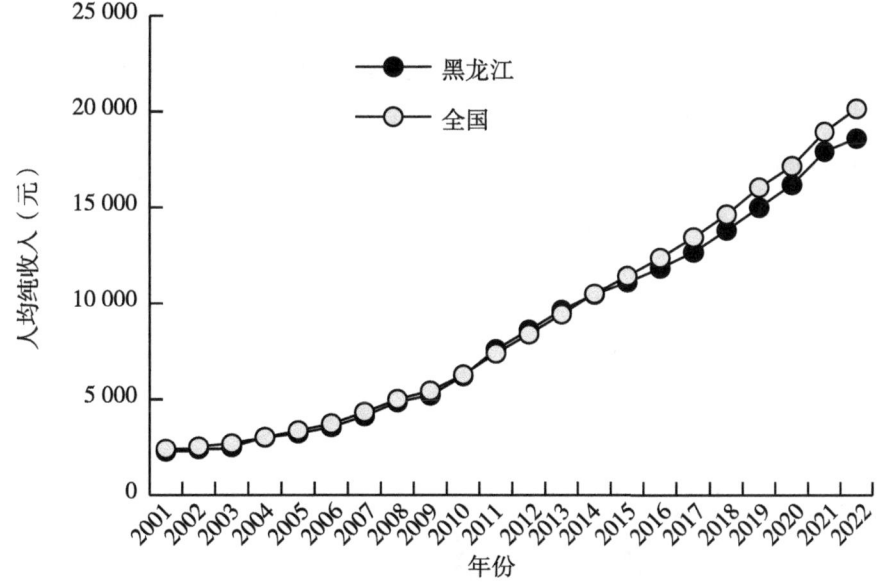

图3-2　2001—2022年黑龙江省与全国农村居民人均纯收入比较

（数据来源：中国统计年鉴）

我国各地农村居民收入产生较大差别的原因，与区域经济发展、耕地面积和产业构成等综合因素有关。目前，我国农民人均收入中，工资收入已超过经营收入，而黑龙江省的农民主要还是靠经营收入。2022年全国农民平均收入比黑龙江高1 555.4元，主要

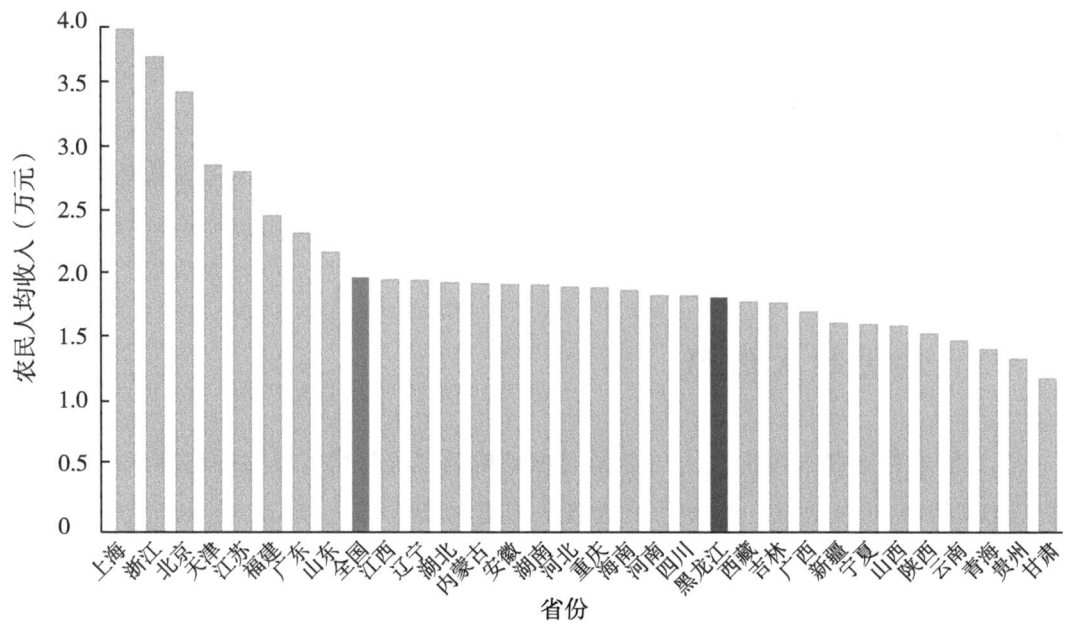

图 3-3　2022 年我国各地农民纯收入

（数据来源：中国统计年鉴）

是工资收入为黑龙江的 2.473 倍。若与我国农民收入最高的省份浙江省相比较，更能明显看出工资收入的差距。2022 年浙江省农民人均纯收入是黑龙江的 2.022 倍，主要是工资收入为黑龙江的 6.64 倍，其原因是浙江省县域乡村有发达的农村工业，其他差距并不大（图 3-4）。浙江省人均耕地面积很少，农作物播种面积仅为黑龙江的 13.3%，但其经营收入仍高于黑龙江省，主要是两省农业生产结构不同所致。浙江省渔业产值是黑龙江省的 8.53 倍；黑龙江种植业主要是生产附加值较低的粮食，而浙江省高附加值

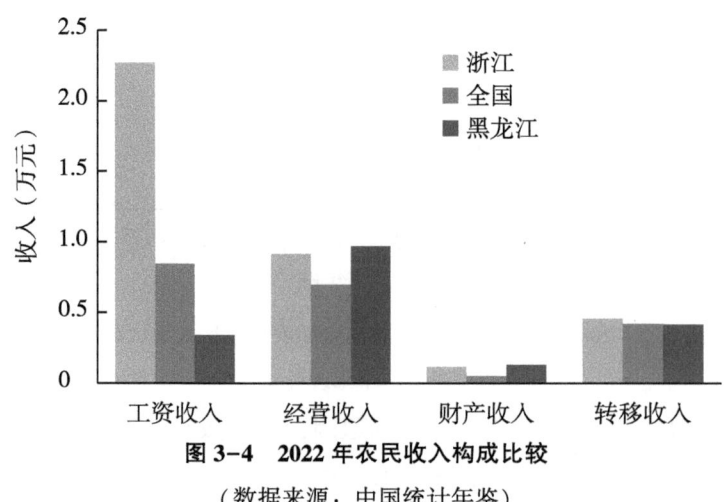

图 3-4　2022 年农民收入构成比较

（数据来源：中国统计年鉴）

的茶叶、水果和蔬菜等种植面积占比较大。由此看出，黑龙江省要实现大幅度增加农民收入，还必须重视发展农村工业和调整产业结构，拓宽农民增收途径。

三、人口快速减少

自改革开放以来，黑龙江省常住人口增速开始低于全国人口增速，2000年开始增速更加缓慢，2010年峰值为3 833.0万人，并以此为拐点快速减少，在全国各省份中最早进入人口减少期。2022年全省常住人口已降至3 099.0万人，12年减少了734.0万人，年平均减少61.2万人（图3-5）。人口减少的主要原因是人口外流和出生率下降。常住人口减少的主要是乡村人口，2021—2022年城镇人口减少77.6万人，占10.6%，乡村人口减少656.4万人，占89.4%（图3-6）。2022年黑龙江省乡村常住人口已降至1 047万人，占总人口比例的33.8%；城镇常住人口虽减少至2 052万人，但占总人口比例相反升至66.2%。然而，常住人口与户籍人口又存在较大差别，户籍人口显著多于常住人口。2021年黑龙江省户籍人口3 491.1万人，比常住人口3 125.0万人多366.1万人，高出11.7%，其主要原因是很多农村居民进入附近城市居住和临时工作，但户籍仍然留在原居住地乡村。以省会哈尔滨市为例，近年全市总人口虽略有减少，但6个城市核心辖区人口反而呈增加趋势，减少的是所辖9个县（市）和双城等3个非核心区（图3-7）。从其他各市（地）级城市和所属县域情况看，都是迁入和迁出并存，

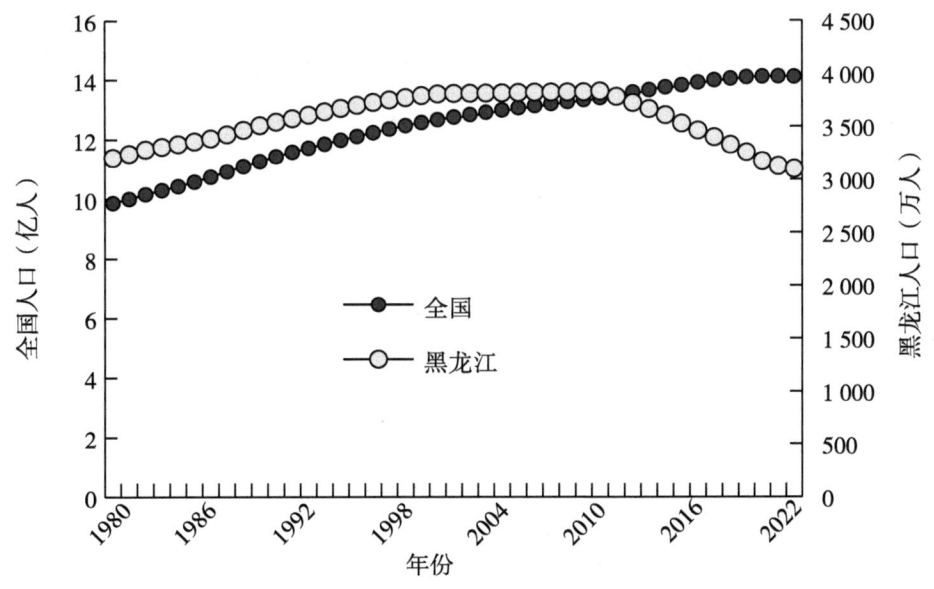

图3-5 1980—2022年全国与黑龙江省人口变化

（数据来源：中国统计年鉴）

城镇净迁出多，乡村净迁出少。以佳木斯市为例，2021年全市城镇人口净迁出1.04万人，比乡村人口净迁出0.60万人多73.5%，净迁出率高59.74%，而且迁往省外人口较多。县域城乡人口中，城镇人口迁出数显著高于农村人口迁出数，迁出率是农村人口迁出率的3.53倍（表3-4）。而市区城乡人口中，郊区乡村人口虽较少，但迁出率反而显著高于城镇人口，是城镇人口迁出率的2.8倍，这主要是由于居民没有稳定的工作和人均耕地面积较少。

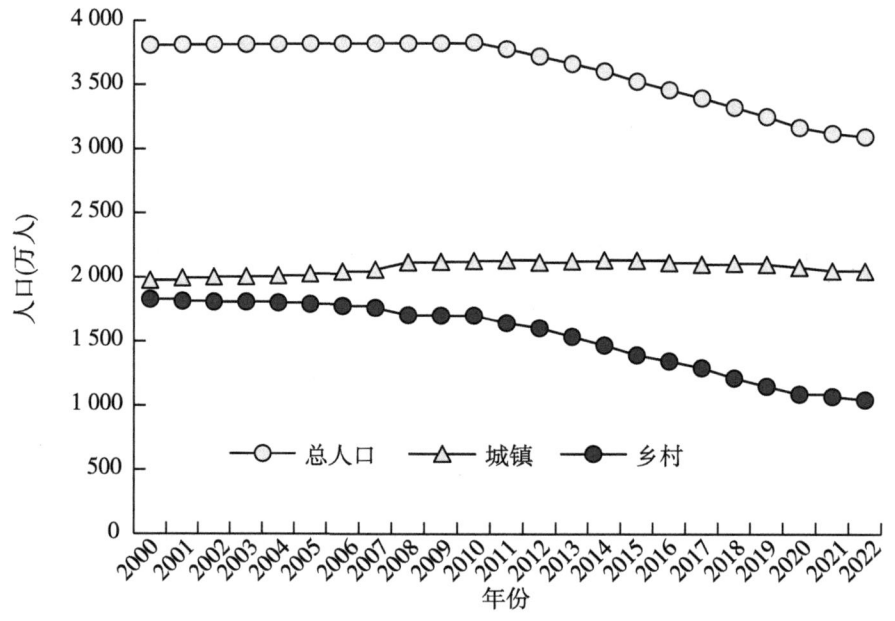

图3-6 2000—2022年黑龙江城乡人口变化

（数据来源：黑龙江统计年鉴）

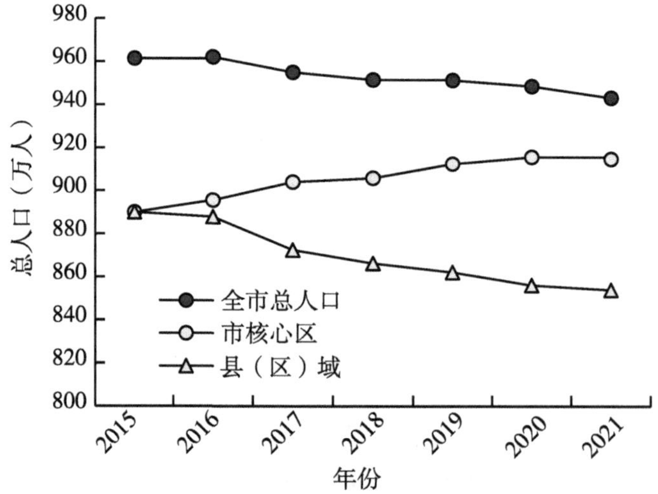

图3-7 2015—2021年哈尔滨市区域人口变化

（数据来源：哈尔滨统计年鉴）

表 3-4 2021 年佳木斯市户籍人口变动情况

区域	户籍	总人口（万人）	自然减少（%）	净迁出（人）	净迁出率（%）
全市	城镇	118.69	0.424	10 406	0.877
	乡村	109.23	0.211	5 998	0.549
市区	城镇	55.01	0.632	3 099	0.563
	乡村	19.18	0.368	3 068	1.600
县域	城镇	63.68	0.245	7 307	1.147
	乡村	90.05	0.178	2 930	0.325

数据来源：根据《2022 年佳木斯市统计年鉴》整理。

黑龙江居民收入较低，就业机会较少，是人口迁出多而迁入少的主要原因。每年升学迁出毕业生，多数优先选择在经济发达地区就业，而返乡就业较少，甚至是一人迁出带走全家。外地人口迁入，包括引进人才难度均较大，又以县域乡村问题最突出。黑龙江乡村常住人口数和户籍人口数存在较大差异，这与农业生产结构和农村户籍管理政策密切相关。现实乡村常住人口大幅度减少，主要是由于冬季半年农闲和农业机械化生产发展快，剩余劳动时间增加，而且与城乡居住条件差距较大有关。一般乡村的冬季保温取暖、上下水条件和卫生环境等，与城市相比存在较大差距；地广人稀，子女上学、医疗就诊、交通运输和文化娱乐等也有诸多不便。黑龙江乡村人均耕地面积较多，在现行惠农补助政策条件下，土地流转出租已成为农民稳定收入的重要来源，一般农民并不愿放弃土地。很多有条件的农民选择到生活条件较好的附近城市居住，生产季节再返乡生产，或在城市临时工作，但仍保留农村户籍。人口出生率下降也是突出问题。自 2015 年开始，黑龙江人口自然增长率连续负增长，而且降幅呈增加趋势。2021 年人口出生率已降至 3.59‰，自然增长率降为 -5.11‰，两者在全国各省份中均最低（图 3-8）。迁出省外就业的多为青壮年人员，而出生率又大幅度降低，这是影响经济发展，特别是县域乡村经济发展的突出问题。

四、集体经济薄弱

我国乡村发展先进典型经验证明，只有发挥村委会的组织领导作用，国家各项惠农政策才能有效落实；只有壮大村集体经济，才能把分散生产的农民有效组织起来，走上现代化生产和共同富裕的发展道路。"上有千条线，下为一根针"，行政村作为村民自治组织，在"家庭承包经营为基础、统分结合的双层经营体制"基础上，村委会主任的工作涉及面广，具体任务内容繁杂，工作承上启下，组织落实各项工作难度较大。

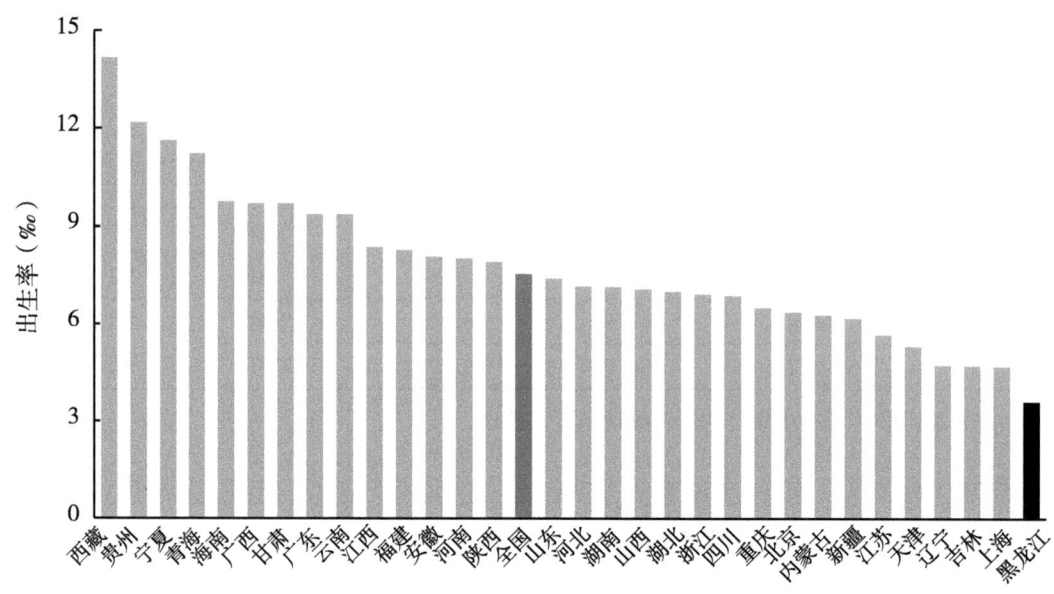

图 3-8　2021 年我国各地人口出生率

（数据来源：中国统计年鉴）

2021 年，黑龙江省共有 901 个乡（镇）和 9 026 个行政村，随着国家对各项惠农政策调整和重视壮大乡村集体经济，村集体经济状况总体虽向好发展，但各地的村之间差别还较大。据 2020 年黑龙江"百村调查"结果，虽然存在每年有稳定收入或资金积累、能自主开展乡村建设的好典型，但多数行政村还是收支基本平衡维持现状，或靠争取上级政府项目投入才能开展建设，甚至还有很多村背负历史债务（图 3-9）。由此看出，黑龙江村集体经济整体还较薄弱，实现乡村全面振兴难度也较大。

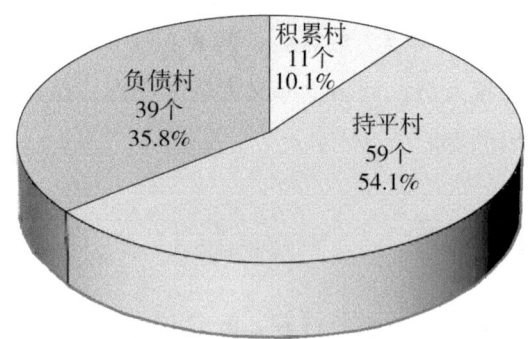

图 3-9　黑龙江百村集体经济情况调查

（数据来源：2020 年调研）

黑龙江已全面实行村党支部书记和村委会主任"一肩挑"管理制。作为村领导除必须做好党建和村管理建设任务外,关键还要作为法人代表,领导村集体经济组织创办产业,实现壮大村集体经济的目标。在村集体所属人员较少,三项工作任务交织重叠情况下,村党支部书记任务繁重,这也对村党支部书记提出了更高的领导能力和经济管理能力要求。村集体经济组织的法人代表,虽然在村基层党支部提名推荐基础上,可作为村集体经济组织的理事长,但还需要再按法定程序,由村集体经济组织理事会选举通过。理事会也可以根据需要,另聘职业经理,承担村办企业经营管理和运营工作。从我国乡村集体经济发展的先进典型经验看,都是有一位深受村民拥护并长期工作的村党支部书记,并形成了稳定的村集体领导班子。如江苏省华西村的吴仁宝、山东省西王庄村的王勇、黑龙江省兴十四村的付华廷和元宝村的张宝金等。以家庭承包生产闻名的安徽省小岗村,以及过去我国农业发展历程的旗帜山西省大寨村,都经历了由分散经营再到以壮大村集体经济为主的致富发展过程。其中小岗村选派沈浩作为驻村第一书记,郭凤莲再度出山任大寨村支部书记,村支部书记带动效应对这两个典型村集体经济的发展都起到了关键作用。

依据本地资源禀赋优势,形成的村集体、村民和招商引资等股份制经营体制机制,是这些农区先进典型的成功经验(图3-10)。由此实现"村民变股民""资源变资产",促进农民在本地就业增收,以及农业发展和工业兴村,村集体有财力搞建设,最终才能实现乡村全面振兴目标。

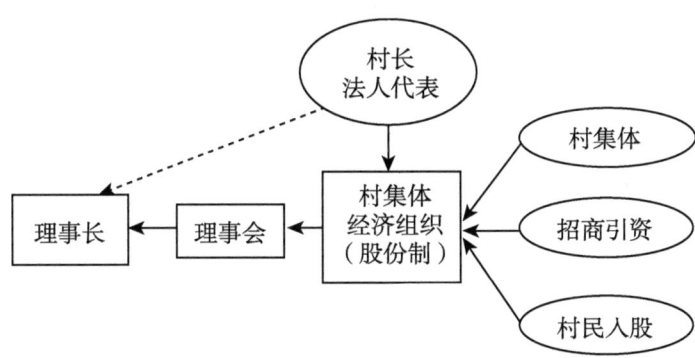

图3-10 村集体经济组织体制机制示意

五、县域经济不强

2021年黑龙江省一般财政收入1 300.5亿元,排在全国各省份的第二十五位;人均财政收入4 161.6元,排第二十九位,相当于全国人均值的52.9%。黑龙江67个县(市)合计国土面积占全省的78.5%,户籍人口占61.1%;地区总产值占全省的42.9%,而一般财政收入仅占20.2%,可见黑龙江省财政收入较少,而县域财政收入更少。其原因是能产生税收的第二、第三产业主要集中在13个地市级城市,而县域主要是不能产生税收的第一产业,特别是以工业为主的第二产业差距更大(图3-11)。2021年黑龙江的67个县(市)平均一般财政收入为3.923亿元,各县(市)之间差距也很大,其中,超过9亿元的县(市)只有3个,占4.5%,2亿~5亿元的有45个,占67.1%,还有8个在1.5亿元以下,县(市)财政支持乡村振兴的可能性很小(图3-12)。大部分县(市)是靠国家转移支付维持政府正常工作。

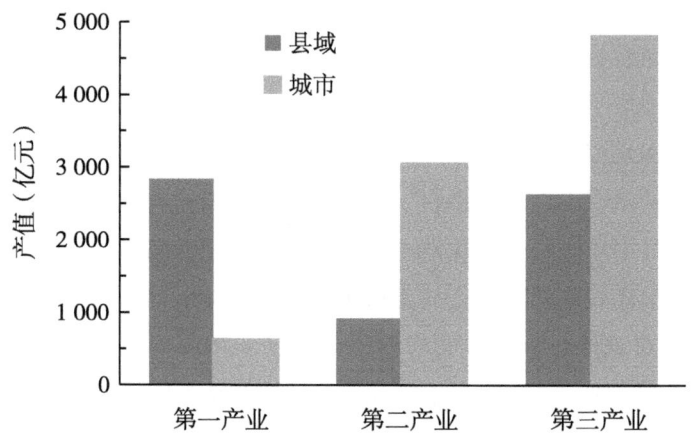

图3-11 2021年黑龙江省县域与城市经济

(数据来源:黑龙江统计年鉴)

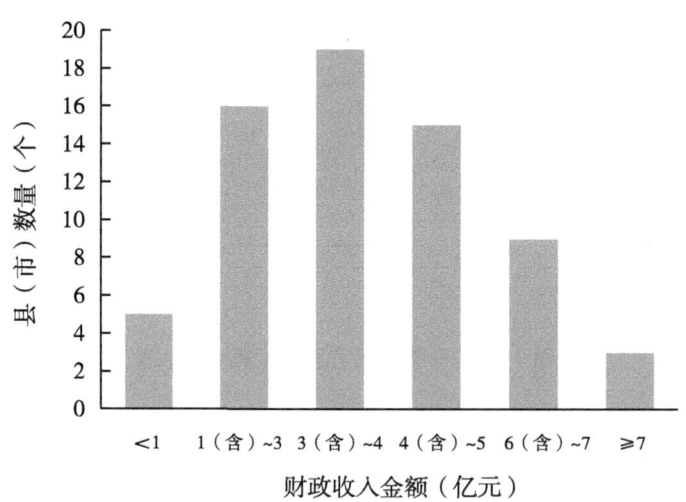

图3-12 2021年黑龙江省县域财政收入

(数据来源:黑龙江统计年鉴)

若与我国乡村振兴示范省浙江省县域经济相比较,更能看出黑龙江省县域经济存在的差距。2021年浙江省有53个县(市),黑龙江省为67个;浙江省县(市)平均面积不到黑龙江省30%,人口密度435.1人/hm²,是黑龙江省57.7人/hm²的7.5倍;浙江省县域地区生产总值却高达593.2亿元,是黑龙江省的6.2倍,人均地区产值也是黑龙江省的2.2倍,一般预算财政收入和人均收入分别是黑龙江省的12.9倍和6.4倍(表3-5),可见浙江省县域财政有较强的支持乡村振兴能力。其根本原因是产业结构存在较大差异。黑龙江省县域平均第一产业年产值42.3亿元,虽比浙江省县域平均26.5亿元高59.6%,但浙江省县域平均第二、第三产业年产值分别为291.7亿元和275.1亿元,分别是黑龙江省13.8亿元和39.3亿元的21.2倍和7.0倍。黑龙江省县域第一产业占地区总产值的比值高达44.4%,而第二产业仅占14.4%,第二、第三产业合计占55.6%;浙江省第一产业仅占比4.5%,第二、第三产业合计占比为95.5%(图3-13)。特别是浙江省县域平均有规模以上企业588.9个,年产值868.8亿元;黑龙江仅有32.2个,年产值45.4亿元,分别相差18.3倍和19.1倍。由此看出,黑龙江发展县域经济应在重视第一产业的基础上,加快发展第二、第三产业,特别是工业。另外,浙江省县域乡镇企业和村集体经济发达,并形成了以工业生产为主,又有省市县地方政府财政支持的良性经济循环机制,这是浙江省成为我国乡村振兴先行试点省的根本原因。

表3-5 2021年黑龙江省与浙江省县域平均经济指标比较

地区	县市(个)	面积(km²)	人口(万人)	地区生产总值		一般预算收入	
				总值(亿元)	人均(元/人)	总值(亿元)	人均(元/人)
浙江	53	1 475.3	64.19	593.2	90 760.8	50.639	7 888.5
黑龙江	67	5 518.1	31.82	95.4	41 635.5	3.923	1 233.1
相差(倍)	0.791	0.267	2.017	6.218	2.180	12.908	6.397

(数据来源:两省统计年鉴2022年)

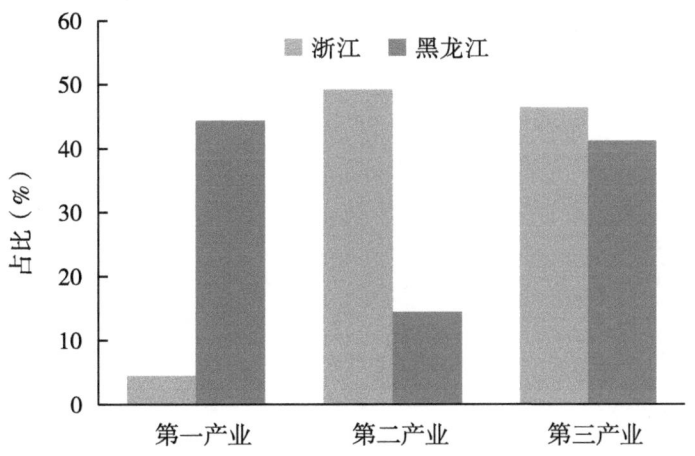

图3-13 2021年浙江省和黑龙江省县域产业构成

(数据来源:浙江省和黑龙江省统计年鉴)

六、结　语

　　黑龙江商品粮生产对确保国家粮食安全虽然发挥着"压舱石"作用，但农业总产值并不高，农村居民收入还较低，在全国排名均呈下滑趋势。其主要原因是粮食生产结构单一，加之冬季严寒，由此面临着人口出生率下降和青壮年劳动力外流等问题。村集体经济薄弱和县域经济发育迟缓，实现乡村全面振兴缺少动力。坚持问题导向，建设稳定的村干部队伍，发展农村工业，拓宽农民就业增收渠道，壮大村集体经济，才能在国家政策和资金支持下，加快全面实现乡村产业振兴目标。

第四章 黑龙江农业资源与发展潜力

党的二十大提出树立"大食物"发展观，以及全面开发国土资源、提高土地利用率和产出率等指导方针，为黑龙江全面发展现代农业、实现农民大幅增收和乡村产业振兴指明了发展方向。拥有丰富的大农业资源，人均资源占有量多，生态环境优良，是黑龙江乡村产业发展的有利条件。寒地气候、作物生育期短、大量商品外销运输成本高等，又是制约发展的不利因素。充分认识资源的特殊性，调整生产结构和实现产业化，只有突出特色打造品牌，提高农产品市场竞争力，才能实现乡村产业发展目标。黑龙江农业资源可分为主要粮食、大宗养殖、北方蔬菜、区域优势和寒地特色五大类（图4-1），各类资源特点、加工产品销售市场和国家扶持政策等差别很大。"顺天时，量地力，用工少而成功多"，扬长避短，才能做大做强产业。

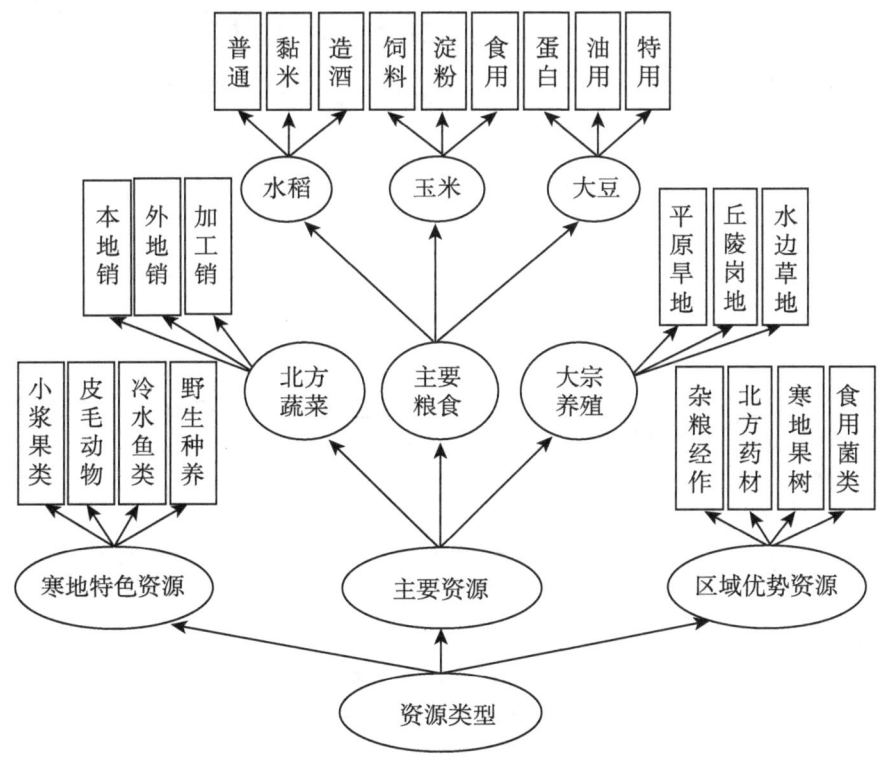

图 4-1 黑龙江省农业资源类型

一、主要粮食资源

黑龙江耕地面积多，种粮比例高，2021 年农作物总播面积 1 506.5 万 hm^2，种粮比例高达 96.6%，其中，主要种植玉米、大豆和水稻三大作物。2020—2022 年，三大作物播种面积平均占粮食总播面积的 98.4%，产量占粮食总产量的 99.1%。此外，还有小麦、谷子、高粱和马铃薯等少量零星生产。

（一）玉　米

我国四大粮食作物为玉米、稻谷、小麦和大豆。随着人均口粮增加，以及温饱问题得以解决，玉米生产快速发展。玉米已成为我国种植面积最大和产量最多的第一大粮食作物。但玉米单位面积产量还低于水稻，而且年际间波动性也较大（图 4-2），主要原因是水旱田生产条件不同，旱涝灾害差别所致。随着生产条件的改善和科技进步，我国玉米与稻谷单产差距将逐渐缩小。

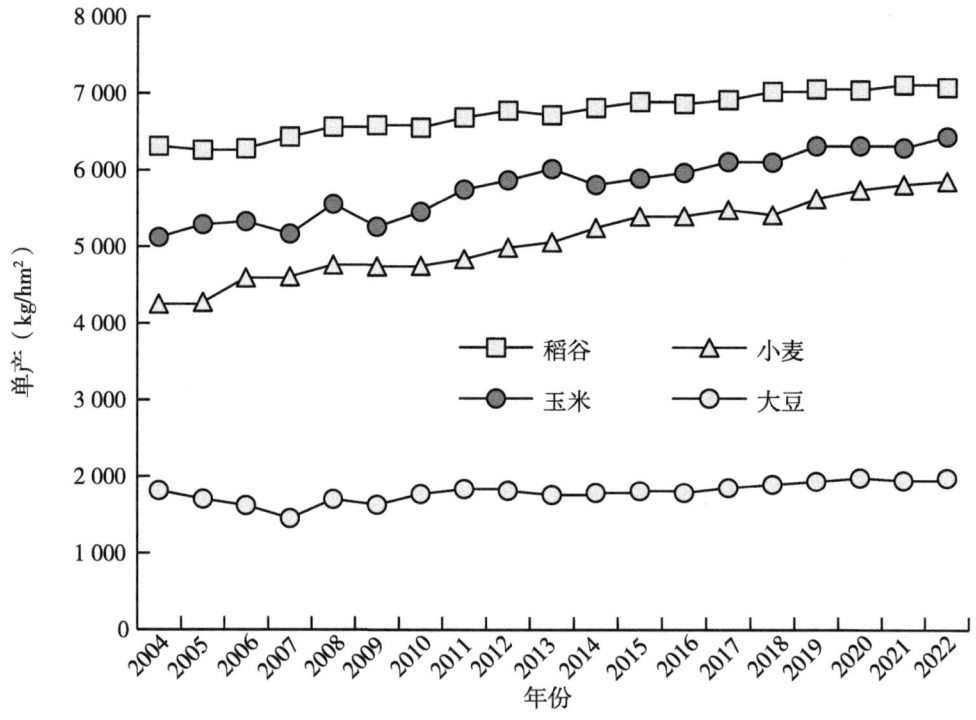

图 4-2　2004—2022 年我国主要粮食作物单产

（数据来源：中国统计年鉴）

1. 我国玉米产销形势

2007年开始，我国玉米播种面积超过稻谷成为第一大作物，2015年达到峰值，为4 496.8万hm²，占粮食总播面积的37.8%，产量创历史新高，这说明我国玉米消费需求旺盛。其间国家收储价不断提高，产品不愁卖，剩余玉米国库收储，生产比较效益较好是拉动发展的动力。2016年开始，受库存量大和玉米进口等因素影响，国家出台了"去库存、调结构和取消临储价"政策，种植面积出现拐点并减少，近年又呈恢复增长趋势（图4-3）。2022年玉米播种面积为4 307.0万hm²，占粮食总播面积的36.4%；产量2.772亿t，占粮食总产量的40.4%（图4-4）。这说明我国玉米生产不仅受种植面积影响，还受国家存储政策、相关产品进口和国家生产补助政策等因素影响。目前，我国已进入"工业反哺农业"、政府补助粮食生产阶段，市场经济条件下，生产上种多少玉米，最终还是看其与其他作物的生产比较效益。

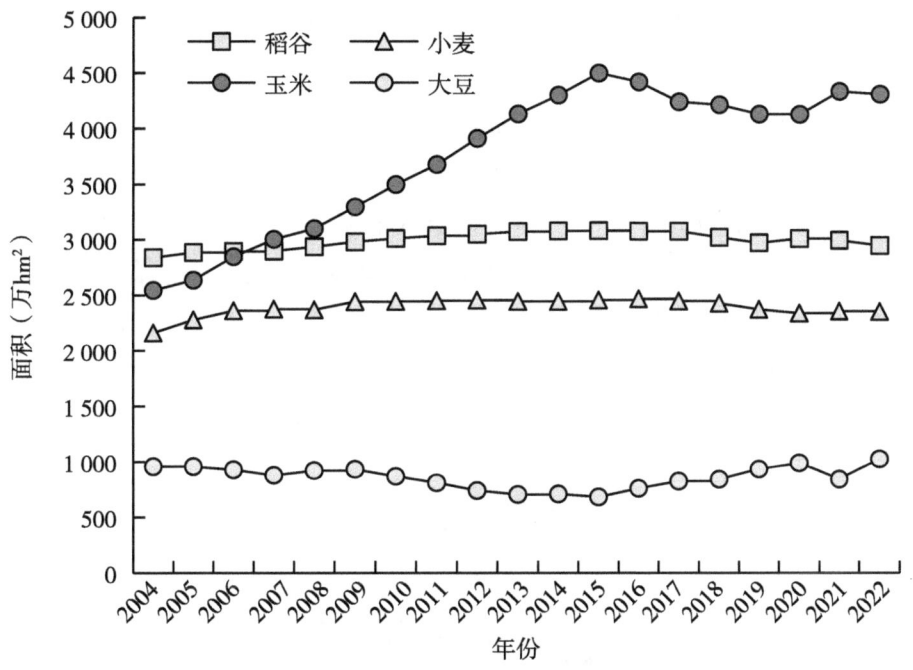

图4-3 2004—2022年我国四大主粮作物面积

（数据来源：中国统计年鉴）

2. 我国玉米主要用途

我国玉米用途主要分饲料用、加工用和食品用三大类，以及少量青贮玉米（图4-5）。玉米用途不同，需要不同的专用品种类型。玉米为"饲料之王"，我国用于饲料消费的玉米约占60%。我国规模化猪、鸡、鱼等饲料养殖业发展快，饲料消费是拉动玉

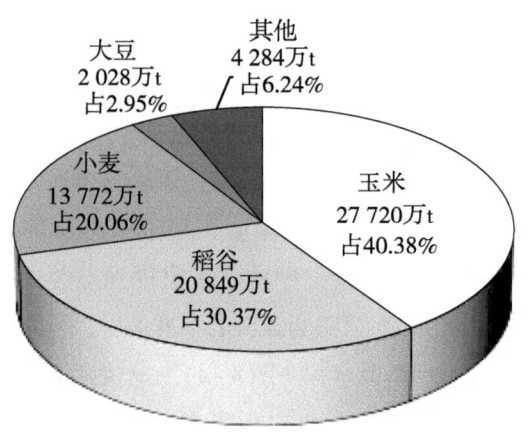

图 4-4　2022 年我国粮食作物产量

（数据来源：国家统计公报）

米生产发展和进口量增加的根本动力。我国是玉米加工大国，加工量占玉米产量的 30% 左右，主要是生产淀粉、糖类和乙醇类，以及胚芽油等人们生活不可缺少的基本消费产品。主要粮食作物中，玉米加工产业链最长，加工产品用途广泛，以玉米为原料生产的抗生素、酶制剂和氨基酸类等精深加工产品，更是食品工业、医疗卫生和工业制造等领域不可缺少的高附加值产品。我国目前玉米精深加工产品已超过 3 000 种。我国食用玉米发展也较快，但目前播种面积仍不足玉米总播面积的 10%。食用玉米品种类型很多，如角质玉米、黏玉米、甜玉米、爆裂玉米、笋玉米，以及黑、红、黄、白等不同颜色的鲜食产品等（图 4-6），各类保鲜食用玉米还是出口产品。另外，随着高质量奶牛和肉牛等养殖业发展，青贮玉米种植面积预计也将呈增长趋势。

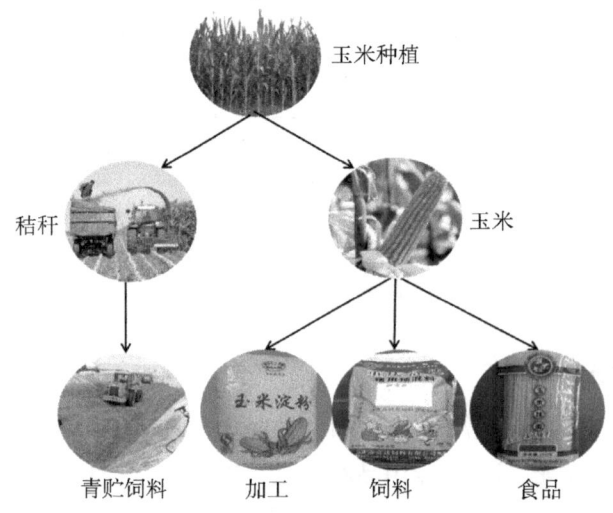

图 4-5　玉米主要类型

第四章 黑龙江农业资源与发展潜力

图 4-6 食用玉米品种

3. 玉米进口及影响

玉米是世界种植面积仅次于小麦，单产水平最高和产量最多的主粮作物。2019—2021 年平均产量比小麦高 48.6%，比稻谷高 52.6%，是大豆产量的 3.2 倍（表 4-1）。1981—2021 年，种植面积与大豆同步大幅度增加，单产增幅最大（图 4-7），1991—2021 年玉米产量增加最多（图 4-8）。

表 4-1 世界主粮作物生产情况

作物	面积（亿 hm²）	产量（亿 t）	单产（kg/hm²）
小麦	2.208	7.721	3 496.2
玉米	1.969	11.477	5 830.2
稻谷	1.621	7.522	4 640.1
大豆	1.276	3.627	2 843.0

数据来源：联合国粮食及农业组织，2019—2021 年数据平均。

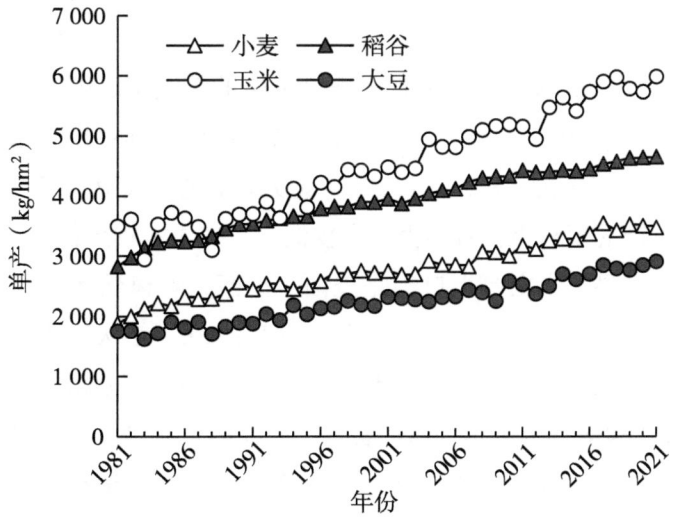

图 4-7 1981—2021 年世界四大粮食作物单产
（数据来源：中华粮网资料）

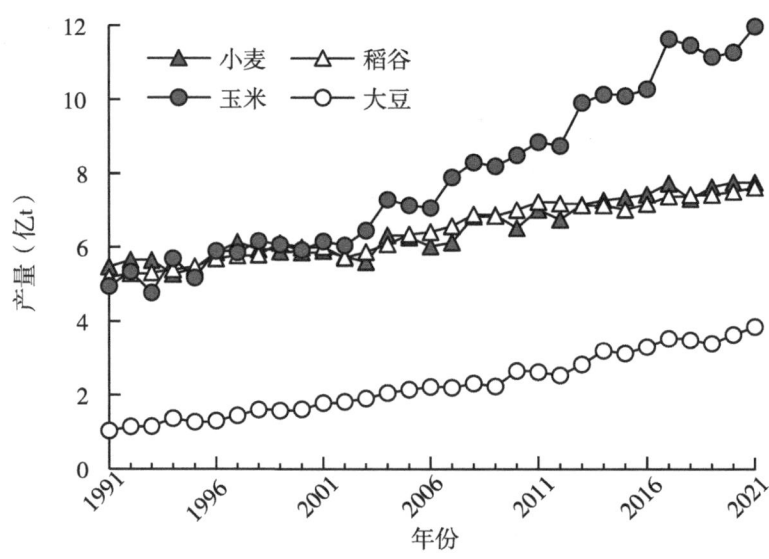

图 4-8　1991—2021 年世界四大粮食作物产量

（数据来源：中华粮网资料）

饲料用玉米需求增加是拉动玉米生产发展的主要动力，同时玉米也是很多发展中国家人民的重要食物。加工用玉米主要产自中国和美国两大主产国。世界有 166 个国家或地区种植玉米，其中超过 500 万 hm^2 的国家有 8 个。中国和美国是世界两大生产国，我国播种面积最大，美国产量最多，两国玉米种植面积占世界的 38.1%，玉米产量占世界的 54.6%。我国玉米单产略高于世界平均值，但与美国、阿根廷和欧盟等国家和地区相比差距还较大（表 4-2）。我国"谷物适当进口"政策主要是指玉米。加入世界贸易组织后，我国每年玉米进口配额为 720 万 t，配额内进口关税为 1%，超过配额关税提高到 65%，说明在国产玉米销售价格高于进口价格的情况下，配额内指标很难有效控制。2010 年开始我国成为玉米净进口国，进口品种主要是饲料用玉米。近年玉米进口量持续增加，2021 年峰值为 2 835 万 t，进口量仅次于进口大豆。我国玉米市场价格较高，主要原因是生产规模较小，劳动生产率较低，生产成本较高；进口玉米价格较低是进口的根本原因。世界玉米主要出口国是美国、巴西、阿根廷和乌克兰。2021 年，我国 69.9%的进口玉米来自美国，29.1%来自乌克兰；2022 年从巴西进口增加较快，预计以后进口渠道将呈现多元化。随着玉米价格的提升，价格较低的高粱、大麦、DDGS（玉米干酒糟）和木薯等作为玉米饲料的替代品，我国也有进口，而且不受进口配额影响。2015 年前后大量进口玉米，曾对我国玉米库存、市场价格和种植面积都产生很大了影响。2021 年，玉米进口量占全国玉米产量的 10.4%，其他饲料用粮食进口合计占全国产量的 18.4%（表 4-3），其中，DDGS 是在我国启动反倾销措施之后，进口量才迅速减少。

表4-2 世界玉米主产国生产情况

排名	面积			产量			单产		
	国家与地区	面积（万hm²）	占比（%）	国家与地区	产量（万t）	占比（%）	国家与地区	单产（kg/hm²）	与世界平均单产的比值
1	中国	4 151.5	21.09	美国	36 256.8	31.59	美国	10 795.0	1.852
2	美国	3 357.4	17.05	中国	26 481.6	23.07	阿根廷	7 984.7	1.370
3	巴西	1 966.7	9.99	巴西	10 733.3	9.35	欧盟	7 342.7	1.260
4	印度	965.6	4.91	欧盟	6 567.8	5.72	乌克兰	6 605.7	1.133
5	欧盟	894.6	4.54	阿根廷	5 033.3	4.39	中国	6 378.0	1.094
6	墨西哥	702.0	3.57	乌克兰	3 472.8	3.03	巴西	5 455.0	0.936
7	阿根廷	630.0	3.20	印度	2 965.5	2.58	墨西哥	3 881.3	0.666
8	乌克兰	526.9	2.68	墨西哥	2 721.9	2.37	印度	3 070.7	0.527
	世界合计	19 686	100.00	世界合计	114 773	10.00	世界平均	5 829	1.000

数据来源：美国农业部资料，2019—2021年数据平均。

表4-3 2015—2022年我国玉米产量和饲料进口量

年份	我国玉米产量（亿t）	进口量（万t）			
		玉米	高粱	大麦	DDGS
2015	2.650	473	1 070	1 073	682
2016	2.636	317	665	500	307
2017	2.591	283	506	886	39
2018	2.572	352	365	682	15
2019	2.608	479	83	593	14
2020	2.607	1 124	481	808	18
2021	2.726	2 835	942	1 248	31
2022	2.772	2 062	1014	538	8

数据来源：中商产业研究院资料。

4. 黑龙江在全国玉米生产中的地位

我国玉米种植范围广，按种植制度划分为北方春玉米和黄淮平原夏玉米，以及西南山地丘陵、南方丘陵、西北内陆和青藏高原共6个产区，并主要集中在400~800 mm自然降水范围，从西南到东北形成了"玉米种植带"，又称"黄金玉米带"。其中，北方春玉米区和黄淮平原夏玉米区是我国玉米集中产区。2021年种植面积超过200万hm²

的7个省（区）合计占全国玉米播种面积的67.1%，产量占69.6%（表4-4）。其中，东北三省和内蒙古东部是我国玉米最集中产地，黑龙江也是我国玉米最大产地。因生态条件和生产技术的差别，我国各地玉米单产水平差距较大，高低相差1倍以上。黑龙江玉米单产略高于全国平均水平。2021年新疆单产最高，为9 120.8 kg/hm²，比全国平均单产高44.1%。

表4-4 2021年我国玉米主产省份生产情况

排名	面积			产量			单产		
	地区	面积（万hm²）	占全国比例（%）	地区	产量（万t）	占全国比例（%）	地区	单产（kg/hm²）	占全国比例（%）
1	黑龙江	652.4	15.1	黑龙江	4 149.2	15.2	辽宁	7 372.5	116.5
2	吉林	440.1	10.2	吉林	3 198.4	11.7	吉林	7 267.2	114.8
3	内蒙古	420.5	9.7	内蒙古	2 994.2	11.0	内蒙古	7 121.4	112.5
4	山东	389.7	9.0	山东	2 589.5	9.5	山东	6 644.9	105.0
5	河南	385.3	8.9	河北	2 066.8	7.6	黑龙江	6 359.7	100.5
6	河北	345.4	8.0	河南	2 051.7	7.5	河北	5 983.5	94.6
7	辽宁	272.4	6.3	辽宁	2 008.4	7.4	河南	5 324.6	84.1
	合计	2 905.9	67.1	合计	19 058.3	69.6	合计	6 588.5	103.6
	全国	4 332.4	100.0	全国	27 255.1	100.0	全国	6 328.1	100.0

数据来源：《中国统计年鉴2022》。

黑龙江省三大主粮作物中，玉米面积最大，总产量最高。2018—2022年，5年平均面积占全省粮食面积的41.8%，产量占粮食产量的51.7%（表4-5），但每年受销售价格和生产比较效益影响，播种面积波动很大，主要是与大豆调换种植。黑龙江玉米和大豆合计种植面积占粮食作物总面积的71.6%，玉米单产又是大豆的3.5倍，玉米与大豆若调换种植100万hm²，相当于增减粮食产能467.4万t，占全省粮食产量的6.1%。2013年和2021年，玉米和大豆种植面积分别相差470.0万hm²和263.6万hm²，可见玉米改种大豆对粮食产量影响较大（图4-9）。玉米和水稻同属高产喜温作物，黑龙江南部地区，若减少水稻种植面积，一般情况下改种玉米的可能性较大。

表4-5 黑龙江省2020—2022年平均粮食生产情况

类别	面积		产量		单产	
	面积（hm²）	占比（%）	产量（万t）	占比（%）	单产（kg/hm²）	与粮食平均单产比值（%）
玉米	603.3	41.8	3 951.2	51.7	6 548.9	123.9
大豆	430.0	29.8	806.2	10.6	1 875.0	35.5

（续表）

类别	面积		产量		单产	
	面积（hm²）	占比（%）	产量（万t）	占比（%）	单产（kg/hm²）	与粮食平均单产比值（%）
水稻	378.7	26.2	2 775.4	36.3	7 328.4	138.6
粮食	1 444.5	100.0	7 636.3	100.0	5 286.4	100.0

数据来源：《黑龙江统计年鉴2022》。

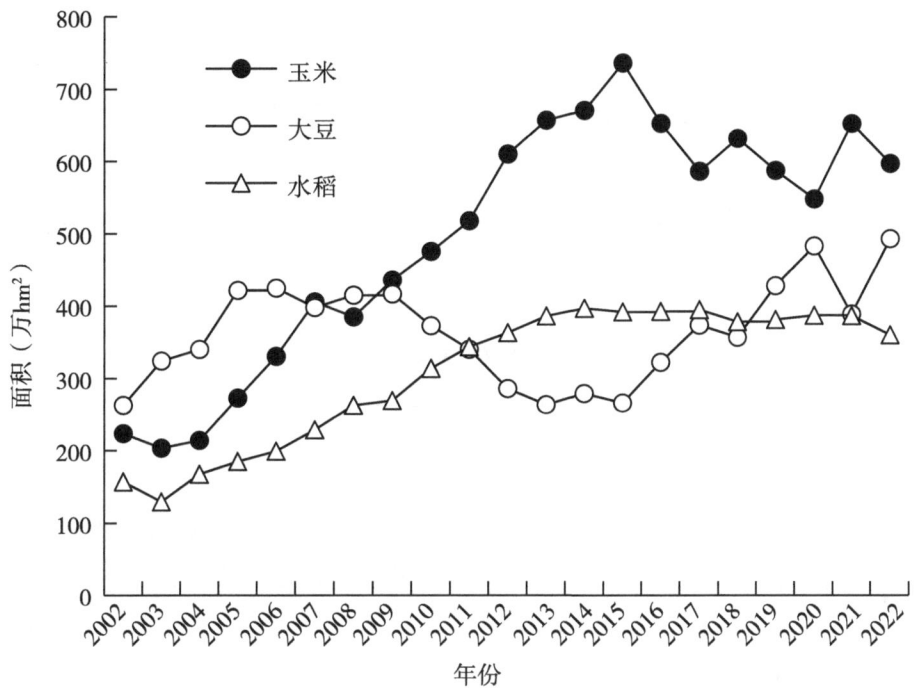

图4-9　2002—2022年黑龙江三大主粮作物播种面积

（数据来源：黑龙江统计年鉴）

随着生产条件改善和生产技术进步，黑龙江省三大主粮作物单产和稳产性已大幅度提升，但玉米单产和稳产性均低于水稻。2017—2022年，大豆、玉米和水稻与上年单产相比，最大减产率分别为6.8%、4.8%和2.0%，其主要原因是旱田作物为典型的雨养农业，受旱涝灾害影响较大，而水稻有水层灌溉受降水影响较小。玉米是高产潜力较大的C_4植物，随着基本农田建设的不断完善和综合生产技术水平提高，预计玉米平均单产将会超过C_3植物水稻，这说明黑龙江省玉米单产还有较大的提升潜力（图4-10）。

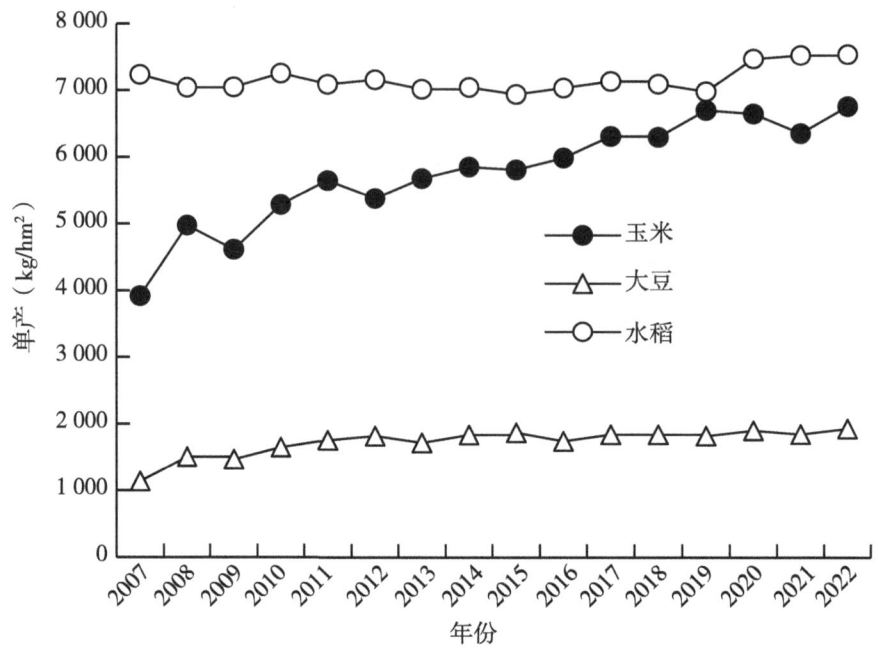

图 4-10　2007—2022 年黑龙江省三大主粮单产

（数据来源：黑龙江统计年鉴）

5. 黑龙江玉米产业发展问题

随着养殖业发展，预计我国对饲料玉米需求量还会增加。受耕地资源制约，我国其他地区再大幅度增加玉米面积的可能性较小。黑龙江省具有耕地多、土地集中连片优势，又多为优良的黑土地，适宜机械化大面积生产玉米。2015 年玉米种植面积最大时曾达到 736.1 万 hm^2，占粮食总播面积的 51.5%，比 2020—2022 年平均高约 10 个百分点，加之单产水平能提高 10% 以上，说明玉米还有较大增产潜力。2022 年黑龙江省人均玉米产量 1301.1 kg，是全国人均值的 6.6 倍，黑龙江省是全国最大的商品玉米产地。2021 年黑龙江省玉米商品量占全国玉米商品量的 28.1%（图 4-11），是少数可以大量调出商品玉米的产地。由图 4-11 也看出，我国主要是广东和江浙等沿海人口密集和养殖业发达的缺玉米区进口玉米。进口玉米主要是影响黑龙江玉米市场销售，从南方海运再到国内陆路运输成本较高，一般进口玉米对黑龙江玉米消费并不能产生直接影响。受耕地资源限制，我国进口玉米和大豆现实很难改变，进口价格有可能受国际粮商操控。调控黑龙江省玉米和大豆种植面积和产量，对确保国家粮食安全发挥着压舱石的作用。农民每年是种玉米还是种大豆，关键是取决于国家对生产者的补贴政策，农民"什么效益好种什么"。除调控种植面积之外，还需要重视提高单产和专用品质。玉米加工领域宽，精深加工产业链较长，实现产业化和建设产业集群，有利于使玉米成为县域乡村经济的支柱产业。确保玉米产业健康发展，应注意以下几方面。

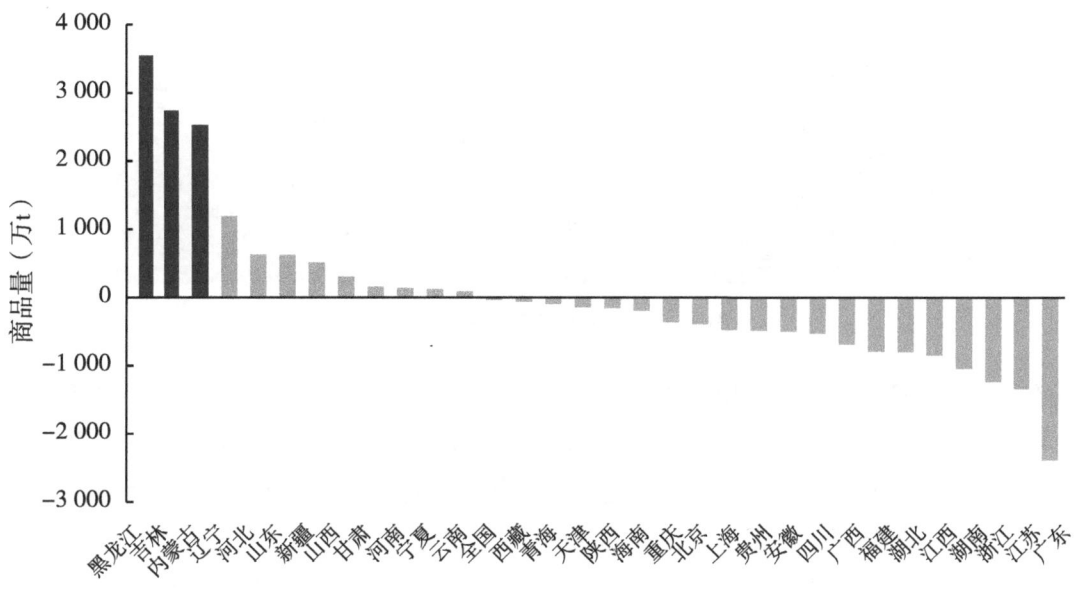

图 4-11　2021 年各地玉米商品量分析

（数据来源：中国统计年鉴）

（1）推进生产技术标准化，提高单产水平

黑龙江耕地资源丰富，土质肥沃，具备实现现代化大农业生产的基础条件。但目前不同区域玉米单产差距较大，即使在相同自然灾害情况下，抗灾能力也有差别。以往各地均创造出小面积比常年单产高 1 倍以上的典型。特别是国营农垦系统玉米生产，播种面积约占全省玉米生产面积的 1/10，又分布在全省各玉米产区，单产一般比全省平均高 50% 左右，其主要原因是大机械作业，全程实现了生产技术标准化。为此，加快土地流转，规划田块，平整土地，建设高标准农田，是实现高产稳产的耕地基础；全面实现大机械作业，特别是深耕翻和整地作业，形成完善的耕作制度，提升土壤蓄水保墒能力，减少旱涝灾害损失，是实现高产稳产的基本保证（图 4-12）；再采取相适应的"种肥药"综合栽培技术，全面实现生产技术标准化，才能使全省玉米单产跨上新台阶。

（2）加强产后脱水与存储，提升玉米质量

黑龙江属寒地大陆性气候，作物生育期短，积温和降水量变率很大。积温变化对玉米生育进程，尤其是对籽粒含水量影响很大，一般越是北部积温少的地区含水量越高；降水量对播种和收获都有较大影响。生产上只能种植与当地积温相适应的早熟品种，并争取抢前抓早适时播种和秋季及时收获。黑龙江生产规模较大，只有依托机械化才能有

图 4-12　大机械深翻地和耙地作业

基本保证。生产上除重视选用早熟品种外，收获后晾晒脱水也是影响质量的重要环节。目前玉米生产与销售时间脱节，收获后临时存放场地不足，导致玉米大量堆放，含水量又较大，特别是再遇雨雪天气，易发生霉变等影响质量。生产上应重视收获后的脱水与存储，确保玉米质量。一是国家投资支持规模化生产合作社、家庭农场或主产区村集体建设存储脱水设施（图 4-13）。二是发展订单农业，鼓励有条件的加工企业脱水收储。三是国家存储库按计划直接脱水收储。

图 4-13　企业烘干脱水与自然风干保存

（3）全面发展加工业，建设产业集群

黑龙江省近年玉米加工业发展很快，2022 年玉米加工量已达到 2 260 多万 t，占 2021 年玉米产量的 55.9%，占全国总加工量的 31.0%。加工量已超过山东省和吉林省成为玉米加工第一大省。黑龙江省饲料加工量较少，随着养殖业发展，饲料加工量将会相应增加。玉米类型较多，全部生物产量都可加工利用（图 4-14）。延长产业链，提升价值链，拓宽加工领域，建设大中小微企业紧密结合的产业集群，实现"粮头食尾，农头工尾"，对产区县域经济和乡村产业发展具有重大现实意义。黑龙江省各地热量资源和作物生育期差距大，按积温划分为6个积温带；地势西高东低，降水量东多西少，干湿度差别也较大。玉米是喜温耐旱作物，为此，玉米主产区集中在西南部热量资源较丰富和干燥度较高的第一至第四积温带种植。黑龙江省位于我国玉米带的最北端，与气候适宜的中端区域相比，产量和品质受年间热量波动影响较大，而且越是积温少的地区负面影响越大。需要注意的是要依据地区热量资源，按专用玉米类型，建设特色玉米产业化生产基地。黑龙江省玉米为典型的商品生产，加工产品本省消费量少，必须重视打造特色产品品牌和不断提升产品的商品价值，并找准消费市场并主动营销。

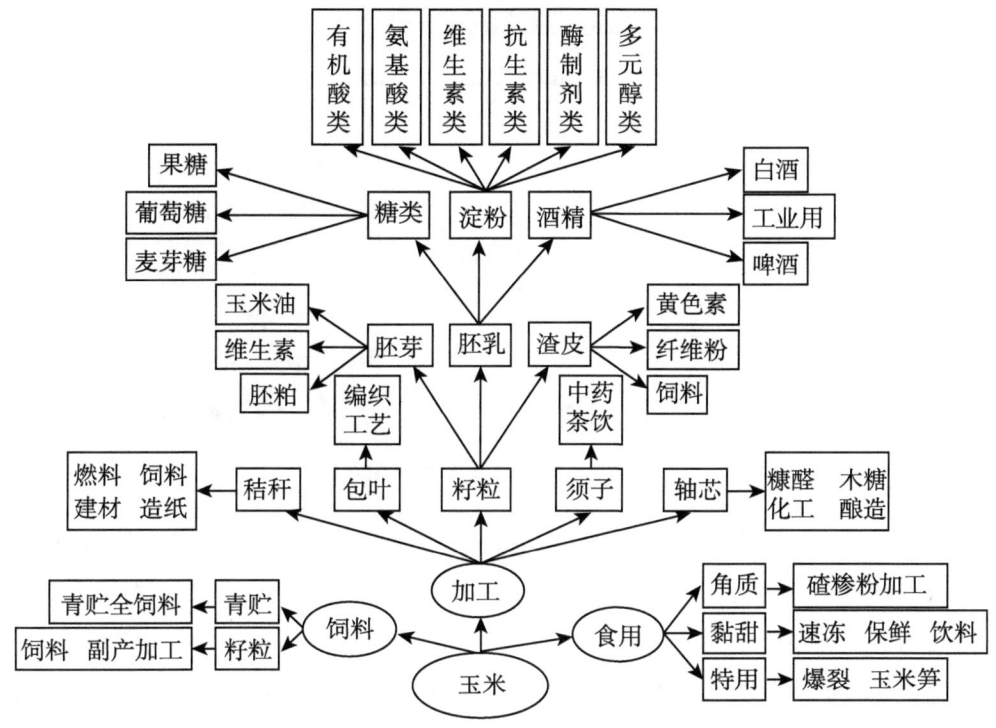

图4-14 玉米综合加工利用示意

一是建设高淀粉玉米加工产业集群。扬"生产集中和积温较多"之长，重视在西南部积温较高地区种植高淀粉玉米，发展淀粉玉米加工业，不断开拓国内和国际两个消费大市场。须控制乙醇和淀粉等低附加值初加工产品增量，向化工、食品和医药等高附加值"专精特新"终端产品发展（图4-15）。另外，不同品种玉米的淀粉含量差距大，目前生产上推广品种多，生产基地应重视选用高淀粉品种，玉米价格由原粮数量指标向商品淀粉产出指标转变，提高企业加工产出效益。关键是以大型淀粉加工企业为龙头，实现"产储加销"一体化。同时带动各类副产品加工业发展，建设产业集群，实现全部产出"吃干榨净"目标（图4-16），如玉米胚榨油、胚粕提取蛋白粉和玉米芯加工糠醛等。另外，开发玉米叶编织手提包等系列加工产品，也可打造乡村特色产业基地。

图 4-15　玉米精深加工产品示例

图 4-16　玉米加工副产品利用示例

二是全面发展食用玉米产业。近年黑龙江食用玉米发展快，并有较大发展潜力。扬"环境优、规模大和数量多"之长，打"绿色有机"安全品牌，提高产品市场竞争力，不断拓宽国内和国际两个消费市场。食用玉米品种和加工产品类型很多，除成熟收获加工成玉米糁和玉米粉等角质玉米外，还有无须完全成熟即可收获的鲜食类型，全省各地玉米生产较分散的区域都适宜生产（图 4-17）。应拓宽品种类型和加工领域，走龙头企业或小微企业带动建设生产基地的发展道路，打造一批不同大小规模、食用产品类型齐全的生产基地，并不断创新加工新产品。另外，适宜大规模机械化生产的爆裂玉米，我国消费量持续增加，但 70%～80% 还依赖国外进口。黑龙江有打造规模化生产爆裂玉米的优势，力争替代进口爆裂玉米，甚至将其发展成为特色出口产品。

三是建设饲用玉米生产基地。我国南方饲料玉米主销区，海运进口玉米到岸价较低，特别是饲料替代品类型多，又无进口配额约束。而黑龙江玉米陆路运输至南方主销区成本较高，一般情况下并不具备市场价格竞争优势。黑龙江越是积温少的地区，玉米含水量往往较高，不利于用于加工淀粉，而用于饲用玉米受影响较小。为此，一般饲用玉米应该在第三和第四积温带种植。饲用玉米品质体现在赖氨酸含量和籽粒软硬度等方

图 4-17 食用玉米类型与加工产品示例

面,为此生产上也应重视选用专用品种。玉米集中产区应发展饲用玉米加工业,先满足供应本省消费市场专用饲料(图 4-18),或与销区加工企业发展订单生产,销售半加工产品或初加工产品,建立长期稳定的产销机制。另外,应呼吁各省份在黑龙江省有计划地增加存储饲料玉米输入。

图 4-18 加工专用饲料示例

(4)玉米秸秆综合利用

随着玉米产量快速增加,秸秆产量同步增长。特别是主要生产区,出现了烧秸秆污染空气等问题,三大作物中又以玉米集中产区问题最突出(表 4-6)。尽管已经提出了秸秆"肥料化、饲料化、基料化、燃料化和原料化"利用途径,但乡村燃料消耗已减少，饲料化、基料化、肥料化和原料化又受相关条件制约发展迟缓。政府投入大量资金开展实验示范引领发展，各地方耗费大量精力严格管控，禁烧秸秆，如何有效解决烧秸秆问题还需要深入探索。作物秸秆数量多，体积大，收集和运输成本高，解决烧秸秆问题要重视降低投入成本，实现投入产出效益平衡，还必须确保实现培肥地力和生产可持续发展。根本途径是在作物合理布局和建立轮作制度的基础上，确保大部分秸秆通过大型机械粉碎还田。在此基础上与乡村产业振兴和美丽乡村建设相结合，在产地乡村用作能源通过管道集中供热，作为基料发展食用菌，作为原料发展秸秆板材加工业，作为黄贮饲料发展牛羊养殖业等（图4-19）。黑龙江冬季长，春秋温度较低，秸秆在土壤中分解时间长，需要用大机械粉碎，结合加深耕作层和深度混拌才能实现还田。其他利用途径，都需要较多资金投入发展产业。这说明彻底解决烧秸秆问题还需要一个循序渐进的过程。另外，黑龙江单季生产，与我国华北地区复种一年两茬生产不同，烧秸秆的危害特点也有差别，为此，如何解决烧秸秆问题还需要深入探讨。

表4-6 黑龙江主粮秸秆量

作物	产量：秸秆	主粮单产（kg/hm²）	主粮产量（万t）	秸秆单产（t/hm²）	秸秆产量（万t）
玉米	1：1.2	6 592.6	3 951.2	7.911	4 741.5
水稻	1：0.9	7 520.6	2 775.4	6.769	2 497.8
大豆	1：1.6	1 895.5	806.2	3.033	1 289.9

数据来源：黑龙江统计年鉴，2020—2022年平均数据。

图4-19 玉米秸秆利用主要途径

(二) 水　稻

稻分为水稻、陆稻、再生稻和深水稻等多种类型，世界统称为稻谷，种水稻多的地区习惯称水稻。世界稻谷年平均种植面积超过300万hm²的国家有11个。其中印度面积最大，但中国产量最多。2019—2021年平均，中国产量比印度多13.2%，两国合计产量占世界的51.8%。除美国和埃及等水稻种植面积较少国家外，世界11个种稻大国中我国单产最高，比世界平均高49.7%（表4-7）。稻谷是我国高产稳产性最好的主粮作物，2020—2022年平均单产比玉米和小麦分别高11.5%和21.9%，是大豆的3.6倍（表4-8）。除气候适宜原因外，主要是种植高产稳产的育秧水稻。我国约60%的人口以稻米为主食，确保口粮安全首先是确保稻谷生产安全。

表4-7　世界稻谷生产情况（2019—2021年平均）

排名	面积			产量			单产		
	国家	面积（万hm²）	占比（%）	国家	产量（万t）	占比（%）	国家	单产（kg/hm²）	与世界平均单产比值（%）
1	印度	4 503.7	27.6	中国	21 143.9	27.5	中国	7 072.2	149.7
2	中国	2 989.7	18.4	印度	18 674.3	24.3	越南	5 942.9	125.8
3	孟加拉国	1 154.5	7.1	孟加拉国	5 547.9	7.2	印度尼西亚	5 155.4	109.1
4	印度尼西亚	1 058.2	6.5	印度尼西亚	5 455.6	7.1	孟加拉国	4 805.6	101.7
5	泰国	1 048.6	6.4	越南	4 337.1	5.6	印度	4 146.4	87.8
6	越南	729.8	4.5	泰国	3 081.0	4.0	菲律宾	4 096.5	86.7
7	缅甸	676.2	4.2	缅甸	2 572.1	3.3	巴基斯坦	3 809.0	80.6
8	菲律宾	472.5	2.9	菲律宾	1 935.7	2.5	缅甸	3 803.5	80.5
9	尼日利亚	421.4	2.6	巴基斯坦	1 257.8	1.6	柬埔寨	3 409.1	72.2
10	巴基斯坦	330.2	2.1	柬埔寨	1 118.1	1.5	泰国	2 938.2	62.2
11	柬埔寨	328.0	2.0	尼日利亚	831.6	1.1	尼日利亚	1 973.5	41.8
	合计	13 712.8	84.2	合计	65 955.2	85.7	平均	4 809.7	101.8
	世界合计	16 295.0	100.0	世界合计	76 993.6	100.0	世界平均	4 724.9	100.0

注：根据联合国粮食及农业组织统计，总计117个国家生产稻谷，其中，种植面积10万hm²以上的国家有56个，50万hm²以上的国家有26个。

表 4-8 我国主粮作物生产情况

项目	面积		产量		单产	
	面积（hm²）	占比（%）	产量（万 t）	占比（%）	单产（kg/hm²）	与四大粮食作物平均单产比值（%）
玉米	4 255.3	36.2	27 013.9	39.7	6 348.3	109.8
稻谷	2 981.6	25.4	21 106.4	31.1	7 078.9	122.5
小麦	2 348.9	20.0	13 630.6	20.1	5 803.0	100.4
大豆	951.3	8.1	1 875.9	2.8	1 971.9	34.1
四大粮食作物	11 757.6	100.0	67 962.3	100.0	5 780.1	100.0

数据来源：中国统计年鉴和全国年度统计公报 2020—2022 年平均值。

1. 我国稻谷产销形势

随着我国人民生活水平不断提高，食物消费构成已发生根本性变化。目前，我国除人均奶类产量低于世界人均值外，粮肉蛋糖，以及水产品、水果和蔬菜等均已超过世界平均值（表 4-9）。副食品消费增加，主食稻米消费必然减少。20 世纪 80 年代农村经营体制改革之前我国存在温饱问题，稻米作为"细粮"产不足需，稻谷产量和人均产量均持续增长。农村经营体制改革后，随着稻谷产量增加，人均产量达到峰值，随后供大于求进入持续下降阶段，但稻谷产量仍呈波动增长趋势。为了确保稻谷安全，我国对稻谷实行最低收购价收储政策，稻谷产销失衡，人均稻谷产量周期性大幅度波动（图 4-20）。稻谷销售价格随之出现大幅度波动，并导致生产上出现大面积"水改旱"和"旱改水"问题。特别是 2000 年前后，种植面积和稻谷产量大幅度下滑，还出现了稻米安全风险。2004 年开始，国家实施鼓励生产政策，主要是实行最低收购价，播种面积和稻谷产量稳步持续增长。但到 2015 年前后，我国又进入稻谷生产过剩阶段，库存量较大，这也是一般稻谷销售价格低迷的重要原因。

表 4-9 我国主要农产品人均占有量

年份	人均占有量（kg）							
	粮食	肉类	水产品	禽蛋	奶类	蔬菜	水果	糖料
1980	326.7	12.3	4.6	1.1	1.2	—	6.9	29.7
1990	393.1	25.2	10.9	7.0	4.2	170.7	16.5	63.6
2000	366.1	47.6	29.4	17.2	7.3	334.5	49.3	60.5

(续表)

年份	人均占有量（kg）							
	粮食	肉类	水产品	禽蛋	奶类	蔬菜	水果	糖料
2010	418.0	59.3	40.2	20.8	23.9	541.0	150.2	84.5
2020	474.2	54.9	46.4	24.6	25.0	530.4	203.2	85.1
2021	483.5	63.6	47.4	24.1	26.7	511.1	212.2	81.1

数据来源：中国统计年鉴。

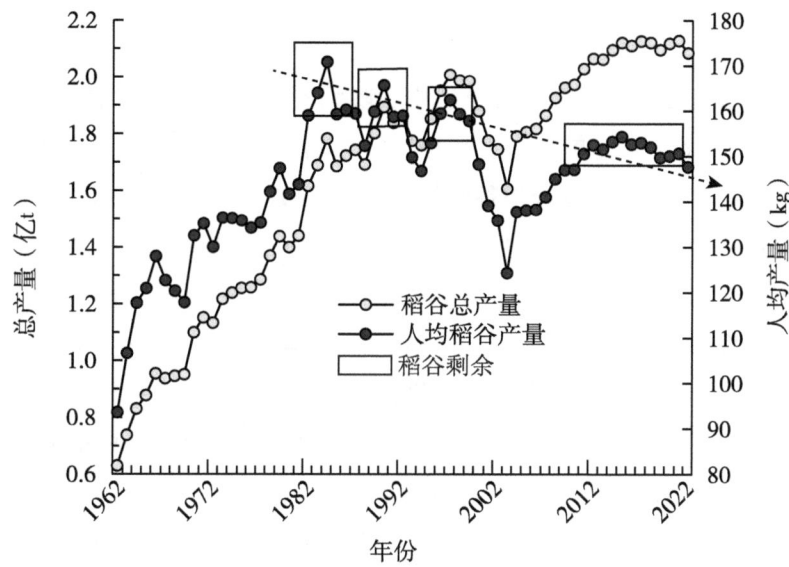

图 4-20　1962—2022 年我国稻谷总产量与人均稻谷产量

（数据来源：中国统计年鉴）

世界 90% 左右稻谷集中在人口密集的亚洲种植，是典型的"自产自食"口粮作物。世界四大进出口粮食中，稻谷可出口量最少，2019 年稻米出口量 4 236 万 t，商品率 8.4% 左右，仅为玉米的 23.1%、小麦的 23.6% 和大豆的 27.3%（表 4-10）。世界稳定的稻米出口国仅有泰国、越南和美国等少数国家，每个国家出口量也不大，其他出口国家多是因丰歉年不同而进出口并存。世界稻米出口很难像大豆和玉米那样受少数出口大国操控。世界出口稻米折合稻谷仅相当于我国稻谷产量的 29.7%。我国加入世界贸易组织后，每年有 532 万 t 稻米进口配额，折合约占我国近年稻谷产量的 3.7%。我国稻米进出口并存，因国内外价格差异，近年已成为稻米净进口国，2022 年净进口 400 万 t 左右。主要是进口泰国高价特色米，以及越南和印度等国家价格较低的稻米和碎米等。我国若大量进口稻米，会因大国进口拉动效应，直接导致世界稻米价格上涨，甚至无处可买,为此,我国必须确保稻米市场绝对安全。

表4-10 2019年世界主要粮食出口情况

品种	产量		出口量		出口量占产量比例	
	产量(亿t)	排名	出口量(亿t)	排名	占比(%)	排名
玉米	11.485	1	1.838	1	15.999	3
小麦	7.658	2	1.795	2	23.443	2
稻米	5.039	3	0.424	4	8.414	4
大豆	3.337	4	1.554	3	46.568	1

数据来源:联合国粮食及农业组织统计资料,其中,稻米包括大米、碎米和米粉等。

我国稻谷种植范围广,南方又有早、中、晚稻不同季节生产,稻谷单产互补性强,稳产性最好。近10多年来,单产与上年相比最大减产0.880%,远低于玉米的3.441%和小麦的1.249%。可以看出我国稻谷产量的大幅度波动,主要是因播种面积不稳定所致。我国人口众多,实际年人均消费量波动很小,我国统计的稻谷产量包括了翌年生产用种子、稻壳和糠麸,也包括多种加工用稻谷、饲料用稻谷和各类损耗等。据北京博晓通科技有限公司发布的《大米行业蓝皮书》,2019年我国人均大米消费量为60.1 kg,略高于日本和韩国。我国主食还有小麦面粉,以及谷子和食用玉米等,预计人均大米消费量还将继续减少。特别是我国已进入人口减少和老龄化阶段,只要根据人均消费量变化,缩短种植面积调控周期,有计划地调控种植面积,同时严把进口关,就可以稳定稻谷产量和市场价格,减少大量存储稻谷产生"陈米",确保实现稻谷口粮安全目标。

2. 水稻对黑龙江粮食产能的影响

黑龙江水稻生产大致可分为4个发展阶段(图4-21)。第一阶段是1982年农村经营体制改革前,人均稻米年产量仅为20 kg左右,作为紧缺的"细粮",虽然努力扩大种植面积,但受技术条件限制,特别是受低温冷害影响,单产大幅度波动,稳产性显著低于玉米和大豆等旱田作物,种植面积长期徘徊于低位,一般播种面积和产量仅占粮食作物的2%~3%。第二阶段是农村经营体制改革到2003年。改革调动了农民生产积极性,同时推广"旱育稀植"栽培技术,取代稳产性较差的直播栽培,水稻产量增加明显,比较效益好,"产品不愁卖",形成了"有水先种稻"局面。面积增速加快,高产稳产性大幅度提升,这是水稻单产增速最快的时期,稻谷产量由供不应求迅速发展到自给自足,然后进入商品生产阶段。但2000年前后受全国稻谷生产过剩和收储因素影响,出现"销售难"和种稻比较效益大幅度下降问题,致使种稻面积下滑。第三阶段是2004—2014年。这是黑龙江水稻面积高速发展期,年平均新增22.4万 hm^2。生产比较效益好，利用地下水"打井种稻"以及水稻插秧机的普及是高速发展的主要原因。生产技术标准化，单产水平进一步提高，产量大幅度增加。第四阶段是2015年开始至今。受我国稻谷产能过剩和收储政策影响，特别是与玉米和大豆生产比较效益下降，水稻种植面积进入减少阶段。在目前稻谷库存量较大，大豆和玉米需要进口情况下，预计水稻种植面积还将呈减少趋势。

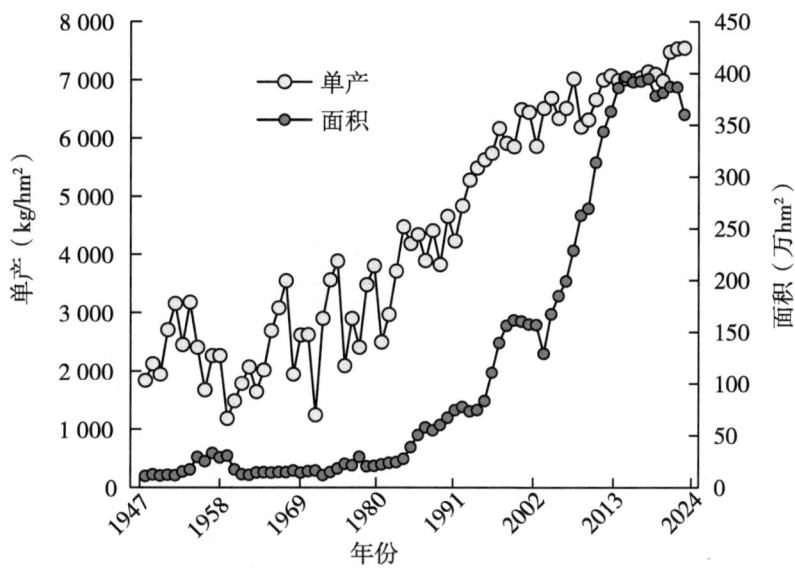

图 4-21　1947—2024 年黑龙江省水稻生产面积和单产变化

（数据来源：黑龙江统计年鉴）

水稻生产发展对黑龙江粮食产能的提升起到了重要作用。推广"旱育稀植"技术，使难以利用的盐碱地、江河坝外地和小流域低洼易涝地等逐步开发为高产稳产稻田，扩大了有效可耕地面积。黑龙江大平原耕地多，寒地农作物生长季积温和降水量变率大，以往低温冷害和旱涝灾害发生频繁。农田"旱改水""种稻治旱涝"和"种稻治盐碱"等栽培技术，对减轻灾害损失都取得了显著效果。1982—2014年水稻大发展时期，播种面积增长 16.6 倍，增量占粮食播种面积增量的 54.2%（表 4-11），占粮食播种面积的比例提高了 25.0 个百分点。同期产量增长 38.5 倍，增量占粮食增量的 43.6%，占粮食产量的比例提高了 31.6 个百分点。目前，黑龙江三大主粮作物单产和稳产性均已大幅度提高，但玉米和大豆稳产性还低于水稻（表 4-12）。以往水稻最多减产 2 302.5 kg/hm²，最大减产率 64.9%；玉米最多减产 1 952.1 kg/hm²，最大减产率 40.8%；大豆最多减产 846.8 kg/hm²，最大减产率 42.7%。2013—2022 年，水稻最大减产量已降至 153.6 kg/hm²，减产率 2.1%；玉米为 346.8 kg/hm²，减产率 5.2%；大豆为 128.0 kg/hm²，减产率 6.8%，玉米和大豆减产率分别是水稻的 2.5 倍和 3.2 倍。

表4-11 水稻对黑龙江粮食生产的贡献

项目	面积			产量（万t）		
	水稻（万hm²）	粮食（万hm²）	水稻占粮食比例（%）	水稻（万t）	粮食（万t）	水稻占粮食比例（%）
1982年	23.9	708.9	3.4	70.9	1 150	6.2
2014年	396.8	1 396.8	28.4	2 797.2	7 403.8	37.8
2014年较1982年增长	15.6倍	1.0倍	25.0个百分点	38.5倍	5.4倍	31.6个百分点

数据来源：黑龙江统计年鉴。

表4-12 黑龙江三大作物稳产性

时段	水稻		玉米		大豆	
	减产量（kg/hm²）	减产率（%）	减产量（kg/hm²）	减产率（%）	减产量（kg/hm²）	减产率（%）
1953—1962	1 195.0	62.7	727.5	40.8	360.0	28.9
1963—1972	2 302.5	64.9	817.5	37.2	420.0	30.6
1973—1982	1 792.5	46.1	997.0	31.4	577.5	39.3
1983—1992	653.0	14.6	630.0	16.4	450.0	26.0
1993—2002	583.0	9.0	1 952.1	33.4	838.0	34.8
2003—2012	348.6	5.2	1 132.0	22.4	846.8	42.7
2013—2022	153.6	2.1	346.8	5.2	128.0	6.8

数据来源：黑龙江统计年鉴。

注：数值为时段内单产最大减产量和减产率。

近年水稻种植面积呈减少趋势，结果必然对全省粮食产能产生负面影响。2020—2022年水稻平均单产是7 520.6 kg/hm²，分别比大豆和玉米高296.8%和14.1%。若稻田改种150万hm²大豆或玉米，全省粮食产量最少减产843.8万t和13.9万t。特别是改种大豆，粮食总产最少降低10.9%。水稻多种植在低洼易涝地区，大面积"水改旱"，若发生渍涝灾害，减产幅度还会更大。2014年水稻种植面积最大时为396.8万hm²，比2022年多36.7万hm²，若恢复到历史最大种植面积，最少可增加稻谷产量276.0万t。黑龙江省是我国北方水资源最丰富的地区，特别是江河自流水利用还有较大潜力，通过筑坝蓄水和建站提水，加之又有松嫩和三江两大平原丰富的耕地资源，水稻种植面积还有大幅度提高的潜力，这需要在国家统筹规划稻谷生产，而且产区获得国家支持的情况下才能实现。

3. 黑龙江水稻产业发展问题

稻谷分籼稻和粳稻两大类型，籼稻主要在低纬度、高温、多湿、短日照地区种植；粳稻主要在高纬度、低温、干燥、长日照地区种植，高海拔低温地区也有种植。籼稻多细长粒，粳稻多短圆粒（图4-22），加工的稻米一般营养上并无大差别，区别主要在食用口感和其他物理性质方面。

图4-22 粳稻（左）与籼稻（右）比较

世界稻谷面积的90%左右、我国的70%左右为籼稻，黑龙江全部种植粳稻。我国稻谷种植范围广，但近年呈区域集中发展趋势，并形成了以南方籼稻、东北粳稻和江苏南部粳稻为主的集中产区。我国各地人口密度、主食消费习惯和人均稻米消费量差别较大，"南方稻米北方面"，黑龙江则是"米面兼食"。除台湾、香港和澳门数据缺失外，我国其他31个省份中有30个省份种稻，其中10个省份为较稳定的商品生产（表4-13），其他省份均为基本自足或缺米区。有大量商品生产的主要是黑龙江粳稻，以及湖南、江西和湖北的籼稻，我国目前籼稻、粳稻产能均过剩。黑龙江省水稻商品率超过85%，商品量超过全国省际商品总量的1/3，占东北三省粳稻商品量的80%以上，是全国最大的商品粳稻产地，也是世界最大的商品粳稻产地。我国稻米主要消费和缺米区是在东北三省以外地区，黑龙江的产品外销运输成本高，特别是60%左右水稻又集中在最东部的三江平原地区，稻谷销售难问题也最突出，目前主要是靠国家粮库最低收购价收储，稻谷销售价格低。

表4-13 2020年我国稻谷面积、产量、人均产量及商品量前十位省份

排名	稻谷播种面积		稻谷产量		人均稻谷产量		稻谷商品量	
	地区	面积（万hm²）	地区	产量（万t）	地区	产量（kg/人）	地区	商品量（万t）
1	湖南	399.4	黑龙江	2 896.2	黑龙江	913.4	黑龙江	2 566.5
2	黑龙江	387.2	湖南	2 638.9	江西	453.9	湖南	1 410.9

(续表)

排名	稻谷播种面积		稻谷产量		人均稻谷产量		稻谷商品量	
	地区	面积（万 hm²）	地区	产量（万 t）	地区	产量（kg/人）	地区	商品量（万 t）
3	江西	344.2	江西	2 051.2	湖南	397.1	江西	1 211.7
4	安徽	251.2	江苏	1 965.7	湖北	324.5	湖北	809.7
5	湖北	228.1	湖北	1 864.3	吉林	277.4	安徽	439.3
6	江苏	220.3	安徽	1 560.5	安徽	255.6	吉林	428.6
7	四川	186.6	四川	1 475.3	江苏	231.9	江苏	416.5
8	广东	183.4	广东	1 099.6	广西	202.0	广西	93.8
9	广西	176.0	广西	1 013.7	四川	176.2	辽宁	32.2
10	吉林	83.7	吉林	665.4	重庆	152.4	宁夏	5.5

数据来源：中国统计年鉴。

注：稻谷商品量按扣除种子计算。

解决稻谷销售难问题，一是应呼吁国家统筹规划生产稻谷，引导压缩其他地区劣质稻生产并严格控制进口，实现国内稻谷产销基本平衡；二是争取产地企业新米直接出口，开拓世界粳稻米市场，打造世界粳稻米品牌；三是争取国家"北粮南运补助"，与南方大米站在同一基本价格起跑线上。在此基础上，发挥优良生态环境优势，全面发展相关加工业，打造产品知名品牌，提高产品市场竞争力，并建设各类稻米产业集群。稻谷主要用于加工食用大米，此外，其他加工领域也较宽，特别是稻谷有多种加工类型可以发展特色产业（图4-23）。与我国南方主产区相比较，黑龙江大面积种稻历史较短，大米加工虽有很多突出的好典型，但综合加工利用方面还有较大发展潜力。

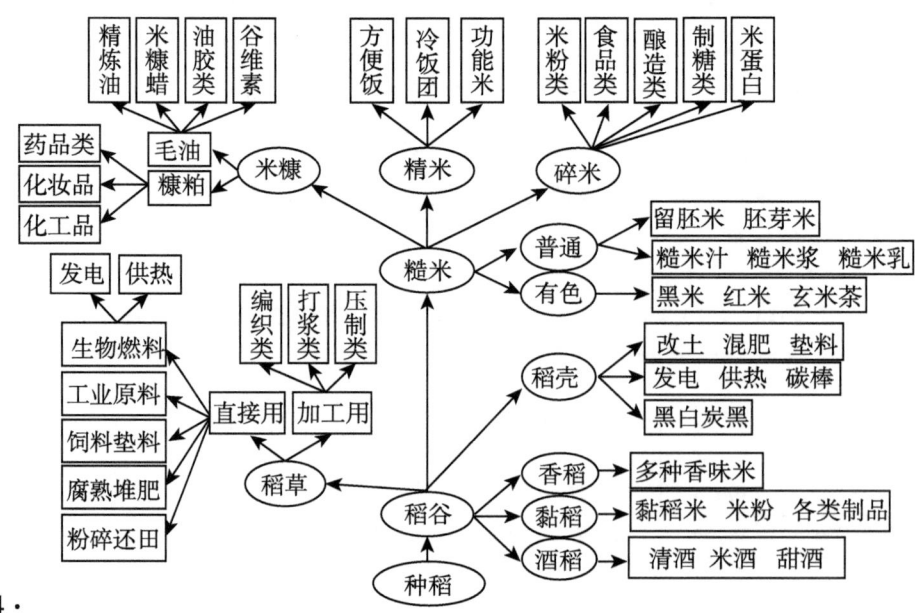

图4-23 稻谷综合加工利用示意

(1) 打造大米知名品牌

随着生活水平不断提高,人们对大米的质量要求也在不断发生变化,好大米一般称为"优质米",又称"优良食味米"或"好吃大米"。高消费市场上,大米的能量和营养作用已淡化,食味品尝功能在上升,蒸煮的米饭要色香味俱佳。好大米评价标准包括稻米的外观品质和食味品质,从基地生产到餐桌消费影响因素复杂(图4-24)。首先是选择好吃的品种,其次是产地条件,再采用相适应的生产、收储和加工技术,以及适应的煮饭方法等。黑龙江作为最大的商品大米产地,在销售大米和稻谷的同时,应重视与销区加工企业结合,探索销售糙米新途径,并建立长期稳定的"订单农业"生产(图4-25)。

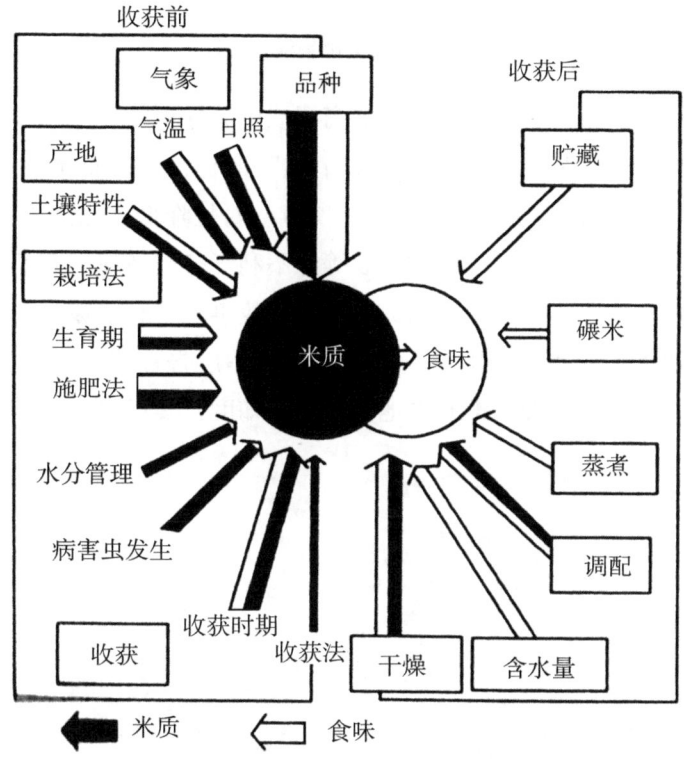

图 4-24 影响米质和食味因素示意

(资料来源:译自日本爱知县农试场伊藤)

打造大米知名品牌,要注意以下问题。一是走差异化发展道路。选择特色品种长期种植,把握"好看"和"好吃"大米市场标准,使消费者能简单直接区分开好大米和一般大米,如粒型大小、米饭软硬程度和各种香味等。二是突出产地环境打品牌。宣传产地气候、土壤和水质等优势条件,提升消费者对大米品质和安全性认知。如认证"地理标志产品"和评选"区域驰名商标"等。三是注册企业商标打品牌。商标是法律概念,具有唯一性。品牌是市场概念,是消费者认可程度。大米是初加工产品,具有公

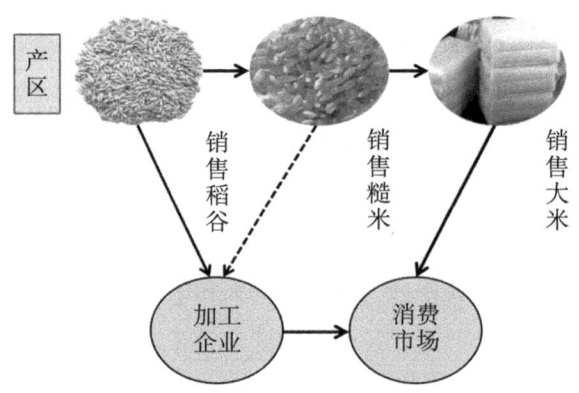

图 4-25 拓宽销售糙米途径

益商品属性,并不具备唯一属性。注册企业商标或产品标识等,也能起到提升大米品牌价值效果。例如,黑龙江某企业注册的"五个碗"商标,以及日本北海道农协注册的"卡通标识",都是打造品牌的好典型(图 4-26)。四是降低产品成本打品牌。大幅度增加生产成本和降低产量,过度碾磨和包装等并不利于打造品牌。五是策划宣传推销打品牌。突出宣传产品特色,讲好产地相关人文历史故事,有利于提升产品知名度。量力而行,参与各类展销和评比会,以及电视等新闻媒体广告宣传,尽可能扩大品牌知名度。六是重视本地消费打品牌。提升本地消费者认知度,实现口口相传扩大影响。

图 4-26 中国企业和日本农协注册的大米商标

(2) 大米副产品加工利用

黑龙江稻谷加工副产品也有较大发展潜力。以 10 万 hm^2 水稻生产为例,一般可年产稻谷 82.5 万 t 和稻草 74.3 万 t。稻谷加工大米可产糙米 66.0 万 t 和稻壳 16.5 万 t。糙米可加工生产成留胚米、胚芽米和糙米茶等。稻壳可用作发电、集中供热和加工成烧烤用的碳棒等,以及工业用二氧化硅、碳化硅、黑白炭黑和生活用洗牙粉等高附加值产品。糙米加工成精米产生的约 4 万 t 米糠可用作榨油,毛油除可用于加工食用油之外,还可提取米糠蜡、油胶和多种维生素等;糠粕可作饲料,还可通过化工提取药品、保健品和化妆品的原料等（图4-27）。加工精米产生约5万t碎米，以往多用作米粉等初加工食品，如用于生产各类高附加值精加工产品也有较高的发展潜力，既可以用于酿造和制糖，还可以提取米蛋白生产婴儿蛋白粉等（图4-28）。

图4-27　米糠加工利用

图4-28　碎米加工利用

另外，水稻集中产区稻草"五化利用"也应加快发展。可以用于制作各类草绳、草帘、鸡蛋与水果托盘、一次性餐具、各类板材（图4-29），还可以用于产地乡村集中供热等。大米与各类副产品加工同步发展，才能实现建设稻谷产业集群。

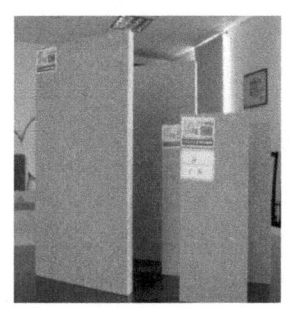 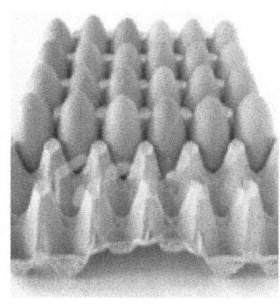 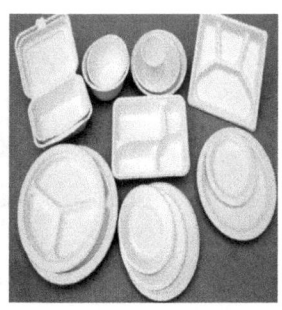

图4-29　稻草加工利用产品

(3) 建设黏稻米产业基地

粳稻和籼稻都有普通稻与黏稻之分。黏稻又称糯稻，加工成的稻米称为黏米、糯米或江米。普通粳米直链淀粉含量多为18%左右，外观多为半透明；黏米直链淀粉含量在2%以下，外观多呈乳白色（图4-30）。黏米做米饭胀性较小，黏度大，不易消化。黏米用途广泛，可用于制作黏米饭、年糕、粽子、汤圆和油炸糕等，还可加工成各类糕点食品。

图4-30 粳稻普通大米和黏大米

我国黏稻米产销形势

与普通食用稻米相比较，黏稻作为特色产品生产量较少。每年种植面积一般为90万~150万 hm^2，占全国稻谷总面积的3%~5%，波动性较大。种植技术和单产与普通稻谷并无差别，每年产量在650万~1 200万 t（图4-31）。国家粮库一般不收储黏稻谷，完全是由市场需求决定种植面积。全国每年黏稻总消费量比较稳定，但企业加工量和黏稻谷产量变化较大。主要原因是黏稻米生产尚未形成以加工企业为龙头的"产

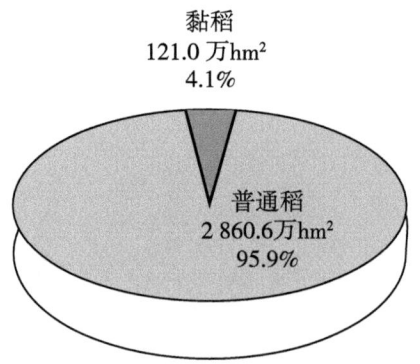

图4-31 我国常年黏稻种植面积

（数据来源：中国统计年鉴）

储加销"一体化产业模式。种植较多时,稻谷供大于求,销售价格降低,甚至无法及时销售;面积较少时,稻谷供不应求,销售价格抬高。由于农业生产周期长,市场价格难预测,由此造成年际间产量和价格大幅度波动。我国南方黏稻生产历史长,加工企业较多,产品类型丰富,消费市场规模较大,并形成了较丰富的黏稻米文化。

<u>黑龙江黏稻米产业现状</u>

随着水稻生产发展快,特别是进入大量商品生产阶段,国家最低收购价降低,一般稻谷出现卖难问题,黑龙江黏稻生产发展呈上升趋势。目前已育成龙粳57、绥粳20、哈粘稻1号等一大批适应各积温带种植的新品种。种植面积约10万 hm^2,全省各地均有生产,主要是集中在东部三江平原地区。但省内相关加工企业还较少,主要是以稻谷形式向省外销售。我国南方主销区加工企业一般是在缺少加工原料时才会购买黑龙江黏稻。由于运输成本较高,黑龙江黏稻销售价格波动幅度较大,一般较国家最低收购价高25%左右。因尚未形成稳定的销售市场,一旦出现生产过剩,降价风险会更大。

<u>黏稻米产业发展对策</u>

黑龙江水稻易受低温冷害,导致稻米成熟度降低和垩白率增加。稻谷收获和脱水干燥,也易受降水量和干湿度影响增加裂纹米。虽然在加工过程中可以分级筛选,但整精米率必然降低(图4-32)。扬优良环境之长,避气候波动之短,预计粳稻黏米产业将比一般稻米生产获得更好的经济效益和更显著的社会效益。做大做强产业,关键是重视加工和销售,走"产储加销"一体化发展道路;打造知名品牌产品,把黑龙江建设成全国,乃至世界最大的特色粳黏米产业化基地。从区位看,东部和北部积温较低地区,以及半山区小流域水稻产区最具发展潜力。黑龙江稻谷商品量大,若按每年生产全国黏稻谷的1/5(产量约200万t黏稻谷)计算,就有可能建设4~5个种植面积5万~6万 hm^2 的县(市)或农场生产基地。

图4-32 整精米(下)、垩白粒(左上)和碎米(右上)

一是销售稻谷和糙米带动建设生产基地。黏稻米是常年大众特色消费产品，县乡级政府、供销社、行政村或生产合作社牵头，突出"粳黏稻和绿色安全"特色，主动找省内外，特别是南方主销区稻米加工企业，签订长期稳定的供货合同，发展订单农业。争取各级政府支持，建设存储库和脱壳加工糙米，按订单合同，按时发送销售稻谷或糙米。通过上述办法解决完全靠市场盲目生产出现卖难问题，同时带动扩大种植面积，为发展黏米加工业奠定基础。

二是建设黏大米和米粉加工基地。鼓励生产基地发展黏大米加工业，筛选整精米生产高档黏大米，碎米加工米粉，实现由销售原字号产品向销售初加工产品转变（图4-33）。根据家庭、酒店、超市等消费需求，加工包装成不同规格的系列产品，重视与销售商和相关企业签供货订单，努力扩大销售市场。作为初加工产品，应先注册企业产品商标，重视打造区域产地知名品牌。招商引资的大中企业应拓展业务，与基地发展订单农业，鼓励生产合作社创办小微加工企业，特别是村集体加工企业，发展各类特色加工业。

图4-33　商品黏大米产品

三是建设特色黏米制品加工基地。不仅生产各类黏米粉食品和特色黏米饭等"现做即食"食品供本地消费，还应采用真空包装等各类保鲜措施，加工成可以较长时间保存，加热可食用或直接食用的特色消费品（图4-34）。黏米可加工的品种很多，产品可以远销国内外市场，这是黏稻米产业化基地建设的重点。注册产品商标打品牌，不断创新生产技术，开发适应消费市场的系列新产品，线上线下销售相结合，产地销售与旅游观光相结合等，不断扩大消费市场并做大做强黏米产业。

（4）其他特色米生产发展问题

世界稻谷生产历史长，种植范围广，经不同生态条件长期种植，形成了很多稻谷类型。如籼稻和粳稻、普通稻和黏稻、大粒稻和小粒稻、圆粒稻和长粒稻，以及各种香味稻等（图4-35），不同地区人群也形成了特定的喜食习惯。与我国南方稻区相比较，黑

图 4-34 黏大米加工产品

图 4-35 丰富的稻谷品种类型

龙江省生产的品种类型相对较少,主要应关注以下特殊生产和加工类型。

香稻米

香稻米区别于普通稻米,有特殊香味的稻米统称为香稻米。香味主要由 2-乙酰-1-吡咯啉以及 120 多种微量的酚、醛、醇类化学物质决定。这些化学物质分布在植株的各个部位,并有挥发性,为此稻田也产生香味。稻谷中香味化学成分主要集中在稻壳和米糠中,碾磨精米中含量较少,这是很多香米以糙米销售的重要原因。另外,这些化学物质有挥发性和水溶性,稻谷储存时间、温度和煮饭方法等,都对米饭的香味产生影响,好香米应该是煮饭时香,米饭也香。香米的香味类型很多,如茉莉花香和桂花香等(图 4-36)。不同消费者的喜食香味有差别,突出特色香味有利于扩大销售市场。

特色米

特色米区别于一般精加工大米,主要包括糙米、留胚米和胚芽米,以及有色的黑米

图 4-36 不同特色香味稻米

和红米等。稻谷脱壳后为糙米，糙米的主要营养成分为淀粉、蛋白质和脂肪，以及各类维生素、微量元素和膳食纤维等（图 4-37）。糙米主要由谷皮、糊粉层、胚和胚乳构成，其中胚乳占近 90%，主要成分是淀粉。其他的营养成分约 95% 存在于加工过程产生的米糠中，包括谷皮、糊粉层和胚。其中胚又占 66% 左右，谷皮和糊粉层占 29%，胚乳中仅占 5%。一般大米由胚乳加工而来。若直接食用糙米虽包含大部分营养，但存在难蒸煮、口感差、难消化，以及不适宜胃肠病人等问题。碾米留下胚乳、胚和糊粉层称为留胚米；仅留下胚乳和胚的大米产品称胚芽米，因胚是有生命的活体，故也称"活米"。但受加工机械限制，实现精确加工难度较大，也增加了存储难度，同时，胚芽米与精加工大米相比，还存在较难于消化等问题。

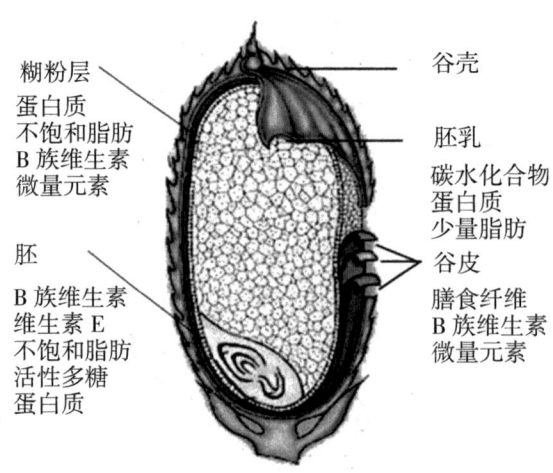

图 4-37 稻谷的结构与营养分布

稻田生长的稻株因叶绿素和叶黄素等含量不同，稻株除绿色外还有紫色和黄色等。稻谷为紫色、黑色和红色的品种较常见，这类稻谷的营养成分也更丰富，有的甚至还有药用价值。但这些色素只存在于谷皮中，养分很少在胚乳中。为此，有色稻米适宜生产特殊糙米食品，供给特殊人群消费，如用于生产八宝粥和香稻糙米茶等。稻谷中的特殊营养成分，在米糠中可以通过化工提取和生物利用，用于生产药品和保健品等。

酒稻米

稻米也是酿酒的原料，适宜酿酒的稻谷称酒稻。一般优质米生产重视稻米外观品质和食味品质，产量也较低。酒稻是以高出酒率和高产为生产目标，不需要关注垩白率、色泽和食味等，对生产条件要求也不严格，一般产量高于食用优质稻。我国北方人多习惯饮高度白酒，随着人们重视身体健康，低度清酒、米酒和黄酒等消费预计呈增长趋势（图4-38）。低度酒在我国南方以及日本、韩国等国家均有较大消费市场。为此，不适宜生产优质米的稻区，可探讨发展酒稻米生产。引导发展酒类加工企业，充分利用碎米，生产清酒和米酒等低度酒，拓展我国和国际市场，打造我国北方特色低度酒生产基地，同时，还可以起到提高稻谷产能效果。

图4-38 中国、日本和韩国生产的低度酒

其他特色米

随着我国大米消费由卖方市场向买方市场转变，生产中也有采用种养结合技术生产"鸭稻米""蟹稻米"和"鱼稻米"等绿色、有机大米。黑龙江省户均生产规模较大，这类生产需要充分认识寒地水稻"旱育稀植"节水灌溉、种养结合生产的复杂性和生产成本高等问题。"稻为主，养为辅"与人多地少地区"养为主，稻为辅"根本不同。

对富硒米、高钙米、高铁米、高锌米和降糖米等功能米的生产，需要注意随着我国人民食物构成的改变，特别是肉蛋奶和瓜菜果等副食品的增加，这类功能米需要有准确的消费对象才能发挥预期的作用（图4-39）。

图 4-39 各类有机米和功能米

（三）大　豆

我国是大豆的原产地，历史上我国也是世界最大的大豆生产国和出口国。自1996年开始我国成为大豆净进口国，到2003年进口量超过国产量。2015年进口量开始超过8 000万t，2020年净进口量超过1亿t。2012年开始，大豆进口依存度超过80%，最高的2015年达到86.9%，2012—2022年平均在84.6%。尽管2022年国产大豆产量创历史新高，达到2 028万t，但进口量仍达到9 018万t，进口依存度高达81.8%，国产大豆少、进口大豆多的局面并未改变（图4-40）。

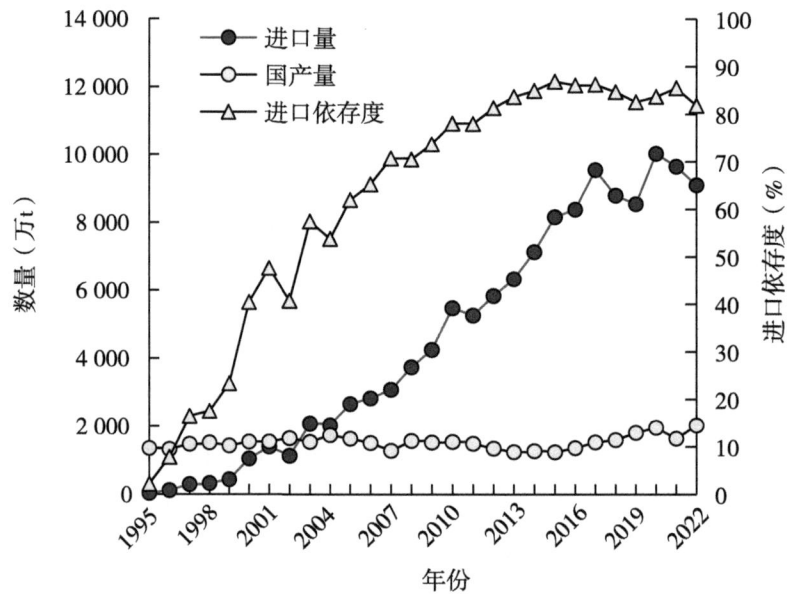

图 4-40　1995—2022年我国大豆产量和进口量

（数据来源：中国统计年鉴）

1. 我国为什么进口大豆

大豆是我国传统食物，主要消费途径是食用和榨油。榨油主产品是食用油和豆粕。随着我国人民生活水平提高，发展大豆加工业，食用油和豆粕消费是拉动我国进口大豆消费的根本动力。世界食用油种类较多，主要有棕榈油、大豆油和菜籽油，合计约占世界食用油产量的75%，此外还有橄榄油、花生油、玉米油、稻米油和葵花油等。目前，我国人均食用油消费量已超过世界平均值，若再需要扩大进口，并不缺少进口来源。同时，我国又是猪、鸡、水产、牛和羊等养殖大国，受自然资源限制，特别是养殖向规模集约化发展，蛋白饲料缺口较大。利用进口大豆生产豆粕，主要是解决蛋白饲料的"刚需"问题（图4-41）。利用进口大豆发展加工业，经济效益和社会效益好于直接进口食用油和豆粕。目前，利用豆粕的重要性远大于食用油。这也直接影响肉蛋奶市场稳定供应和人民生活水平的进一步提高。

图4-41 我国进口大豆加工的饲料

与我国其他三大主粮作物相比，大豆面积和产量均较少，单产也最低。2020—2022年平均，四大作物合计面积占全国粮食总面积的89.7%，产量占粮食总产量的93.7%。大豆单产分别为稻谷的27.9%、玉米的31.1%和小麦的34.0%。国家实施"大豆振兴计划"和"稳粮扩豆"支持政策，鼓励多种大豆，但我国耕地资源开发潜力有限，主要还是通过压缩其他作物改种大豆。近年我国人均粮食产量已超过世界平均值，但若完全不进口大豆，按2020—2022年平均进口9 597.7万t/年大豆计算，需要耕地"粮改豆"面积4 870.2万hm^2，相当于平均减少粮食2.8亿t，粮食总产下降40%以上，人均粮食产量也将由480kg/年以上减少到300 kg/年以下。世界可出口的粮食仅相当于我国粮食产量的80%左右，"粮改豆"的结果是我国大豆虽可满足消费，但其他粮食的自给率会显著下降，若再进口其他粮食，大国拉动效应将致使世界粮食大幅度涨价，再进口粮食难度会更大，甚至危及世界粮食安全。

2. 世界大豆产销与我国进口存在的问题

2019—2021年，世界四大主粮作物播种面积以小麦最多，其次分别是玉米、稻谷和大豆。产量玉米最多，小麦和稻谷相近，大豆最少。小麦和稻谷作为口粮作物，产量随世界人口的增长而缓慢增加，年际间波动幅度和人均产量变化均很小。而用途广泛的玉米和大豆产量增速较快，年际间波动也较大，其中又以大豆产量增速最快（图4-42）。大豆产量虽少，但出口量却不少，与小麦和玉米出口量仅相差13.4%和15.5%，是大米出口量的3.7倍。大豆的商品率达到46.6%，显著高于小麦的23.4%、玉米的16.0%和大米的8.4%。与大米"自产自食"相反，大豆属于典型的商品生产。近年我国大豆进口量占世界大豆出口量的60%左右，是拉动世界大豆生产发展的重要因素。世界大豆主要生产国多已实现高度现代化，生产成本低，劳动生产率高，预计耕地资源丰富的大豆生产国，大豆种植面积还有大幅度增加的可能性。

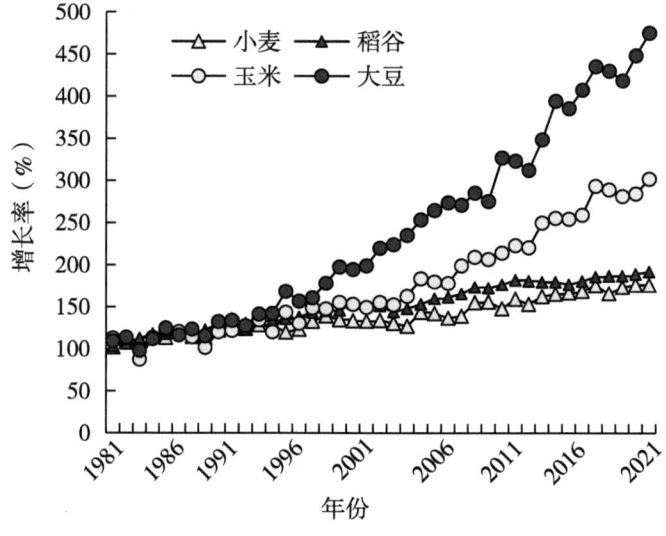

图4-42　1981—2021年世界四大主粮产量增长率

（数据来源：联合国粮食及农业组织资料）

世界种植大豆的国家和地区有113个（表4-14），其中超过100万hm^2的国家有11个。巴西、美国、阿根廷、印度和中国被称为五大生产国，合计面积占世界总面积的85.8%，产量占89.0%。但出口主要集中在耕地资源丰富的巴西、美国和阿根廷3国，这3个国家也是我国主要进口来源国。随着我国大豆进口量快速增长，也面临相应的风险，主要是这些国家大豆生产和出口，很大程度受少数"世界粮商"操控，大幅度抬升出口价格。世界大豆出口价波动幅度显著高于其他三种主粮作物。如2008年和

2022年，每吨价格分别暴涨317.4美元和278.1美元，涨幅高达119.7%和70.6%（图4-43）。2001—2022年，我国平均每吨大豆进口价由201.5美元增加到672.3美元，进口总额达到621.4亿美元，是我国第一大进口农产品，这对世界大豆生产和进出口贸易都产生了重大影响。我国实施"大豆振兴计划"，鼓励种植大豆和油料作物，虽然可以起到降低进口依存度的效果，但确保口粮安全，解决我国大豆依赖进口的问题，关键还是应走拓宽进口渠道的发展道路。2022年我国从巴西和美国分别进口大豆5 439.2万 t 和2 953.3万 t，合计占全国同期进口量的比例下降了1.6个百分点；而从阿根廷、乌拉圭、加拿大、俄罗斯和哈萨克斯坦等"一带一路"合作伙伴进口呈增长态势。

表4-14 2021年世界主要国家大豆生产情况

排名	面积			产量			单产		
	国家	面积（万hm²）	占比（%）	国家	产量（万t）	占比（%）	国家	单产（kg/hm²）	与世界平均的比值（%）
1	巴西	3 916.8	30.24	巴西	13 493.5	36.3	美国	3 454.9	120.4
2	美国	3 493.8	26.97	美国	12 070.7	32.47	巴西	3 445.0	120.0
3	阿根廷	1 646.7	12.71	阿根廷	4 621.8	12.43	加拿大	2 939.6	102.4
4	印度	1 210.0	9.34	中国	1 640.4	4.41	巴拉圭	2 894.8	100.9
5	中国	840.3	6.49	印度	1 261.0	3.39	阿根廷	2 806.7	97.8
6	巴拉圭	364.0	2.81	巴拉圭	1 053.7	2.83	乌克兰	2 640.6	92.0
7	俄罗斯	299.1	2.31	加拿大	627.2	1.69	玻利维亚	2 318.7	80.8
8	加拿大	213.4	1.65	俄罗斯	476.0	1.28	中国	1 952.4	68.0
9	玻利维亚	143.1	1.10	乌克兰	349.3	0.94	俄罗斯	1 591.0	55.5
10	乌克兰	132.3	1.02	玻利维亚	331.8	0.89	印度	1 042.1	36.3
11	尼日利亚	105.8	0.82	尼日利亚	98.0	0.26	尼日利亚	926.4	32.3
	11国合计	12 365.3	95.47	11国合计	36 023.4	96.92	11国平均	2 913.3	101.5
	世界合计	12 952.0	100.00	世界合计	37 169.0	100.00	世界平均	2 869.7	100.0

数据来源：联合国粮食及农业组织资料。

我国人均耕地面积少，必须"确保口粮安全""谷物适度进口"的粮食安全战略，没有必要、也不可能完全实现大豆自给自足，进口大豆的局面不会根本改变。充分利用国内国外两种资源，尽可能减少进口大豆依存度，拓宽进口渠道，规避大豆进口价格风险，才能确保我国大豆供销稳步平衡发展。

3. 我国大豆产销形势

大豆是我国历史上"五谷"之一。大豆用途广泛，作为重要的食物来源，我国大

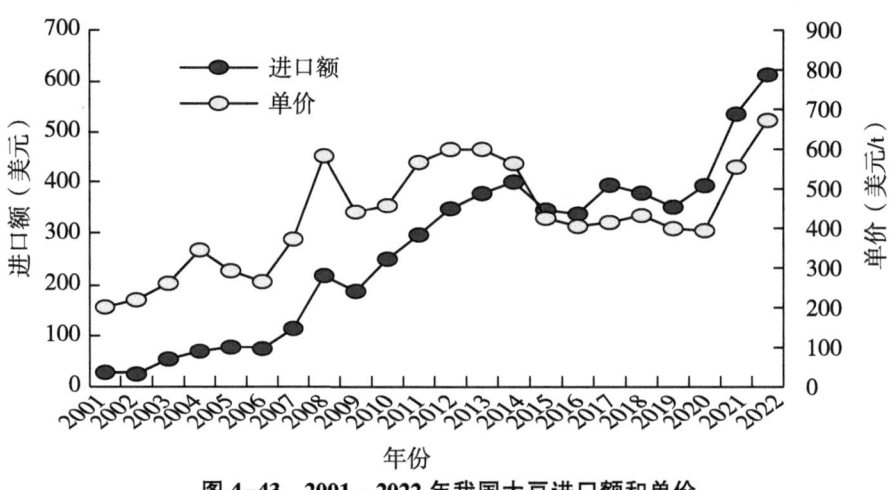

图 4-43　2001—2022 年我国大豆进口额和单价

（数据来源：中国统计年鉴）

豆加工产品种类最丰富，也是世界最大的豆制品消费国。

（1）我国大豆生产情况

农村改革以来，我国农作物总播种面积显著增加，其中增加的主要是蔬菜和经济作物，粮食作物虽有波动但并未增加。2004 年以来粮食作物面积恢复增长，到 2022 年占农作物总播种面积比例为 69.6%，较 1978 年的 80.3%，下降了 10.7 个百分点（图 4-44）。粮食作物生产结构变化也很大，其中只有玉米面积大幅度增加，大豆面积呈缓慢波动性增长，其他粮食作物均呈下降趋势或显著减少（图 4-45）。2022 年，我国大豆播种面积和产量均创历史新高，但占粮食播种面积和产量比例也仅为 8.65% 和 2.95%。市场经济条件下，农民生产看获得的比较效益，单产水平低和耕地产出率少，是大豆种植面积较少且波动性增长的重要原因。我国大豆适宜种植范围广泛，但受气候、比较效益和生产规模影响，也呈现显著的区域化生产发展趋势。2022 年我国大豆种植面积历史最高为 1 024.4 万 hm^2，其中 64.2% 集中在东北三省和内蒙古。种植面积超过 100 万 hm^2 的省份，只有黑龙江和内蒙古；产量超过 100 万 t 的省份有黑龙江、内蒙古和四川 3 个省（区）。其他地区种植面积均较少，甚至没有种植。

（2）我国大豆消费特点

2020—2022 年，我国大豆年平均总供应量为 1.147 亿 t，其中年均进口量为 9 597.7 万 t，占比 83.7%，年均国产量为 1 875.9 万 t，占比 16.3%，人均大豆占有量 81.2 kg/年，显著高于世界同期 47.8 kg/年。进口大豆主要是转基因大豆，国产大豆全部为非转基因大豆。我国明确规定进口转基因大豆只能用作榨油，产品为转基因大豆油，豆粕只限用作饲料。进口转基因大豆一般脂肪含量比国产大豆高 2~3 个百分点，出油率较高，受榨油企业欢迎。国产大豆一般蛋白质含量较高，品种类型也较多，主要

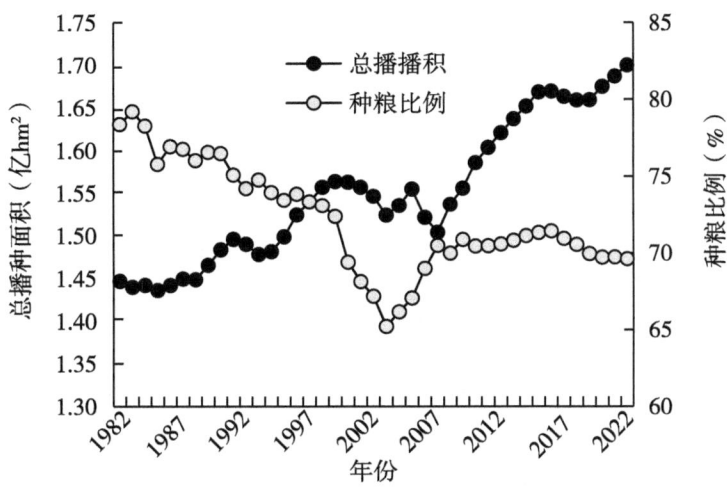

图 4-44　1982—2022 年我国作物总播种面积与种粮比例

（数据来源：中国统计年鉴）

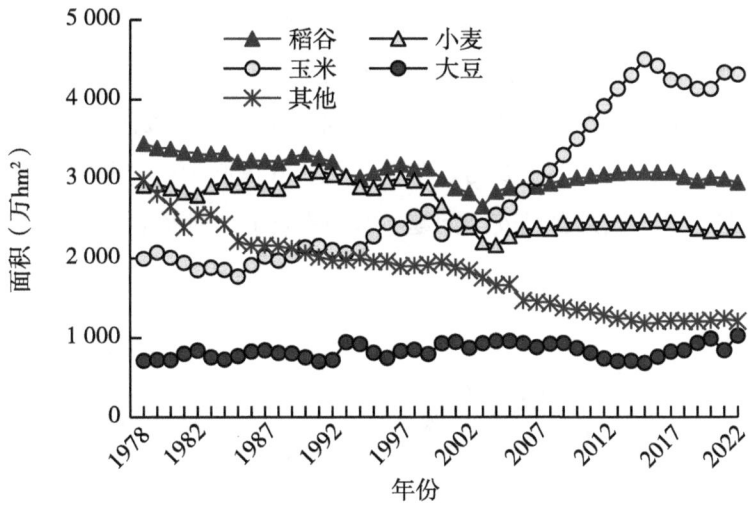

图 4-45　1978—2022 年我国粮食作物种面积变化

（数据来源：中国统计年鉴）

是做豆制食品，如豆腐、豆酱、豆芽和豆豉等，也有用作榨油，生产的非转基因大豆油，一般卖价高于转基因大豆油。大部分非转基因豆粕主要是用于加工食品（图4-46），如酱油和各种植物蛋白等。每年用于出口的国产大豆主要突出非转基因食用特色和专用品种类型，2021年共出口各类大豆和制品7.36万t。

我国不论是大豆净出口时期，还是净进口时期，国产大豆种植面积和占农作物总播面积比例波动均较小（图4-47）。主要原因是国产大豆作为重要的副食品，人均消费量

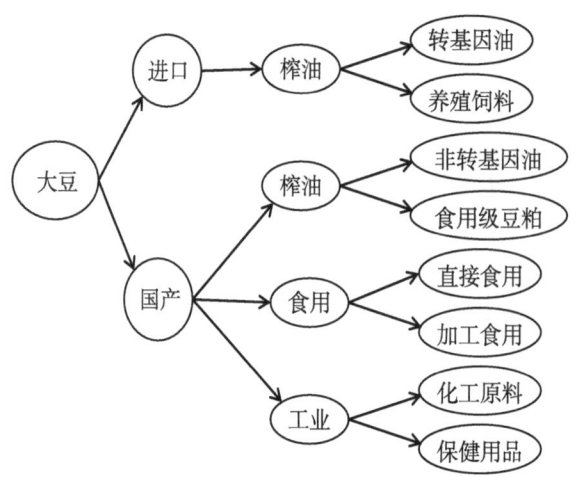

图 4-46　进口和国产大豆用途

比较稳定。若按 12.8 kg/年人均产量计算，在没有增加出口和榨油且消费市场稳定的情况下，现阶段预计每年保持 930 万 hm² 种植面积即可满足消费需求。我国大豆生产靠国家补贴才能确保稳定的种植面积，面积和产量大幅度波动，也会导致出现"卖难"问题。在世界经济一体化，特别是我国大豆消费对外依存度很高情况下，确保国产大豆面积基本稳定，对提升大豆专用品质、解决"卖难"问题和形成稳定的轮作生产体系等有重要意义。另外，进口产品主要为转基因大豆，我国必须坚持非转基因大豆生产，走差异化发展道路。这不仅是食品安全问题，只有差异化才能确保我国大豆有稳定和高效益发展的可能性。

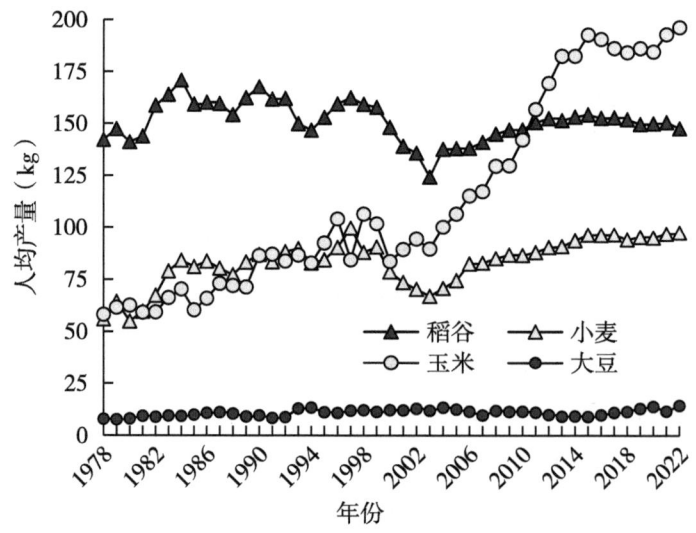

图 4-47　1978—2022 年我国四大主粮人均产量

（数据来源：中国统计年鉴）

(3) 我国大豆单产较低的原因

大豆为典型旱田作物,单位面积产量受自然降水,特别是旱涝灾害影响大。2019—2021年,世界五大生产国中,巴西和美国是单产最高的两个国家,分别比世界平均单产高24.3%和17.1%。从统计数据看,中国单产较低,比世界平均值低30.6%,比巴西和美国分别低44.2%和40.8%(图4-48)。印度单产更低,分别比我国和世界平均值低58.3%和71.0%。在世界种植面积超过100万hm^2的11个国家中,除加拿大和巴拉圭单产超过世界平均单产外,其他国家均低于世界平均值。可见世界各国间大豆单产差距很大。

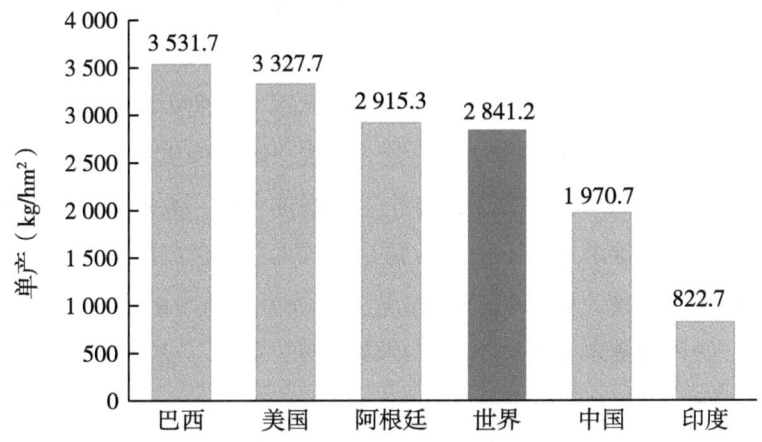

图4-48 世界五大大豆生产国单产比较

(数据来源:联合国粮食及农业组织,2019—2021年平均值)

一般大豆脂肪和蛋白质含量合计为60%左右,与玉米和水稻等主要含淀粉的"低能量高产"谷物相比,属于"高能量低产"作物,这是大豆等豆类单产普遍低于禾谷类作物的根本原因。但我国各地小面积攻关已创造出很多高产典型,如2019年黑龙江每公顷产量达到6 712.1 kg,2020年新疆每公顷产量达到6 803.1 kg等。2020年山东省在1 300 hm^2面积上,还创造出夏大豆每公顷6 301.8 kg的高产典型。这些高产典型都达到我国大豆平均单产的2倍以上,也远超巴西和美国的平均单产,但大范围全区域农作物单产与小面积高产攻关存在不可比因素。小面积高产攻关是选择优质地块并采用不计生产成本的先进生产技术获得的产量,也反映了"气象产量";而大面积全区域单产是在当地不可选择的现实生产要素条件下获得的平均产量。我国大豆单产与巴西和美国相比较低的原因主要有以下几方面。

一是耕地与熟期。我国与巴西、美国耕地多为大平原,气候均适宜大豆生产。但巴西、美国耕地资源丰富,又是由大公司或大农场在气候最适宜区作为主要作物一年一茬集中连片生产。我国人均耕地资源有限，农户生产规模较小，一般耕地是优先选择种植高产高效的经济作物或玉米等粮食作物，其次是种植大豆，甚至还有利用坡耕地"广种薄收"生产大豆。南方积温较高主产区多为复种，北方积温少主产区只能种生育期较短品种。因此，使大豆田耕地质量和生育期等有较大差别，造成大豆单产较低。

二是生产条件。巴西、美国已全部实现大机械现代化和生产技术标准化。大型精密播种作业，确保了及时播种和播种质量；大型机械深翻和整地，土地平整，耕层深厚，增强了土壤蓄水保墒能力，提高了全田大豆生育一致性，减轻了旱涝灾害损失；大型收获脱粒机械作业，降低了收获损失率并提升了大豆质量。我国农户生产规模较小，地区间机械化作业水平有差距，生产技术普及到位率较低，致使农户和地区间单产存在差异而降低了平均单产。

三是生产用种。巴西、美国主要种植转基因大豆。由此大幅度提升了病虫草害防治效果。这不仅降低了生产成本，同时也避免了小农户防治病虫草害效果不均衡造成的损失。另外，巴西、美国以高产为目标，专注生产高油大豆，大规模供种有安全保证。我国大豆生产推广品种产量潜力并不低，问题是我国大豆用途广泛，有各类高蛋白食用和高脂肪油用、大粒和小粒，以及黄、绿和黑皮色等不同需求差别，还需要重视外观品质。生产上推广品种数量多，买种与卖种供需脱节，品种"多乱杂"，甚至直接造成减产损失。

四是地力培肥。巴西、美国大豆多已形成了大豆与小麦等禾本科作物轮作的生产制度，加之耕地较多，能开展休耕养地和种绿肥等培肥地力等。特别是大机械作业秸秆粉碎还田和深耕翻等作业，使耕地实现了土壤养分良性循环和"用养结合"，这为大豆实现高产和持续发展奠定了基础。我国农业呈区域化发展，农户种植只看获得的比较效益，实现轮作生产难度大，加之耕地较少，生产上小型机械还较多，休耕养地、种绿肥和秸秆还田等措施很难实施。此外，还有在坡度较大、不宜耕种的坡岗地耕种大豆的情况，甚至造成水土流失和侵蚀沟等不可持续发展问题。

综上所述，我国大豆单产较低的原因是种植区域和生产条件等复杂因素综合作用的结果。关键是应以高效益生产为目标，以不断提升机械现代化生产为重点，牢牢把握"耕地是基础，种子是潜力，技术是关键，防灾是保证"等方向，才能不断提升大豆单产水平。

4. 黑龙江大豆产业发展问题

大豆是黑龙江三大主粮作物之一，2022年种植面积为493.2万hm^2，占全省粮食作物播种面积的33.6%，产量达到953.4万t，面积和产量均创历史新高。种植面积占全国大豆面积的48.2%，产量占47.0%，可见，黑龙江大豆在全国大豆生产中的重要性。

(1) 黑龙江大豆生产现状

黑龙江大豆生产与丰富的耕地资源、特殊的寒地气候条件和户均生产规模较大密切相关。对比国内外大豆生产发展的先进经验，可看出生产中还存在以下需要重视的问题。

一是种植面积波动大。国产大豆是我国人民生活的必需消费品。受进口大豆的冲击、与玉米生产比较效益以及国家生产者补贴政策的综合影响，国产大豆销售价格较难预测，产后常出现"销售难"问题，销售价格和生产效益波动也较大。加之三大主粮作物中大豆丰产稳产性最低，生产上很难确定翌年是否种植大豆。过去水稻种植面积变化不大，大豆主要是与玉米调换种植，近年又出现了"水改旱"新趋势。水旱田大面积调换作物种植，不仅生产技术变化较大，也需要更换相关生产机械设备，特别是还需要增加田间整地等工程，这无疑会增加生产成本并降低生产效益。

二是区域化生产影响。黑龙江南北跨10多个纬度，各地热量资源和降水差别大。同时也受国家政策和生产比较效益的影响，三大作物形成了显著的集中产区。热量资源较好的中南部地区是"有水先种稻，缺水种玉米"，而北部热量资源较少的地区只能种较耐低温的大豆，中南部丘陵地区也有大豆种植。从2020年情况看，全省13个市（地）行政区大豆种植面积，及其占粮食作物的比例存在显著差异（表4-15）。大豆种植面积以黑河市和齐齐哈尔市最多，种植比例以大兴安岭地区、黑河市和伊春市最高，其中，北部地区的塔河县和呼玛县，种植比例高达97.9%和96.2%，而南部地区的肇州县和双城区种植比例仅为2.6%和2.3%，平均相差94.6个百分点。北部主产区几乎没有可与大豆轮作的作物，只能长期连作；中南部玉米和水稻主产区，大豆单产低，比较效益差，改种大豆难度很大。

表4-15 2020年黑龙江各地大豆种植面积

排名	粮食		大豆		大豆占粮食种植面积比例	
	地区	面积（hm²）	地区	面积（hm²）	地区	占比（%）
1	齐齐哈尔	246.9	黑河	144.8	大兴安岭	96.4
2	哈尔滨	197.5	齐齐哈尔	88.7	黑河	79.2
3	佳木斯	184.8	绥化	50.4	伊春	61.1
4	绥化	183.0	佳木斯	46.2	牡丹江	39.0
5	黑河	182.9	双鸭山	28.2	齐齐哈尔	35.9
6	双鸭山	96.0	哈尔滨	27.1	双鸭山	29.4
7	鸡西	91.4	牡丹江	25.0	绥化	27.5
8	大庆	70.6	伊春	16.6	佳木斯	25.0
9	牡丹江	64.1	大兴安岭	16.5	鹤岗	23.1
10	鹤岗	53.1	鸡西	14.2	七台河	21.8

（续表）

排名	粮食		大豆		大豆占粮食种植面积比例	
	地区	面积（hm²）	地区	面积（hm²）	地区	占比（%）
11	伊春	27.2	鹤岗	12.3	鸡西	15.6
12	七台河	20.6	大庆	8.6	哈尔滨	13.7
13	大兴安岭	17.2	七台河	4.5	大庆	12.1
	合计	1 435.3	合计	483.1	平均	33.5

数据来源：黑龙江统计年鉴。

三是提高单产有潜力。黑龙江与我国大豆单产均呈增长趋势，但近年仍低于全国平均水平（图4-49）。我国各地大豆种植面积差距大，面积在2万hm²以上的有24个省份，2021年每公顷产量分布在1 093.0~2 965.7 kg，高低相差1.7倍，可见我国各地生产发展不平衡，生产基础薄弱，单产受气候影响较大。分析巴西、美国单产高的原因可看出，黑龙江省与我国其他地区相比，具备提高单产的基础优势。一是黑龙江省主产区耕地质量基础较好；二是户均生产规模较大，耕地集中连片种植，便于大型机械作业，由此实现技术标准化和全域范围均衡增产；三是从小面积高产攻关结果看，生产上已创造出高产典型，说明只要不断改善生产条件就可能实现大幅度增产目标。另外，黑龙江省国营农垦系统大豆生产分布在全省各产区，2019—2021年，平均每年播种74.1万hm²，占全省同期大豆播种面积的17.1%，单产每公顷平均达到2 493.0 kg，比全省平均高34.1%，已显著超过全国平均单产，并超过同期世界平均水平。这也说明只要全省大豆生产都能达到国营农垦系统大规模现代化生产条件，黑龙江大豆单产就可能攀上新台阶。

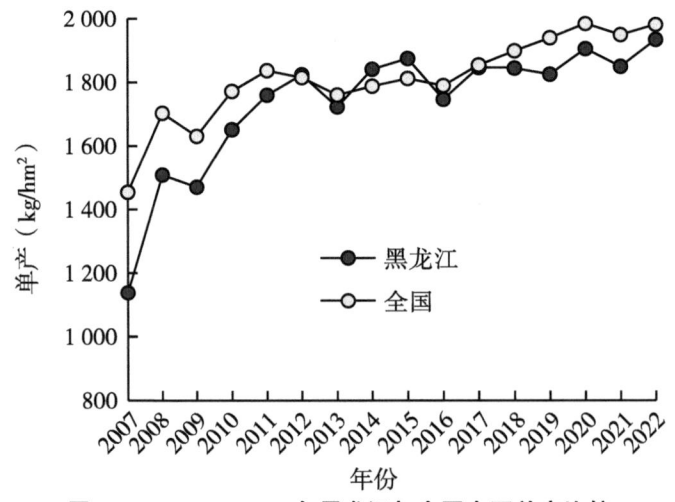

图4-49 2007—2022年黑龙江与全国大豆单产比较

（数据来源：中国统计年鉴）

（2）黑龙江大豆在全国的地位

我国大豆消费"进口多和国产少""进口价格低和国产成本高""单产低和生产比较效益少"的基本格局很难改变。黑龙江省作为全国最大的大豆生产基地，只有充分认识其生产的特殊性，把握好发展方向，才能不断提升大豆产业效益，并起到促进地方经济发展的作用。

一是特殊的商品生产大省。我国各地人均大豆产量差别很大，2022年全国人均产量14.4 kg，超过全国平均值，可称为"商品生产区"的只有黑龙江、内蒙古、吉林和安徽4个省份（图4-50）。人均6 kg以下，甚至没有大豆生产的"商品消费区"有18个省份。黑龙江人均大豆产量为307.6 kg，商品量占全国省际商品总量的78.2%，是典型的商品性生产。为此，黑龙江大豆生产要牢固树立"商品生产"理念，借鉴美国、巴西等世界"商品生产国"经验，在数量生产的基础上，关注消费市场需求，突出特色，打造品牌，重视"产储加销"全过程，才能提升大豆商品价值。

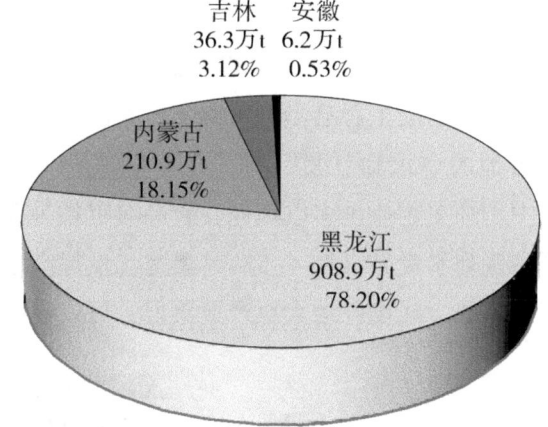

图4-50 2022年我国大豆商品量

（数据来源：中国统计年鉴）

二是进口对黑龙江大豆的影响。目前，我国进口大豆主要是来自巴西和美国的转基因大豆，适宜用作榨油。国产非转基因大豆品种类型多，用途广泛，与进口大豆相比各有优缺点。我国是长期食用豆制品的国家，豆制品种类丰富多样。加工工艺等对粒重、蛋白质含量、粒型一致性、色泽等都有特殊的要求。如做豆腐和豆浆，需要粒型一致、皮薄和蛋白含量较高的大豆；做豆酱和豆豉，需要含糖量适中、适宜发酵的大豆；生产豆芽需要用小粒豆；还有黄色、黑色、绿色等各种颜色的大粒型食用豆等（图4-51）。巴西、美国转基因大豆是由我国沿海地区通过海运进口，国家规定只能用作榨油，这有利于黑龙江走非转基因发展道路。但随着我国大豆进口多元化，俄罗斯和中亚地区等大豆进口可能会增加，这些国家和地区的产品同为非转基因大豆，价格也较低，可能存在的产品市场同质竞争问题。

图 4-51　大豆品种类型多样性

三是非转基因加工企业原料基地。我国每年各类食用大豆消耗 1 400 万 t 左右，一般波动幅度不会很大。今后如再增加大豆产量，预计主要用途是榨油。我国非转基因大豆油有较好的消费市场，非转基因食品级豆粕还可以作为食品加工业原料。我国食用大豆、非转基因豆油和食品级豆粕加工产品类型很多，广东的"海天酱油"、江苏的"维维豆奶"和分布在全国各地的"永和豆浆"等，几乎全部是以黑龙江大豆和豆粕为原料。山东省和河北省等中小加工企业也多以黑龙江食品级豆粕为原料，加工素牛肉、素羊肉和素火腿等植物蛋白系列素食品（图 4-52）。黑龙江发挥产地资源优势，在市场竞争中加快发展各类大豆加工业，建设产地大豆产业集群，可以提高大豆产业效益。

图 4-52　大豆和食用豆粕加工产品

(3) 黑龙江大豆高效益发展路径

黑龙江大豆生产对确保我国食用大豆安全和规避进口大豆价格风险等有重要现实意义。发挥国内商品数量大和优良生态环境优势，做大做强大豆产业，对加快区域经济发展也将起到推动作用。

一是走非转基因发展道路。进口转基因大豆在数量和价格上占绝对优势，直接影响我国大豆市场。黑龙江作为我国最主要的商品大豆产地，只有走"非转基因差异化"发展道路，避免与进口大豆同质竞争，才能提高产品市场竞争力并把握销售市场主动权。黑龙江坚持"非转基因大豆产地"绝不能动摇。关键是呼吁国家层面严格有效地监管进口大豆加工产品转基因标识，使消费者认得准、分得清、吃得明白，确保形成稳定的转基因和非转基因两类产品消费市场。

二是努力提高单产水平。黑龙江大豆单产还有较大的提升潜力。关键是呼吁各级政府增加基本农田建设资金投入，提升购买大型农机具补助标准，不断改善耕地基础条件并提高田间机械装备水平，为实现生产技术标准化和全区域均衡高产稳产奠定基础。针对低温冷害和旱涝灾害，需要育种体制机制创新，高新技术与常规技术紧密结合，不断选育出适宜不同积温带种植，耐低温和抗逆性强的专用大豆新品种。加快推进生产主体和社会化服务体系建设，降低生产成本和实现生产技术标准化。建设稳定的种子保障体系，推广病虫草害综合防控技术，建立合理的轮作制度等。

三是建设专用大豆生产基地。以往生产多自主经营，种子销售与生产用种脱节，种子市场品种"多乱杂"，生产的多是用途广泛的普通大豆。近年我国已育成脂肪含量超过巴西、美国进口大豆的专用品种，各种粒型和色泽品种类型更丰富。生产专用品种有利于提高单产和加工产出效率。黑龙江地域辽阔，气候条件对大豆专用品质也有影响。北部大面积集中产区，宜集中生产高蛋白类品种；中南部产区宜集中生产榨油用高脂肪类型。种植较分散地区，宜生产大粒型或小粒型品种，以及"绿黑皮色"特用大豆品种。这有利于打造区域产地知名品牌，提高专用大豆市场影响力和加工业效益。

四是发展产地大豆加工业。在生产基地发展专用大豆加工业，实现由销售"原字号"产品向销售"终端消费品"转变，这对大豆产业增值，特别是对发展地方区域经济和乡村产业振兴有重大现实意义。大豆加工类型和产品很多，包括初加工和精深加工，"九三豆油""克东腐乳""香其酱系列产品"和"太阳岛豆酱"等都是黑龙江大豆精深加工的好典型。特别是物理榨油法生产非转基因豆油、食品级豆粕加工植物蛋白系列食品更适合产地县域乡村发展，即使是豆秆和豆皮都应有效利用。做大做强现有企业，增加新产品企业数量，建设产业集群。由此实现大豆全部"吃干榨净"有效利用（图4-53）。我国一般食用大豆消费市场基本饱和，黑龙江省消费量有限，关键是重视加工特色产品和营销，提高产品市场竞争力，实现"产加销"一体化。应重视科研与

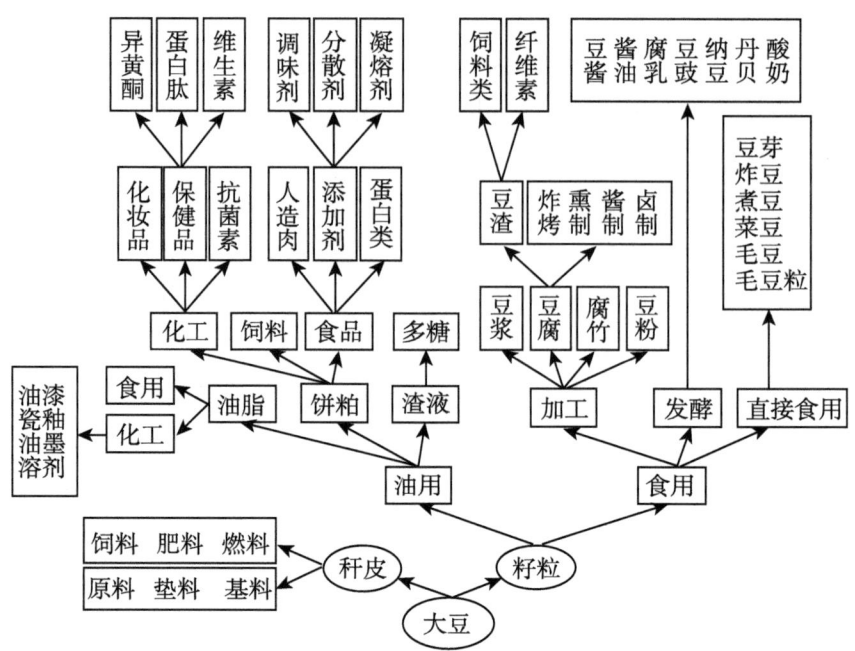

图 4-53 大豆类型与加工利用产业树状图

企业相结合，研发生产高附加值的化工和保健品等精深加工产品，打造高端产品产业。

五是完善生产轮作制度。受热量资源限制，黑龙江北部黑河市等大豆主产区，缺少可轮作的作物，只能长期连作生产。其中塔河县和呼玛县大豆种植面积占粮食作物面积比例平均超过97%，长此以往，势必增加病虫草害的风险，并影响单产提高。这需要呼吁国家出台相关政策支持才能有效解决。一是呼吁国家实施最低价收储小麦和大麦等，解决种植麦类销售难题，恢复"豆麦"轮作制。这也有利于解决我国硬粒小麦和大麦依赖进口的问题。二是增加中南部专用大豆生产基地补助，实现与玉米生产效益平衡和轮作，拓宽大豆种植范围。三是针对目前稻谷生产过剩，选择排水良好、不能发生涝害的稻田，保持稻田灌排水工程设施，建设稳定的高标准"水旱调控田"。国家根据市场监测，通过调整生产补助或收储政策，有计划地调控水稻、大豆和强筋麦等种植面积，有助于确保粳稻口粮安全，减少大量存储产生陈米，调控大豆等产品的市场价格，减少种植生产的盲目性。

二、主要养殖资源

近30年，我国肉、蛋和奶产量在波动中快速上升（表4-16）。其中，已成为世界第一大肉和蛋生产国和消费国，人均消费量也超过世界平均值，一些肉制品还实现了较稳定的净出口，2022年加工肉制品净出口45.9万t。我国养殖业产能还将进一步提升，养殖品种构成也将变化，一些专用特色品质产品将会更受重视。随着养殖技术不断进步，各地规模化发展程度差别较大。先进的养殖技术需要普及推广，劳动生产率需要进一步提高。养殖业确保产品安全、粪便处理、保护生态环境等都需要不断深入探讨。

表4-16 我国近30年畜产品产量

年份	产量（万t）			人均产量（kg）		
	肉	蛋	奶	肉	蛋	奶
1991	3 144.0	922.0	524.0	27.1	8.0	4.5
2001	6 106.0	2 210.0	1 123.0	47.8	17.3	8.8
2011	8 022.9	2 830.4	3 262.8	59.5	21.0	24.2
2021	8 990.0	3 408.8	3 778.1	63.6	24.1	26.7
2022	9 328.4	3 456.4	4 026.5	66.1	24.5	28.5

数据来源：中国统计年鉴等。

黑龙江省发展养殖业潜力较大。建设养殖基地、屠宰加工与产品销售紧密结合的产业模式是发展大趋势。我国养殖业正处于养殖方式快速转变期，实现集约化、规模化、标准化、现代化和产业化是养殖业发展主要目标。针对养殖业粪便污染环境和疫病风险，结合种植业可持续发展问题，要因地制宜，按土地资源特点和养殖类型，科学布局发展养殖业。做到人畜分离，才能实现高效益养殖和保持优美环境同步发展。黑龙江省做大做强养殖业，应依据生态资源和区位等，按"牛羊食草牧业""猪鸡饲料养殖"和"水禽鸭鹅养殖"3种类型，规划引导发展主要养殖业。

（一）丘陵坡岗养牛羊

牛羊是反刍动物，养殖需要牧草和秸秆，可称为食草牧业。与猪肉和鸡肉产量相比，我国牛羊肉产量较少，2021年，分别仅占肉类总产量的7.8%和5.7%（图4-54），人均牛羊肉产量只有4.5 kg和3.4 kg，合计仅占猪肉的22.9%。尽管不同年份肉类产量波动性较大，但牛羊肉和奶类波动较小，2012—2022年呈持续增加趋势（图4-55）。产量持续增加，说明我国有稳定增加的消费市场需求，产量不多说明生产受资源、技术和规模等复杂因素影响，发展难度较大。近年牛羊肉市场销售价格持续走高，尽管也受进口产品影响，2021年和2022年，平均每年进口牛羊肉达到289.4万t，但市场销售价格并未受太大影响（图4-56）。

对比发达国家人均肉类消费构成，随着人们生活消费水平的进一步提高，牛羊肉作

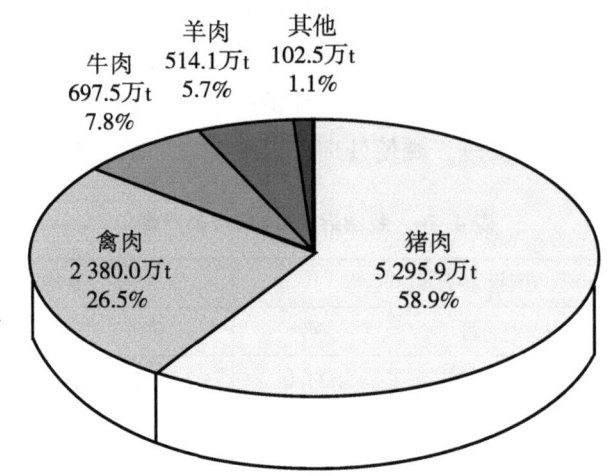

图 4-54 2021 年我国肉类产量

(数据来源：中国统计年鉴)

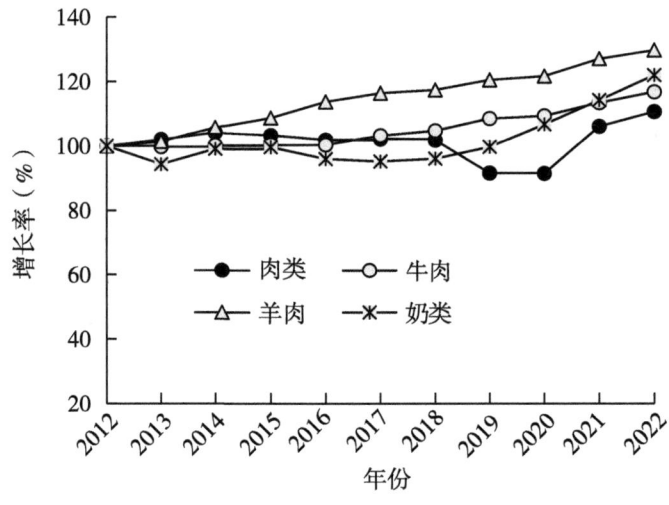

图 4-55 2012—2022 年我国养殖产品增长情况

(数据来源：中国农村统计年鉴)

为"烧烤涮"等餐饮业的高档消费品，还会有较大的市场需求潜力。黑龙江省肉类产量占全国的3.3%，虽然在全国排位不高，但牛羊"肉奶毛"产量占比均较高（表4-17）。除内蒙古、新疆和西藏等牧区外，黑龙江人均牛羊肉产量均高于全国平均值，其中，人均牛肉产量是全国平均值的3.3倍，人均奶类产量是全国平均值的6.2倍（表4-18）。这说明黑龙江已经是全国重要的牛羊养殖基地，并有继续做大做强的消费市场潜力。

第四章 黑龙江农业资源与发展潜力

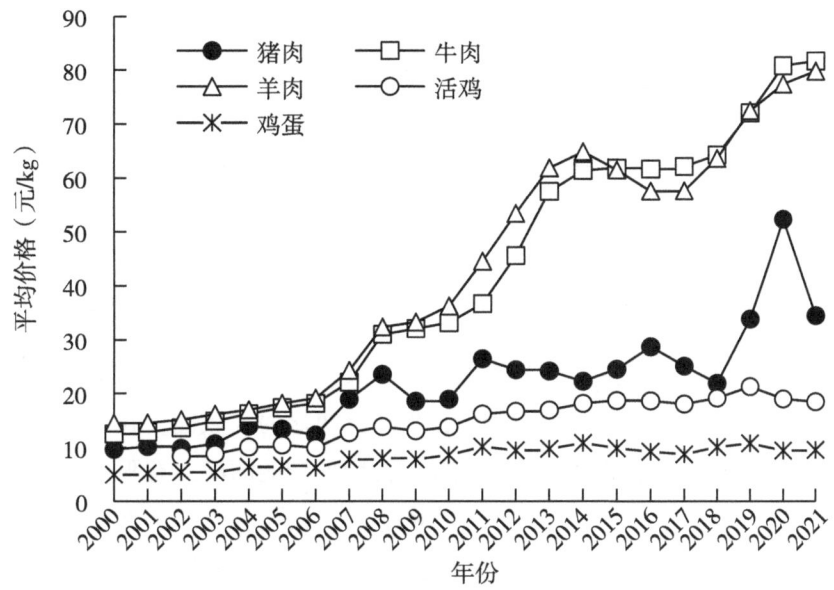

图 4-56　2000—2021 年我国主要畜牧产品市场价格

（数据来源：中国农业统计资料）

表 4-17　2022 年黑龙江省和全国牛羊产品生产情况

	项目	肉类	牛肉	羊肉	奶类	羊毛
黑龙江	产量（万 t）	312.5	52.7	15.2	501.9	2.5
	排名	14	4	11	3	4
	产量占全国比例（%）	3.75	7.34	2.90	12.46	6.42
全国产量（万 t）		8 328.4	718.3	524.5	4 026.5	3.9

数据来源：中国统计年鉴。

表 4-18　2022 年我国畜牧产品人均产量前八位省份　　（单位：kg/人）

排名	牛肉		羊肉		奶类	
	地区	人均产量	地区	人均产量	地区	人均产量
1	西藏	58.66	内蒙古	45.92	宁夏	470.47
2	青海	36.78	新疆	23.47	内蒙古	308.56
3	内蒙古	29.93	青海	20.81	黑龙江	161.95
4	新疆	19.09	宁夏	17.14	西藏	158.76
5	吉林	18.87	甘肃	14.65	新疆	89.47
6	宁夏	17.13	西藏	14.02	河北	74.03
7	黑龙江	16.99	河北	4.97	青海	59.33

(续表)

排名	牛肉		羊肉		奶类	
	地区	人均产量	地区	人均产量	地区	人均产量
8	甘肃	10.91	黑龙江	4.91	陕西	43.09
	全国	5.08	全国	3.60	全国	26.10

数据来源：中国统计年鉴。

1. 发展牛羊养殖的经济意义

牛包括肉牛和奶牛，羊主要分为肉毛兼用的绵羊和奶肉兼用的奶山羊两类。这些食草牧业养殖受温湿度等气候资源影响较大，生产有明显的区域性。我国草原受生态条件限制，放牧为主的草原牧业载畜量多已饱和，再增加产能的潜力有限。要继续大幅度增加产能，只能在农区利用作物秸秆和种植青贮饲料，占用较少的土地发展高度密集的集约化农区牧业。农区食草牧业主要集中在我国"黄金玉米带"上，目前"中段"和"南端"发展已基本饱和，唯有最北端的黑龙江省具备大发展的可能性。黑龙江省西部地区的盐碱草地，也应由自然放养向高密度集约化养殖转变。若按粮食作物播种面积统计土地产出率，与全国农业大省（区）相比，黑龙江省还存在较大差距，这也说明发挥黑龙江丰富的作物秸秆等资源优势，食草牧业养殖发展潜力较大，并有可能建设成全国更突出的肉蛋奶商品生产基地（表4-19）。黑龙江省奶山羊数量较少，2022年存栏109.9万只，仅占全国饲养总量的0.83%。排在全国的第二十一位。而绵羊的饲养量为728.7万只，占全国饲养量的3.76%，除内蒙古、新疆、甘肃和新疆4个主要养殖地区之外，仅次于山东和河北，排在全国第七位。以往全国绵羊和奶山羊饲养量各占50%左右，近年养羊总量呈增长趋势，但增长的主要是绵羊，而奶山羊数量持续减少，2022年占比分别为59.5%和40.5%（图4-57）。奶山羊分布区域广，全国各地均有养殖，又以南方较多，生产规模较小；而绵羊养殖区域性明显，主要集中在北方地区，养殖呈规模化和集约化发展趋势。

表4-19　2021年牛羊产品土地产出率

项目	牛肉	羊肉	奶类	羊毛
黑龙江产出率（kg/hm²）	34.8	10.3	344.3	1.6
全国产出率（kg/hm²）	59.3	43.7	321.2	3.0
黑龙江占全国比例（%）	58.7	23.5	107.2	52.4

数据来源：中国农村统计年鉴。

黑龙江寒地气候条件适宜发展奶牛、肉牛和绵羊养殖，并可以继续发展屠宰和加工

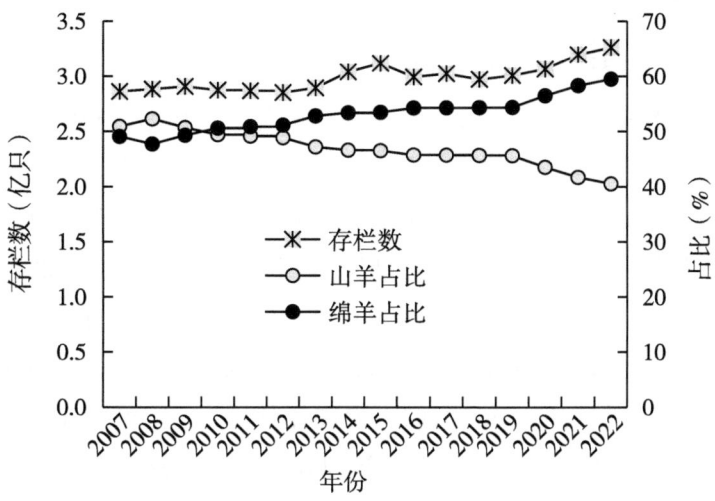

图 4-57　2007—2022 年我国羊存栏数变化趋势

（数据来源：中国统计年鉴）

等建设产业集群，实现"农头工尾"，起到农户养殖增收、企业屠宰加工增效、政府财政增税等促进县域乡村经济发展的效果。例如，发展较好的奶牛养殖，除主要加工各类奶粉，还可以加工鲜奶、酸奶、奶粉和奶酪等；肉牛屠宰加工精品牛肉，牛骨还可以经加工广泛应用于食品、医药以及化工行业；养羊除屠宰加工羊肉外，羊毛可应用于高附加值的服装产业；另外，黑龙江还可以养殖马、驴、骡等，全国这类养殖呈减少态势，但作为特色肉类、文化传承和旅游观光等产业也可以适度养殖（图 4-58）。

图 4-58　农区主要规模化食草牧业

2. 发展食草牧业的社会价值

黑龙江耕地全国最多，75%左右为旱田作物，其中约1/3又是丘陵坡岗地。这类耕地是较薄的优质疏松黑土层，若长期种玉米和大豆等粮食作物，垄作耕翻易造成水土流失。轻则"二三十年破皮黄"，重则"几场暴雨侵蚀沟"，这是不可持续发展和耕地质量难再恢复的永久性破坏（图4-59），也是黑土地保护最需要关注的难点之一。作为国家重要的商品粮生产基地，平原地区需要以"整平土地"为核心建设高标准农田，提高粮食单产和抗灾能力，实现均衡增产和培肥地力，确保不断提升粮食产能。我国北方黑土地大面积建设旱作梯田并不现实，坡岗地等一般农田，若改种可以免耕的多年生牧草和少耕翻的青贮玉米，实现"粮改饲"，发展食草牧业，则可以起到保护黑土地、实现藏粮于地的效果。这类耕地需要政府统筹规划，建设"树上山，稻下川，草地牛羊在中间"的可持续发展立体生态生产模式。黑龙江水资源丰富，冬季降水虽然很少，采用集约化生产，一般不会出现重大"黑白灾害"。黑龙江农区发展食草牧业，不仅可以提高本省农业生产效益，而且对实现农业生产可持续发展和确保国家牛羊肉类食物安全都有重要现实意义。这也符合党的二十大提出的"大食物观"和发展现代农业的指导方针。在坡岗地分散建大牧场，实现牧场与城乡分离，有利于解决污染环境和建设美丽乡村；同时，粪便可以简单处理直接还田，降低养殖成本。分散建大牧场也有利于减少疫病传播，提高防疫治病效果和产品质量。大牧场需要利用玉米秸秆等黄贮饲料，可以起到减轻燃烧秸秆造成污染环境的压力。另外，建设现代化养殖场和举办各类品种展示等，也属于重要的特色农业和旅游观光资源，有待进一步开发。

图4-59 坡岗地水土流失难修复

3. 应注意的问题和对策措施

牛羊等养殖业生产前期投入大，投入产出周期长，技术要求高，饲养管理需要连续性，还涉及饲料来源等，生产难度远大于种植业。为此，黑龙江应做好统筹发展规划，努力争取国家政策和各类项目资金支持，发挥屠宰和加工的产业带动作用，加快养殖业向规模化和标准化发展，实现预期目标。

一是确保养殖获得稳定的收益。梳理种粮、养殖、退耕还林草和高标准农田建设等相关惠农补助政策，并出台保险和贷款等配套措施，确保养殖获得较高的收益。与粮食生产相比较，养殖业保险更应受到重视，须优先完善。

二是发挥龙头企业带动作用。支持现有加工或屠宰企业做大做强，招商引资增加加工企业数量，发挥龙头企业带动作用。鼓励屠宰和加工企业发展高标准规模工厂化养殖，或采取订单农业带动养殖户发展（图4-60）。同时，鼓励发展家庭养殖牧场和养殖合作社。

图4-60 加工和屠宰带动养殖好典型

三是建设可靠的疫病防控体系。地方政府建设公益性为主，与相关养殖企业和养殖合作社等紧密结合，覆盖全部养殖生产的防疫治病体系。避免发生重大疫情和病害，确保养殖业持续发展。

四是提升养殖技术。强化公益性养殖技术推广队伍建设，并做好专业生产技术专项培训，提升养殖管理技术水平。探索养殖合作社或养殖户间分工协作，走专业社会化服务发展道路。

五是完善良种繁育体系。重视品种改良，确定适应黑龙江寒地气候的主要养殖品种，建设服务全省的良种繁育体系，避免大量购种，稳步扩大繁殖推广，降低养殖成本，为生产稳定发展和打造产地特色产品品牌奠定基础。

（二）平原旱地养猪养鸡

我国是世界第一养猪和猪肉消费大国。2014 年，我国出栏猪 7.5 亿头，猪肉产量达到 5 820.8 万 t，占肉类总产量比为 66.0%，为历史最高。以后随着其他肉类养殖发展，猪肉产量和占肉类产量比例呈减少趋势（图 4-61）。2019 年，受新冠疫情和地方政策等因素影响，猪肉产量断崖式下降，导致猪肉价格大幅度上涨，2020 年进口猪肉增至 439.2 万 t。2021 年猪肉产量开始恢复，2022 年达到 5 541 万 t，约占肉类产量的 59.4%，进口猪肉也减少至 176 万 t，全国基本实现产销平衡，市场价格也回归正常。

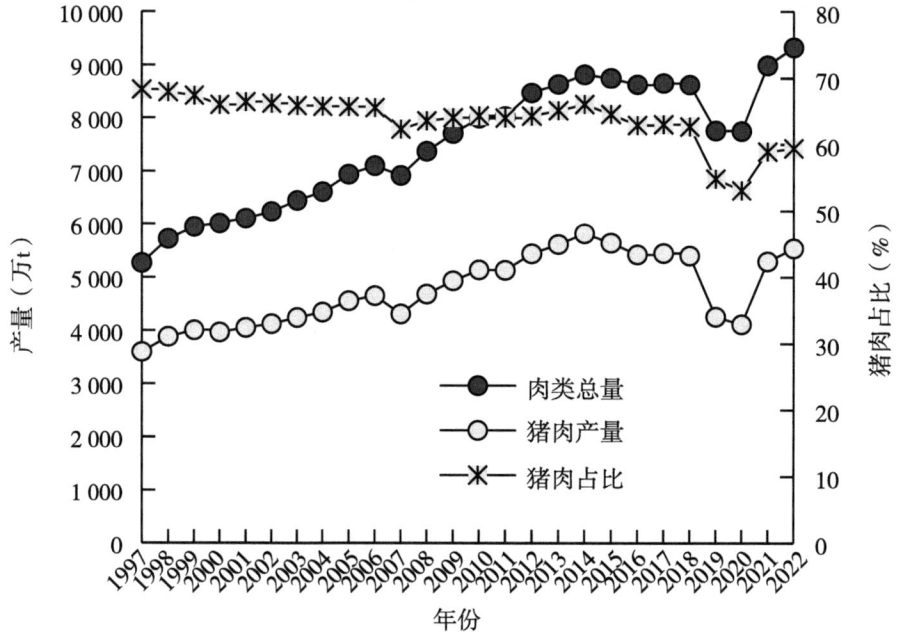

图 4-61　1997—2022 年我国猪肉占肉类产量比例

（数据来源：中国统计年鉴）

我国把鸡、鸭、鹅等统称为禽类，产品又分禽肉和禽蛋，其中鸡肉和鸡蛋占比最高。鸡肉是我国第二大肉类，我国也是世界鸡肉消费第二大国。2021 年我国鸡肉产量 1 506.5 万 t，约占禽肉产量的 63.3%。其次为鸭肉约占 28.9%，鹅肉约占 6.9%，其他还有肉鸽等（图 4-62）。猪肉和鸡肉占我国消费市场比重大，也最受各级政府关注。但猪和鸡养殖的生产特点、饲料消耗和市场价格等与牛和羊养殖差别很大，适宜饲养区域和发展趋势也不相同。

1. 我国猪和鸡养殖的生产特点与发展趋势

猪肉、鸡肉和鸡蛋消费量大，其养殖业必然受到各级政府的高度重视，其养殖特点

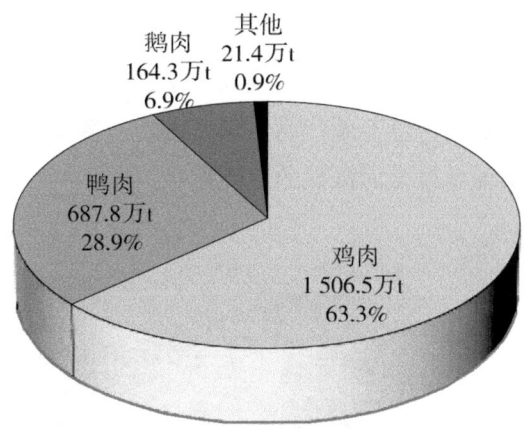

图 4-62　2021 年我国禽肉结构

（数据来源：中国畜牧协会）

与发展趋势也有差别。

（1）区域分布广

猪和鸡多为圈舍饲养，受气候条件影响较小，又以粮食为主作饲料，与牛羊的食草牧业不同，全国各地普遍都可养殖。肉蛋为不便运输的鲜品，以往小农户养殖主要是就近销售。随着大规模养殖场增多，农户小规模饲养迅速减少，产品销售运输半径延长，运输成本对经营效益影响也增大。我国猪和鸡的饲养量与我国人口密度重合度较高。猪和鸡大规模集中饲养，容易产生粪便等污染环境问题，我国南方水网密集区和大城市周边养殖呈减少趋势。我国猪和鸡产品产量排名前十位的省份，几乎全部是人口较多和饲料较充足的农业大省（区）。

（2）繁殖速度快

与牛羊相比较，猪和鸡繁殖率高，繁殖速度快，生产周期短，属于"短平快"养殖类型。目前在我国消费市场已基本饱和，人均消费量变化缓慢，在完全市场经营条件下，产量变化会直接导致市场销售价格周期性波动。猪和鸡养殖生产时间伸缩性较小，产品销售可选择性较小，若市场价格较低，则养殖生产效益大幅度下降，甚至造成生产者经济损失，特别是生产规模较小的养殖户受影响较大。猪和鸡繁殖速度快，一旦市场产品供不应求，养殖产能恢复也较快。这也说明养殖生产要密切关注消费市场价格周期性变化，有计划地调控养殖数量，确保养殖生产获得较好的稳定收益。

（3）饲养方式多

随着现代农业的发展，我国规模化养殖发展快速发展，分散小农户养殖迅速减少。我国猪和鸡规模化养殖已达到 50% 左右，随着城市化进程快速发展，集约化立体规模养殖还将继续增加（图4-63）。肉蛋鲜品直销市场，首先要高度重视运输成本，应以确保本地区消费为主要目标，其次要重视产品保鲜冷链运输外销。大中小城市和乡镇村，需要根据人口消费量，在周边适度距离建设大中小适度规模养殖场。特别是边远地区乡村和林区等，还应发展平面特色养殖，确保消费需求。养殖品种和养殖方式多样化，突出特色打品牌，也是实现乡村全面振兴的重要途径。

立体养猪大楼（年出栏猪120万头，产猪肉10万以上）

肉鸡

蛋鸡

图4-63 规模化工厂养殖

（4）饲料影响大

我国谷物适当进口以及大豆市场放开都与养殖饲料密切相关。进口大豆榨油产生豆粕用作饲料，进口玉米、高粱和大麦等，主要也是用作饲料。进口价格高低，直接影响猪鸡养殖成本。进口多用船舶大量运输，一般到岸价显著低于国产品价格，这是我国近海地区猪和鸡养殖发展较快的重要原因之一。距离海运港口远，特别是需要陆路运输地区，用进口饲料养猪鸡势必增加养殖饲料成本，若再大量生产商品远销，双重成本较高，产品市场竞争力必然下降。为此，一般猪和鸡养殖，主要是以进口饲料或本地产饲料资源为基础，满足本地区消费需求。在具备运输、保鲜和存储条件的前提下，才能较大规模针对外部市场开展商品生产。

（5）发展有差别

我国猪肉在肉食品中消费量最高，其次是鸡肉，2021年我国猪肉和鸡肉产量比为

1∶0.31。与猪肉相比较，鸡肉有"一高三低"优点，即高蛋白质、低脂肪、低胆固醇和低热量，从身体健康角度看，鸡肉优于猪肉。另外，养鸡的饲料转化率高于养猪，一般猪的料肉比为3.3∶1，鸡的料肉比为2.5∶1，说明相同数量的饲料，可以多产出约30%的鸡肉，这对饲料紧缺的我国确保肉类安全有重大意义。我国已进入人均猪肉消费减少的新时期，鸡肉是世界消费最普遍和人均消费最多的肉类，加之又有集约化生产程度高、生产成本低和生产周期短特点，都说明鸡肉消费量与猪肉消费量相反，可能会呈增长趋势。我国近年人均禽肉和蛋类产量已呈现增长趋势（图4-64）。

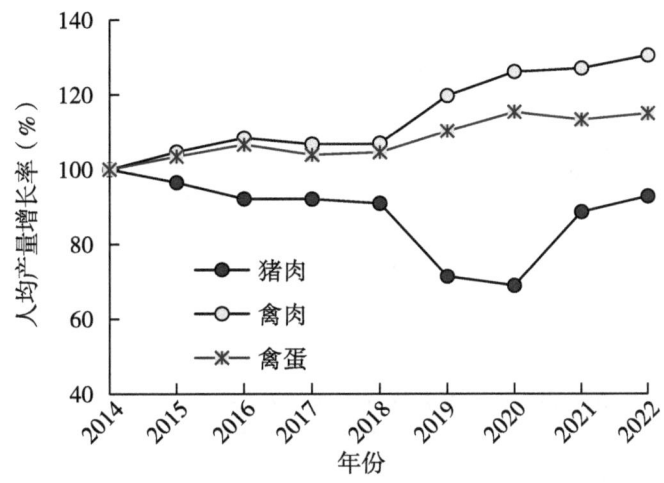

图4-64 2014—2022年我国人均猪肉、禽肉和禽蛋产量增长率
（数据来源：中国农村统计年鉴）

2. 黑龙江猪鸡养殖现状与发展

猪和鸡是黑龙江畜牧业最主要养殖品种，猪肉、鸡肉和鸡蛋同样也是该省最重要的消费产品。从气候、饲料资源和消费市场等角度看，生猪、肉鸡和鸡蛋养殖发展潜力也有差别。

（1）猪鸡养殖在全国的地位

自2006年以来，黑龙江猪省肉产量呈波动性增长态势，占全国猪肉产量的比例呈显著增长趋势。禽肉产量虽较稳定持续增长，但增幅较小，占全国禽肉产量比重增幅也较小。禽蛋产量较稳定，占全国禽蛋产量的比例呈显著下降趋势（图4-65）。黑龙江省猪肉产量显著高于禽肉产量，2020—2022年，平均每年猪肉产量为183.5万t，禽肉产量为49.0万t，猪肉与禽肉产量比为1∶0.27，与全国平均值相比是猪肉多禽肉少；禽蛋为111.7万t，其中主要也是鸡蛋。我国猪和鸡集中养殖程度也有较大差别，养殖排在全国前五位的养殖大省（区），2021年以鸡蛋为主的禽蛋产量合计占全国产量的54.1%，禽肉占44.4%，猪肉最低，占36.6%。这说明蛋鸡规模集约化养殖发展最快，其次是肉鸡，生猪平均养殖规模较小，分散度也最高。黑龙江与全国各省份相比较，排位均不低，猪肉产量占全国的3.49%，其次是禽蛋产量占全国的3.22%，禽肉占比最少，为2.05%（表4-20）。

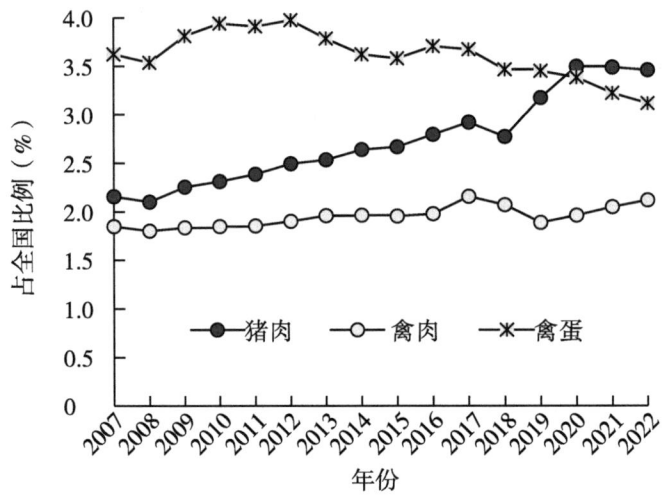

图4-65　2007—2022年黑龙江产量占全国产量比例

（数据来源：中国农村统计年鉴）

表4-20　2021年黑龙江猪肉、禽肉和禽蛋生产情况

	项目	猪肉	禽肉	禽蛋
黑龙江	产量（万t）	184.8	48.8	109.8
	全国排名	13	16	11
	占全国比例（%）	3.49	2.05	3.22
全国产量（万t）		5 295.9	2 379.9	3 408.8

数据来源：中国统计年鉴。

再从2021年人均产量看，黑龙江省人均猪肉产量59.1 kg，排在全国各省份的第四位，比全国人均值高57.7%，这说明黑龙江是我国商品猪肉生产大省，2022年全省有巴彦和望奎等16个县（市）为全国商品养猪大县。此外，黑龙江省人均禽蛋产量也不低，仅禽肉产量较低，主要是鸡肉产量低于全国平均值（表4-21）。

表4-21　2021年黑龙江人均产量比较

	项目	猪肉	禽肉	禽蛋
黑龙江	人均产量（kg）	59.1	15.6	35.1
	全国排名	4	9	5
	占全国比例（%）	157.7	92.7	145.6
全国人均产量（kg）		37.49	16.85	24.13

数据来源：中国统计年鉴。

(2) 加快发展的有利条件

黑龙江省发展猪和鸡的养殖业，对促进县域经济发展和实现乡村产业振兴，以及拓宽农民增收渠道等都有重要意义。黑龙江发展猪和鸡的养殖业有很多有利条件。

一是有稳定可靠的饲料资源。我国大规模养猪和养鸡消耗的饲料，主要由玉米和豆粕构成。我国进口转基因大豆榨油产生的豆粕主要是作饲料；进口玉米以及高粱、大麦和干酒糟等主要也是作饲料。南方沿海地区便于进口，加工饲料成本较低，一般沿海地区饲料工业发达，养猪和养鸡成本也较低，甚至饲料成为外销的商品。我国饲料加工五大省（区）全部在沿海地区（表4-22）。但这些饲料受进口贸易影响，价格也会产生较大幅度波动而增加养殖效益的不稳定性。另外，我国"黄金玉米带"中段和南段利用本地玉米，再利用进口转基因豆粕，加工饲料发展猪、鸡养殖业也具有相对优势。

表4-22　2021年我国饲料产量前五位省份和黑龙江省饲料生产情况

排名	地区	产量（万t）	占比（%）
1	山东	4 476.3	15.25
2	广东	3 573.3	12.18
3	广西	2 042.0	6.96
4	辽宁	1 780.5	6.07
5	江苏	1 467.8	5.00
17	黑龙江	516.0	1.76
	全国	29 344.3	100.00

数据来源：中国饲料协会。

进口大豆榨油企业主要分布在沿海地区，豆粕和进口玉米等，以及加工饲料属于大宗商品，黑龙江靠陆路运输会增加生产成本。但黑龙江是我国最大的商品玉米和大豆产地，利用本地产玉米和豆粕生产饲料，是发展猪、鸡养殖业的主要途径。本地丰富和稳定的饲料资源，受进出口贸易影响较小，有利于稳定饲料价格，发展猪、鸡养殖业。

二是有适宜养殖的广阔空间。猪、鸡养殖存在粪便和气味问题，以及屠宰加工业废水污染环境问题。我国南方猪、鸡主要养殖区人口密度大，耕地面积较少，占用土地堆肥还田难度较大，利用其生产沼气等又大幅度增加投资和运营成本。这类地区降水多，平原面积大，又多为水网地区，处理不好会污染水源，特别是气味污染更难解决。黑龙江省地域辽阔，人口密度小，城镇与乡村间距离较远，除少数较大城市外，大多数地区都可实现粪肥堆放自然发酵直接还田，降低生产成本。同时，黑龙江省地广人稀，气味污染也较轻；旱田较多，降水量较少，养殖和加工污水也容易控制解决。

三是恰逢加快发展历史机遇。随着我国城市化进程快速发展，农村人口向城市转移，城乡人口比例已由2010年的49.9∶50.1，上升至2022年年底的65.2∶34.8。特别是中西部欠发达地区人口向东部沿海发达地区聚集，东部等大城市人口增加和区域范围扩张，由此出现了养殖粪便、空气和垃圾污染，以及屠宰废水污染等问题。很多大城市已出台了限制养殖政策，并形成了养殖和屠宰企业转移趋势。同时，很多养殖加工大企业上市后迅速扩张，人口密集区土地又很珍贵，由此形成了养殖产业外溢。养殖格局重新洗牌，这无疑是黑龙江发挥土地资源和优良环境优势，对大型养殖和屠宰加工企业招商引资的最有利时机。

四是气候条件适宜发展养殖。生猪和肉鸡生长时间较短，一般生猪为5~6个月，肉鸡为3~4个月，黑龙江省各地春季开始养殖，到初冬均可达到适宜屠宰期，然后进入严寒的冬季，这有利于低成本冷冻保存，提高市场销售价格应变能力。这也是黑龙江省人均猪肉产量较高和生产恢复较快的重要原因之一。黑龙江与我国南方沿海主要养殖区相比较，夏季高温日数少，温度也较低，昼夜温差较大；降水日数少，空气湿度小；台风危害发生更少。这些都有利于猪、鸡健康生长，包括蛋鸡。加之疫病发生概率小，传染病危害也较轻，除大中规模养殖外，在县域乡村和广阔的山区草地，选择特色品种，采取适宜的养殖技术，包括采用非转基因饲料等，更有利于突出产品特色，打造地方产品知名品牌（图4-66）。

草地鸡　　　　　　　　　　　　　小香猪

图4-66　特色养鸡和养猪

3. 猪鸡养殖发展对策

我国猪肉、鸡肉和鸡蛋价格常有波动，主要原因是产量不稳定，产销不同步所致。黑龙江位于全国消费市场边缘，作为商品产区，本地消费量有限，产品外销必须跨过吉林省和辽宁省同类商品区。运输距离长、成本高，势必降低市场竞争力（表4-23）。我国肉蛋消费量变化是个长期缓慢过程，受各种随机因素影响，销售价格难免短期震荡。我国规模化猪、鸡养殖快速发展，抓住我国南方人口密集区养殖企业基地转移和产业扩张机遇招商引资，是黑龙江养殖业加快发展的重要途径。黑龙江发展猪、鸡养殖业，需要科学定位，重视饲料保障、避免环境污染和运输条件等问题，以优先保障本地消费需求为目标，再突出产品特色扩大外销市场。

表4-23 2021年东北三省猪肉、禽肉和禽蛋人均产量比较

地区	猪肉		禽肉		禽蛋	
	人均产量（kg/人）	与全国人均产量比值（%）	人均产量（kg/人）	与全国人均产量比值（%）	人均产量（kg/人）	与全国人均产量比值（%）
辽宁	56.5	150.6	36.9	219.2	76.9	318.7
吉林	60.0	160.0	34.7	205.7	44.1	182.7
黑龙江	59.1	157.7	15.6	92.7	35.1	145.6
全国	37.5	100.0	16.8	100.0	24.1	100.0

数据来源：中国农村统计年鉴。

（1）确定适宜区位

黑龙江大平原耕地较多，水旱田面积均不少。大型猪、鸡养殖场和屠宰场应建在旱田地区。旱田主要种植玉米和大豆，有丰富的饲料资源，加工饲料运输成本较低。养殖场和屠宰场应建在地势较高或水土流失较重的低等级耕地，以及废弃村屯等，没必要也不应该建在高等级肥沃农田。大型猪、鸡养殖场产生大量粪便，可集中规范低成本堆肥发酵，隔年就近还田培肥地力。还应注意与城镇人口聚集区保持适度距离，既要避免养殖、屠宰和堆肥等污染空气环境，又要降低产品销售运输成本。乡村分散养殖应探索与集中屠宰加工一体化，并实现粪便集中收集处理。水稻集中产区地势多低平，江河水网较多，饲料也无优势，一般不宜发展大量商品外销养殖，应以保证本地鲜品消费为目标发展适度规模养殖，更需要注意粪便处理，避免污染水源。

（2）选择养殖类型

我国猪肉消费量预计呈减少趋势，但其占肉类消费最多的基本构成不会改变。因生猪养殖污染环境问题，一些人口密集城市限制养猪，已成为单纯的猪肉纯消费区，我国生猪养殖产销格局正在变化过程中。随着交通运输条件不断完善，物流运输速度加快，黑龙江发挥非转基因饲料和土地资源优势，以及冬季冻储成本低等优势，完全有可能建设成全国最重要的商品猪肉供应和储备基地，发挥"猪肉安全压舱石"作用。目前黑龙江省肉鸡养殖数量较少，应区别白羽鸡和黄羽鸡特色类型选择发展。鸡蛋运输和储存难度较大，不利于远销，各类城市和乡村，应以本地消费为目标适度规模养殖，确保本地销售需求。生猪和肉鸡养殖均应在确保满足本省消费情况下，争取国家政策支持，并纳入国家肉类安全保障计划，做大做强生猪和肉鸡养殖业。

(3) 建设产业集群

招商引资加快发展猪、鸡养殖和屠宰加工企业，同时还应重视培育本省猪、鸡养殖相关企业做大做强，发展"本部经济"。"农头工尾"，建设养殖相关工业产业集群对县域经济发展更有重大意义。一是专用配合饲料加工业，如猪崽、育肥猪和产蛋鸡等专用饲料等。二是以大中型屠宰加工企业为龙头，发展劳动密集型小微企业。如猪手、鸡爪、鸡肝和猪皮等特色保鲜终端消费品（图4-67）。大型蛋鸡场除销售鲜品鸡蛋外，依据鸡蛋的乳化、热凝固、胶着和起泡等特性，加工蛋白粉、蛋黄粉和全蛋粉等系列"专精特新"产品，具有国内外市场的销售潜力（图4-68）。即使是猪骨、猪血和猪毛，以及鸡蛋壳等，都可再进一步发展精深加工业。如蛋膜作保健品，蛋壳作溶菌酶制药、畜禽营养素、膨化食品添加剂及花卉肥料等。三是适应寒地气候的专用种畜养殖业，不仅确保本省养殖需要，也可对外销售成为大产业。四是现代化养殖和运输相关工业，如各种规模的现代化屠宰机械设备、鸡蛋托盘和冷藏运输车等。

猪手　　　　猪皮

鸡爪　　　　鸡肝

图 4-67　劳动密集型加工产品

图 4-68 蛋鸡及鸡蛋加工利用示意

(4) 发展文化旅游

养猪、鸡是黑龙江农民拓宽增收渠道和实现乡村产业振兴的重要途径。猪、鸡养殖产业振兴，需要相应文化振兴推动才能加快实现。传统小农户分散养殖向适度集约化、规模化养殖转变，大中小规模养殖和屠宰加工，因地制宜长期共存，这对种植单一的农区和偏远地区更具现实意义。由此打造"一村一品""一乡一业"和全县大产业，做大做强猪、鸡产业。一是完善养殖模式。围绕各类养殖主体，建设相关社会化服务体系，有效解决养殖和加工企业的粪便、空气和污水等污染问题。在重视发展大型养殖和屠宰的基础上，还应探讨村办企业屠宰和农户分养一体化体制创新。二是创造文化氛围。各养殖大县（市）可建设猪或鸡的文化博物馆，展示猪、鸡进化过程、重要价值、养殖技术、屠宰加工产品以及未来发展等。开展养殖竞赛和文化节等，提升社会关注度，丰富农村文化生活。三是发展旅游观光。挖掘猪、鸡养殖旅游观光潜力，展示新奇特色品种，大型养殖和屠宰企业可作为观光、教学和科研试验基地。开展"抓猪抓鸡"娱乐活动，开发造型工艺品和系列美食品尝等，打造乡村旅游的重要景点（图4-69）。

图 4-69　丰富文化生活，促进乡村旅游

（三）水边湿地养鸭鹅

与养鸡相比较，世界养鸭与养鹅的数量较少。鸭肉与鹅肉产量仅占肉类总产量的 1.49% 和 0.85%，禽肉中产量最多的鸡肉分别是鸭肉与鹅肉产量的 25.1 倍和 44.2 倍。同样，世界鸭蛋与鹅蛋产量也较少。我国是世界鸭、鹅养殖第一大国，鸭肉与鹅肉产量分别占世界产量的 70.3% 和 95.6%（表 4-24），也是鸭蛋与鹅蛋产量第一大国，人均鸭、鹅肉蛋消费量显著高于世界平均值。鸭、鹅又被称为水禽，与鸡相比，世界鸭、鹅养殖较少的原因，主要与水环境资源限制和平面饲养集约化程度低等因素有关。

表 4-24　2020 年世界和我国鸡、鸭、鹅肉产量

类别	世界			中国		
	产量（万 t）	占比（%）	人均（kg）	产量（万 t）	占比（%）	人均（kg）
肉类	33 567.8	100.00	44.25	7 668.0	100.00	54.38
鸡肉	12 549.7	37.39	16.55	1 582.7	20.64	11.22
鸭肉	499.8	1.49	0.66	351.4	4.58	2.49
鹅肉	284.2	0.85	0.37	271.8	3.55	1.93

数据来源：联合国粮食与农业组织统计资料，占比为占肉类产量比。

1. 我国鸭、鹅养殖现状

鸭和鹅是由野鸭和大雁驯化而来的常见家禽，已有数千年饲养历史。二者虽有相似

之处，又有较大区别，并形成了很多不同特色的品种。鸭和鹅主要分为肉用型、蛋用型和肉蛋兼用型三大类。我国地域辽阔，鸭鹅养殖有以下特点。

（1）养殖数量鸭多鹅少

人类驯化养鹅的历史最长，有关鹅的文化也最丰富。但目前世界和我国鸡、鸭、鹅三大主要禽类中，养鹅数量最少，养鸡数量最多，其次是鸭。主要原因是鸡生活在旱地，适应性广，又可以高度集约化立体饲养，土地产出率和劳动生产率最高。而鸭和鹅一般需要有水环境，又需要放牧，平面饲养，土地产出率和劳动生产率均较低。鸭属于杂食动物，饲料相对充足；而鹅以食草为主，水草资源又进一步限制了鹅的饲养。据中国畜牧业协会资料，与鸡、鸭饲养量大起大落相比，我国鹅出栏量和鹅肉产量均呈增长趋势。2022年我国出栏肉鸭40.1亿只，鸭肉产量884.2万t，比2021年减少6.1%；鹅出栏量7.3亿只，鹅肉产量为229.1万t，比2021年增长2.9%。2017年开始，我国蛋鸭存笼量和鸭蛋产量均呈下降趋势。2022年蛋鸭存笼量1.5亿只，比2017年下降20.1%；鸭蛋产量约264.9万t，比2017年下降17.0%。从肉产量对比看，我国鸭多鹅少的局面仍未改变（图4-70）。

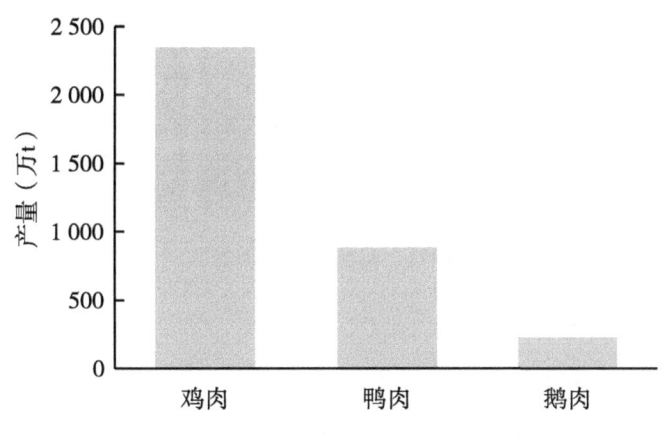

图4-70　2022年我国三大禽肉产量

（数据来源：中国禽类发展报告）

（2）养殖区域不断扩大

世界鸭、鹅养殖有明显区域性，主要集中分布在北半球亚欧大陆国家。鸭、鹅喜水，我国各地水资源环境差别大，以往养殖主要集中在南方多雨水网地区。山东、广东、江苏、四川和安徽等是鸭、鹅养殖大省。并有广东温氏、山东荣达和江苏立华等一大批养殖和屠宰企业从事鸭、鹅产业。随着养殖技术不断创新，平面放养迅速向高密度集约化养殖转变，各类"养加销"一体化模式日趋成熟，但受养殖用地、饲料资源与环境保护等因素影响，养殖基地转移和上市企业外溢，养殖区域已向全国有水源条件的地区快速拓展。全面开发国土资源，提高土地利用率，振兴乡村产业，各地养殖鸭、鹅积极性也较高。全国除西藏、青海和甘肃外，几乎都有大中规模养殖。特别是黑龙江养鹅发展很快，已成为我国最重要的集中鹅养殖基地。

（3）产地品牌丰富

我国地域辽阔，有丰富的鸭、鹅品种资源，加之引进和选育新品种，主要养殖区都有相应的鸭、鹅品种，如养殖最多的白羽肉鸭和产蛋最多的高邮麻鸭，产蛋最多的豁眼鹅和体型最大的狮头鹅等，并涌现很多经营种雏种蛋的企业和专业村等。加之养殖历史较长，各地还创造了很多肉蛋特色食品知名品牌，如北京烤鸭、南京盐水鸭和安徽熏鸭，以及大塘烤鹅和东莞烧鹅等；分割加工制品更多，如著名的卤鸭掌、绝味鸭脖和酱鹅肝等。鸭蛋和鹅蛋除直接煮、炒、煎等方法食用外，还可制作咸蛋、皮蛋和烤蛋等。很多分割加工禽肉制品和蛋制品还是较稳定的出口产品（图4-71）。

图 4-71　鸭鹅加工品牌制品

（4）副产品加工有潜力

鸭、鹅养殖以肉、蛋为主产品，以毛、骨、血等为副产品。随着集约规模化养殖和集中屠宰等快速发展，副产品加工利用展现出广阔的发展前景。其中羽绒加工利用增值潜力最大，我国是世界最大的以鸭、鹅翎毛加工羽毛球的产地；山东、广东和江苏等省已成为世界最大的绒毛初加工集散地，并有"波司登""丫丫"和"土拨鼠"等著名加工产品品牌。我国目前是鸭、鹅绒毛及其加工产品出口最多的国家，2022年出口绒毛4.638万t，出口羽绒服被7 153万件（包括寝具和睡袋等），出口额达到34.35亿美元。可见我国鸭、鹅绒毛加工和高附加值产品开发有较大发展潜力（图4-72）。我国南方各类羽绒加工企业也呈向养殖产地转移发展趋势。

另外，鸭、鹅的骨和血作为药品、保健品、化工产品和专用肥料等还有待加快开发利用，其低成本收集、研发和生产高附加值"专精特新"产品是当前应关注的关键问题。

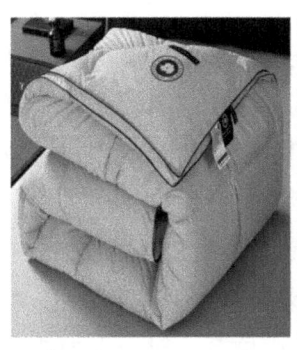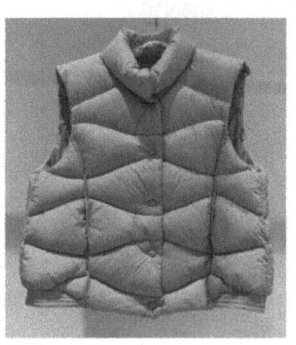

图 4-72 鸭、鹅绒毛加工产品

（5）养殖模式需要完善

我国鸭、鹅专用品种类型多，种鸭与种鹅的饲养、育雏、农户养殖和配合饲料、屠宰分割和制品加工，以及商品品牌建设和营销等相关技术已取得了显著进步，但各地发展程度还不平衡，特别是新开辟的养殖区问题会更多。鸭、鹅产业的发展涉及从农户养殖到餐桌消费全过程，其中任何一个环节发展滞后，都会影响全产业的顺利发展，其中突出的难点之一是农户规模养殖。目前各相关环节多为独立经营，种雏、饲料、屠宰、加工和防疫等，与农户养殖相分离，甚至靠"经纪人"衔接，这无疑压缩了农户养殖收益空间。降低养殖成本，确保农户养殖可以获得比较好的稳定收益，是产业做大做强的基础。推广舍牧结合技术、扩大养殖规模、提高生产管理技术水平、完善公益性服务支撑体系和养殖保险等，是养殖户稳定增收的基础。以加工企业为龙头，村集体或合作社发展服务业，建设利益共享体制机制，实现"养加销"一体化，是鸭、鹅产业发展的主要方向。

2. 黑龙江鸭鹅养殖优势

黑龙江有长期养鸭和养鹅的历史，但以往养殖数量并不突出。近年养殖发展较快，尤其养鹅数量是全国增量最显著的地区，2018 年已成为我国四大肉鹅产地之一，2022 年饲养量超过 5 000 万只，预计还将增加。黑龙江发展鸭、鹅产业有利条件较多。

一是气候条件适宜。鸭鹅生长期一般为 3~6 个月，黑龙江夏季温度和光照变化过程与鸭、鹅生长需求相吻合，并且没有南方养殖区常见的高温热害；阴雨天较少，湿度小，病害相对较轻。特别是鸭、鹅屠宰后进入冬季，有利于低成本冰冻保存，再根据市场价格择机外销。

二是养殖资源丰富。黑龙江降水集中在 5—8 月，加之外来水和地下水丰富，在我国北方 15 个省份中水资源最丰富。养鸭、鹅几乎不占用耕地，江河、湖泊和泡沼，草原、湿地和盐碱地，都可以满足鸭、鹅自然放养对水的需求，并能降低饲料成本，由此提高肉蛋品质和羽毛质量。

三是生态环境有利。与我国其他鸭、鹅养殖区相比较,黑龙江省人口密度小,生活垃圾少;工业发展滞后,废水废气污染少;特别是广大农村和丘陵山区,冬季严寒,病虫害发生基数小,杀虫农药用量更少。凭借清洁的水源和清新的空气等自然资源优势,黑龙江省生产的鸭、鹅肉蛋自然都是有利健康的优质食品。

四是产业有好典型。以往黑龙江省小农户散养鸭、鹅,整禽和鲜蛋直销较多。近年肉蛋专用鸭鹅家庭养殖场、合作社和养殖公司,以及屠宰加工企业迅速增加。特别是依安白鹅产业集群和对青烤鹅集团等"养加销"一体化生产体系,对全省加快发展起到了示范带动作用(图4-73)。

图4-73 黑龙江依安白鹅和对青烤鹅

五是乡村振兴需要。全面开发利用国土资源和"大食物观"发展新理念,调动了各级干部和群众发展鸭、鹅产业的积极性。当前正值我国南方鸭、鹅主产区产业转移和外溢之际,这是黑龙江鸭鹅产业加快发展的历史机遇,鸭、鹅产业也必将成为农民增收、乡村产业振兴和发展县域经济重要途径。

3. 促进鸭鹅养殖发展的对策

养鸭、养鹅很少占用耕地,黑龙江省适宜鸭、鹅养殖的资源丰富。这对全面开发利用国土资源,提高土地资源产出率,发展县域乡村经济,特别是建设"一村一品""一乡一业"和全县特色产业,实现乡村全面振兴有重大现实意义。影响鸭、鹅产业发展的因素复杂,扬长避短,实现稳步持续发展需要重视以下几方面。

一是保护环境与粪便处理。鸭、鹅适宜平面养殖,需要空间面积较大,特别是还需要有适宜的水面。为此,大量长期养鸭、鹅必须注意解决粪便污染问题。根据对水资源质量的要求,各级政府应做好宜养区、限养区和禁养区的发展规划。屠宰加工企业选址,应注意污水处理和空气污染问题。必须保证粪便和污水有效处理,确保养殖区域生态环境优良,实现可持续发展。

二是招商引资与全民创业。招商引资和培育大中型屠宰加工龙头企业,是带动鸭、鹅养殖发展的快捷途径,同时,还应鼓励全民创业发展养殖、屠宰加工和相关服务业。因地制宜,大规模养殖与小规模养殖应同步发展;技术密集型现代化屠宰加工与劳动密集型屠宰加工应长期并存;黑龙江省人口居住分散,小农户养殖产地直销餐饮业与大中型屠宰企业收购都应鼓励发展。特别是鼓励各类相关小微企业做大做强。

三是选定品种与技术创新。我国鸭、鹅养殖品种类型多,养殖技术发展也很快。针对黑龙江省寒地气候条件,大规模集中养殖区应以肉用或蛋用专用品种养殖为主,区域小规模养殖可选定各类特色品种。选定品种宜长期养殖,打造区域特色产品知名品牌,如肥瘦型肉用鸭、鹅,蛋皮颜色和蛋大小不同的蛋用鸭、鹅,以及利用肉蛋中特殊营养成分加工营养保健产品等。各类网养、笼养、架子养等旱养技术,以及机械拔毛技术和种禽越冬管理技术等,都应紧密结合本地情况完善发展,不断提高产量并确保质量。

四是产品加工与产业集群。鸭、鹅肉蛋均为"原字号"产品,黑龙江省人口较少,本地消费数量有限。只有完善相关服务体系,深化产品加工和打造知名品牌,建设产业集群,才能提升产品价值;只有扩大产品外销市场,发展大规模商品生产,才能起到更大的农民养殖增收、企业加工增效、地方政府财政增税、促进区域经济发展效果。例如,种鸭与种鹅养殖、培育鸭雏与鹅苗、专用饲料生产、屠宰分割精深加工、翎毛和绒毛加工等(图4-74)。

图4-74 打造产业集群

五是人才培养与风险保证。影响鸭、鹅生产的因素复杂,前期生产投入大于粮食种植业,特别是在我国肉蛋类产销市场基本饱和情况下,一般鸭、鹅肉蛋产品市场价格也不稳定,养殖获利风险性一般大于种植业。农民养殖技术水平和防疫效果等,对养殖发展影响很大。加快发展养殖,首先应做好生产技术培训,并建立学习培训制度,不断提升养殖管理水平；其次是完善疫病防治体系建设，防患于未然；最后是必须完善可靠的养殖保险。

六是打造品牌与拓宽市场。从农户养鸭、鹅角度看，能否不断扩大生产，关键在于产品销售和收益情况。一般规律是人们都有消费本地农产品的习惯，为此，养殖鸭、鹅首先要满足本地消费市场需求。广东和江浙等沿海主销区，鸭、鹅养殖数量可能逐渐减少，这将为黑龙江产品扩大销售市场创造机遇。要不断发展本地屠宰分割、精深加工，生产终端消费品，实现产加销一体化，突出绿色食品特色，打造品牌，不断拓宽国内外销售市场。此外，我国具备养鹅条件的地区较少，黑龙江省应发挥资源优势，更重视发展养鹅业。

三、北方蔬菜资源

确保稳定丰富的"菜篮子"直接涉及人们日常生活质量，各级政府都很重视蔬菜生产。我国把西瓜等大田瓜果与苹果等园林类水果统归为水果，鉴于大田瓜果与蔬菜生产相近，故本书把大田瓜果归入蔬菜介绍（表4-25）。大田瓜果属于高附加值作物，近年我国种植面积和产量比较稳定，说明市场基本饱和。大田瓜果全国各地都有生产，其中西瓜占比最大，草莓占比虽较小，但面积和产量都略呈增长趋势（表4-26）。随着我国市场经济一体化进程快速发展，影响蔬菜产销的要素在不断变化。黑龙江作为我国特殊的北方蔬菜产地，如何确保"菜篮子"稳定供应和增加生产效益，是需要深入探索的重点。

表4-25 我国蔬菜与大田瓜果生产情况

项目	面积（万 hm^2）	产量（万t）	单产（kg/hm^2）
蔬菜类	2 173.6	76 230.9	35 071.9
瓜果类	214.0	8 301.3	38 792.9
瓜菜比（%）	9.8	10.9	110.6

数据来源：中国农村统计年鉴，2020—2021年平均值。

表4-26 我国大田瓜果类生产情况

品种	面积		产量		单产（kg/hm^2）
	面积（万 hm^2）	占比（%）	产量（万t）	占比（%）	
西瓜	150.9	70.5	6 198.9	74.7	41 079.5
甜瓜	39.1	18.3	1 379	16.6	35 285.3

(续表)

品种	面积		产量		单产
	面积（万hm²）	占比（%）	产量（万t）	占比（%）	（kg/hm²）
草莓	13.6	6.3	358.2	4.3	26 435.4
其他	10.5	4.9	365.3	4.4	34 918.7
合计	214.0	100.0	8 301.3	100.0	38 792.9

数据来源：中国农村统计年鉴，2020—2021年平均值。

（一）我国蔬菜生产特点

我国是世界蔬菜生产第一大国，品种类型多，生产技术进步速度快，各类蔬菜高产优质典型不断涌现。大蒜、生姜和胡萝卜等很多耐贮类型，以及冷冻、干品和罐头等加工产品，已成为稳定的大量出口商品，销往国际市场。

1. 生产发展快，人均产量高

自改革开放以来，我国蔬菜种植面积呈持续增长趋势，近年占农作物总播面积比例已超过13.0%，是仅次于粮食的第二大类作物。蔬菜产量也大幅度提升，2018—2022年，年产量稳定在7亿t以上，5年平均达到7.48亿t，并超过粮食产量（图4-75），5年人均蔬菜产量达到530.3 kg/年。据2021年联合国粮食及农业组织（FAO）统计，我国蔬菜种植面积占世界蔬菜总面积的40.1%，产量占52.0%，人均产量是世界人均值的2.9倍。我国不仅是世界蔬菜最大生产国和消费国，还是人均蔬菜消费最高的国家。

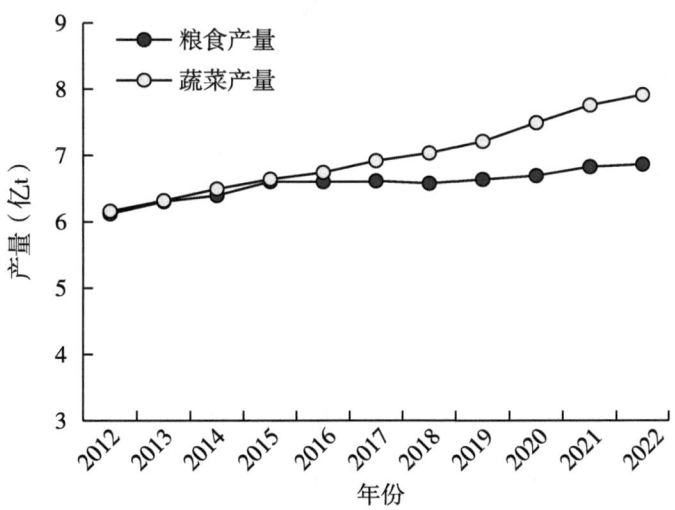

图4-75 2012—2022年我国粮食和蔬菜产量

（数据来源：中国农村统计年鉴）

2. 区域分布广，种类最丰富

我国地域辽阔，北自高寒地区黑龙江漠河单季蔬菜生产，南至热带海南岛周年生产蔬菜，一年四季都有蔬菜种植，这是世界很多国家不可比的自然优势。世界果菜类和叶菜类蔬菜主要品种几乎都可以在我国种植。特别是随着温室保护地生产发展，更扩大了品种种植区域并提高了单产水平。我国各地普遍重视适宜季节蔬菜生产，并尽可能确保本地市场消费需求。2021年，除北京、上海和天津作为直辖市人多地少，人均蔬菜产量较低外，其他地区人均蔬菜产量都在200 kg以上（图4-76）。受气候因素影响，我国各地都有适宜种植的蔬菜品种类型。

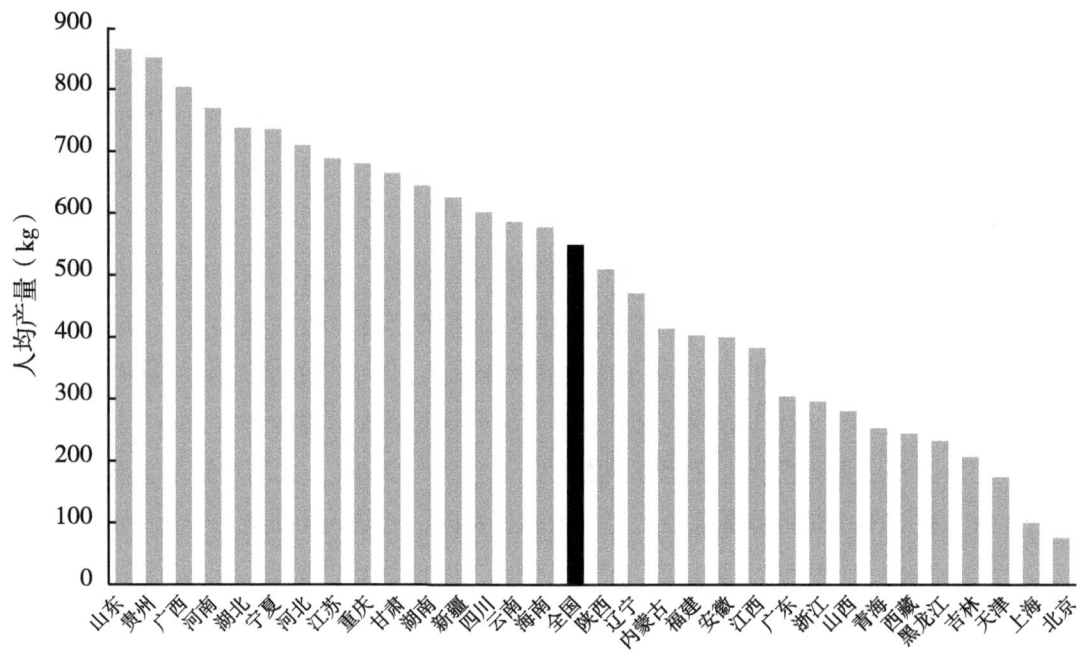

图4-76　2021年各地蔬菜人均产量

（数据来源：中国农村统计年鉴）

3. 影响因素多，发展不均衡

各地蔬菜生产主要受耕地资源和气候条件影响，此外，还受所在区位、适宜种植蔬菜类型、销售半径和运输条件，特别是与其他种植业生产比较效益等综合因素影响。随着商品农业的发展，各地蔬菜生产发展差异很大。2021年种植面积超过100万 hm^2 的10个主要省（区）面积合计占全国的66.9%，排在前三位的是河南、广西和山东；产量超过3 000万 t 的10个大省（区）合计产量占全国产量的67.5%，排在前三位的是山东、河南和江苏（表4-27）。除北京和上海的郊区农业之外，蔬菜种植面积占农作物总播面积比例超过20%的7个省（区、市）都集中在我国南方地区，其中海南省占比最高，为38.4%。

表4-27 2021年我国蔬菜主产区情况

排名	面积			产量		
	地区	面积（万 hm²）	占比（%）	地区	产量（万 t）	占比（%）
1	河南	175.8	8.00	山东	8 801.1	11.35
2	广西	159.6	7.26	河南	7 607.2	9.81
3	山东	152.5	6.93	江苏	5 856.6	7.55
4	贵州	151.4	6.89	河北	5 284.2	6.81
5	四川	148.0	6.73	四川	5 039.1	6.50
6	江苏	145.3	6.61	湖北	4 299.8	5.54
7	广东	139.2	6.33	湖南	4 268.9	5.50
8	湖南	139.2	6.33	广西	4 047.5	5.22
9	湖北	131.0	5.96	广东	3 855.7	4.97
10	云南	129.2	5.87	贵州	3 280.1	4.23
	全国	2 198.6	100.00	全国	77 548.8	100.00

数据来源：中国农村统计年鉴。

4. 商品生产多，物流运输快

我国"自产自食"小农户生产蔬菜已经迅速减少，农民一般是什么效益好生产什么，产销主要看市场。发挥气候条件优势，建设特色蔬菜生产基地，商品生产已成大趋势。我国已经形成了较明显的商品蔬菜集中区和销区（图4-77）。因蔬菜品种类型较多，不论是产区和销区，不同生产季节都有特色产品调入调出。我国建设鲜活农产品运输大通道和农贸物流中心，对商品蔬菜生产基地建设起到了有效推动作用（图4-78）。不同季节"南菜北运，北菜南运"市场供应充足，从生产基地到消费餐桌，"产运销"一体化格局日趋完善。我国一般地区已没有必要再强调蔬菜完全自产自足，而应发挥特色生产优势，尽可能保证本地季节性消费需求，再靠市场流通补充缺口，从而确保本地各类蔬菜全年有效供应。

（二）黑龙江蔬菜产销形势

2000年以前，由于受寒地气候和运输条件限制，黑龙江冬季鲜菜明显不足，国家和地方政府都高度重视鲜菜生产，种植面积呈增长趋势。随着运输条件的改善，"南菜

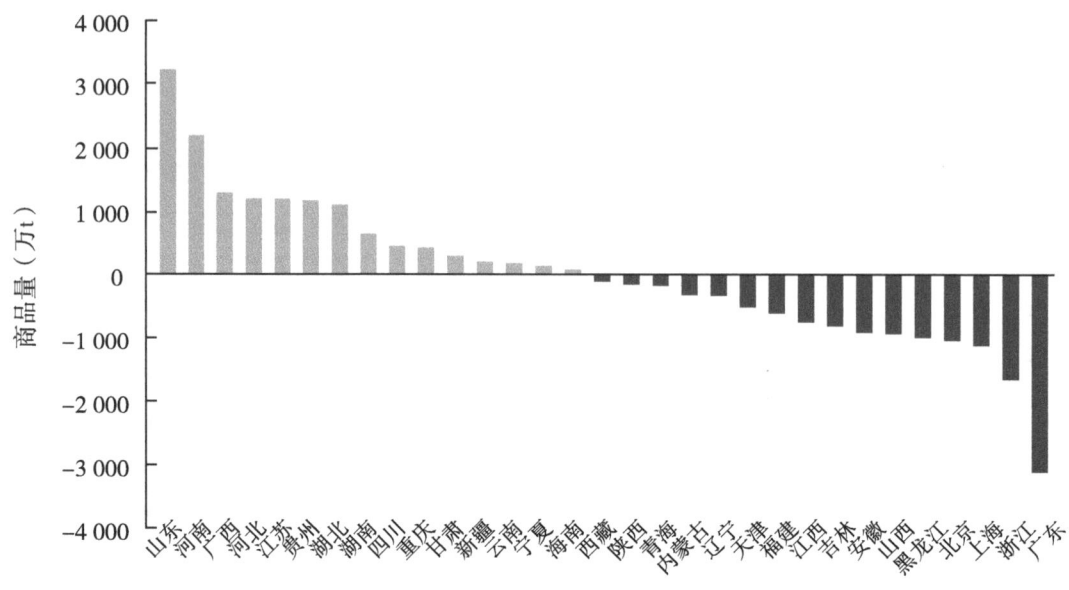

图 4-77 2021 年各地蔬菜商品量分析

（数据来源：中国农村统计年鉴）

图 4-78 我国鲜活农产品绿色通道

北运"数量增加，黑龙江蔬菜产销形势已经发生了较大变化。

1. 自产蔬菜减少，外来鲜菜增加

黑龙江夏季各类蔬菜基本可满足本地消费需求。冬季白菜和萝卜等耐贮菜类也可满足消费，缺少的是黄瓜和番茄等鲜菜，只能靠"南菜北运"才能满足市场需求（图 4-79）。随着我国鲜活农产品运输大通道建设不断完善，特别是人们生活水平提高，消费市场对鲜菜需求量也不断增加，鲜菜供应链不断完善，由此形成了在全国蔬菜种植面积持续增加的情况下，黑龙江蔬菜种植面积反而呈快速减少的态势。2000 年种植面积最大时为 44.6 万 hm², 到 2021 年已经减少到 15.7 万 hm², 减少了 64.8%; 占全国蔬菜种植面积比例, 也由 2.9% 下降为 0.7% 左右 (图 4-80)。可见"南菜北运"对黑龙江省蔬菜生产产生了巨大影响, 黑龙江省年人均蔬菜产量已降至 232.1 kg, 仅占全国人均产量的 42.3%, 黑龙江省成为我国北方蔬菜调入量仅次于北京市的地区。2021 年黑龙江人均瓜果产量 44.8 kg, 比全国人均低 25% 左右, 甚至西部甘肃和宁夏等地的西瓜和甜瓜类, 以及河北和辽宁的草莓等, 都从时间上优于本地生产而抢占了黑龙江消费市场。

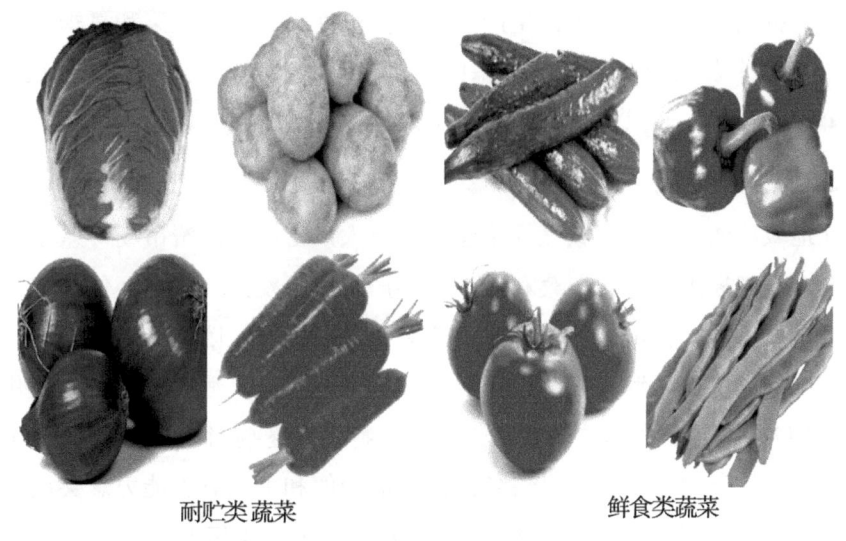

耐贮类蔬菜　　　　　　　　鲜食类蔬菜

图 4-79　两种类型蔬菜

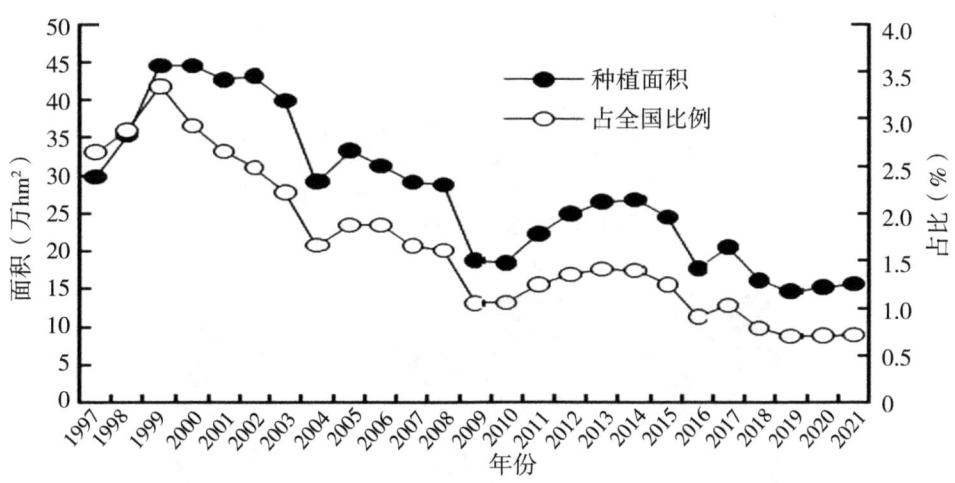

图 4-80　1997—2021 年黑龙江省蔬菜种植面积及其占全国比例变化

(数据来源: 中国统计年鉴)

2. 生态环境优良，生产面积趋稳

黑龙江各级政府重视蔬菜生产，国家也曾投入项目资金支持建设生产基地，目的是引领蔬菜生产发展，这是种植面积在上升和下降趋势变化过程中，出现较大幅度波动的主要原因。今后种植面积虽然还会有波动，但在市场主导的生产条件下，预计波动幅度一般不会很大。作为国家最主要的商品粮生产基地，又是人口较少的市场边缘地区，蔬菜种植面积必然受限。但蔬菜作为生活大量消费产品，黑龙江蔬菜生产季又有良好的生态环境条件，特别是农药用量少，生产的蔬菜安全性高，冬贮秋菜和夏季鲜菜很受市场欢迎。2019年以来蔬菜和瓜果种植面积已基本稳定，甚至略有恢复。外地鲜菜和瓜果运输和保鲜成本高，一般只能在非生产季节才能进入黑龙江市场。

3. 发挥生产优势，建设集中产地

黑龙江地域广阔，不同区域气候生态条件、人口密度和消费市场等差距也较大。除乡村自产自食小规模生产外，蔬菜和瓜果类生产应重视发挥气候和区位优势，建设特色产品集群产地。例如，城市郊区生产各类蔬菜，高温少雨地区生产瓜果类，沙土高地生产马铃薯，中俄边境地区针对俄罗斯市场生产特色蔬菜等。适应消费市场变化需求，由"原字号"数量生产向分类筛选的初加工产品，特别是终端消费品转变（图4-81）。重视产品包装和保鲜运输，不断提升特色产品商品价值和市场竞争能力。突出绿色安全优质特色，也可以实现部分产品"北菜南销"。建设产地、销售商和销区销售体系紧密联系机制，扩大销售半径和产品覆盖区域，打造产地知名品牌，不断提高产地综合效益。

"原字号"产品

初加工产品

图4-81 "原字号"产品与初加工产品

（三）发展蔬菜应注意的问题

蔬菜是人们生活的必需消费品，黑龙江特殊的寒地气候和边缘地理区位，造成各地区之间差别很大。如何确保各地市场供销平衡，特别是随着人民生活水平的不断提高，丰富菜篮子品种、保证菜篮子数量和质量安全，是必须高度重视的问题。我国蔬菜产销形势已经发生了很多变化，数量生产和提升质量，生产技术进步和基础设施建设，物流运输和存储设施，提高投入资金建设的有效性，以及确保农民生产收益等，都需要因地制宜，采取综合措施系统解决。

1. 产运结合，确保消费

黑龙江省严冬季节，除小面积保温加温的温室生产耐寒的"新奇特"叶菜类外（图4-82），没必要强调冬季保护地温室大面积蔬菜完全自产自足，也不可能实现大面积蔬菜全年生产。扬耕地资源和优良环境之长，"产"是指夏季生产各种鲜食类蔬菜，确保消费者对优质蔬菜的需求，秋季再收获各种耐贮类蔬菜，发展窖藏冬贮，确保本地冬季消费需求。夏秋蔬菜突出优质特色，也可能少量外销，特别是发展精深加工外销。各地提高存储设施建设水平，应是投资建设的重点。"运"是避冬季严寒之短，关注国家和黑龙江省"南菜北运"大通道设施建设，继续完善建设各地运输通道和批发市场，并培育物流运输体系，解决冬季鲜食类蔬菜有效供应问题。

图4-82 耐寒的"新奇特"叶菜类

2. 选择类型，计算成本

蔬菜主要分露地直播、地膜覆盖、塑料大棚和各类温室等生产类型。露地蔬菜是在自然条件下生产，产量和品质易受温度和降水，特别是风、雹等灾害影响，产量和品质存在不确定性。地膜覆盖有利于抗旱保墒，促进生育提早收获。塑料大棚可调控温度、光线和湿度条件，提高产量和品质，并可以起到提早和延长蔬菜供应时间的效果，在黑龙江省主要是春季应用效果最好。各类温室温度、光线和湿度条件可按蔬菜生育要求调控，蔬菜产量和品质都可以进一步提升（图4-83）。面积大的秋菜可以采用直接播种，

塑料大棚　　　　　　　　日光温室　　　　　　　　现代设施

图 4-83　蔬菜保护地设施类型

地膜覆盖、塑料大棚和各类温室多采用育苗移栽。

各种生产技术类型投入成本、产量水平、产品质量和产出效益等差别很大。生产应分析当地气候特点、土地规模、蔬菜种类、生产条件和销售市场等，最终根据获得收益选定适宜的生产技术（表 4-28）。蔬菜生产效益计算公式如下：

收益 =（面积×单产×价格）-（前期投入+当年投入+人工费用）

式中，前期投入须按生产年数折旧计算，包括基础设施建设投入和购买设备等；当年投入包括地租、生产用"种肥药"、用电和其他当年消费品等；人工费用包括生产期间一切用工等成本。大面积秋菜采用直接播种成本最低；夏菜采用地膜覆盖和塑料大棚生产较多；有条件情况下，简易温室可以向建设现代化设施温室发展。

表 4-28　蔬菜主要生产类型及特点比较

类型	名称	技术特征	适宜生产	生产成本	产量品质	效益
露地	露地直播	大田露地直接播种	大面积秋菜生产	成本最低	稳定性较差	规模增收
	地膜覆盖	播种后覆地膜	大面积夏菜生产	增加覆膜成本	稳定性提高	规模增收
	育苗移栽	育秧苗覆膜移栽	面积较少，夏菜较多	增加管理成本	熟期早，品质提升	规模较大，高价增收
保护地	塑料大棚	扣棚膜育苗移栽	数量最多，春夏秋菜生产	增加建棚成本	熟期早，高产优质	高产优质，高价增收
	日光温室	保温加温，调控温度	数量较多，春秋生产	增加建造成本	提前或延后收获，特色品质	有时间差，特色增收
	现代设施	温光湿气人为调控	数量较少，春夏秋菜生产	成本最高，技术含量最高	高产优质，特色产品	高产优质，高价增收

3. 重视存贮，加工增值

黑龙江冬季时间漫长，做好耐贮类蔬菜冬贮，是确保蔬菜稳定供应的重要基本环节。蔬菜属于体积和重量较大商品，加之冬季运输需要保暖防冻，成本较高，各地应立足于本地生产和存贮。农户生产自贮自食，应向合作社或村集体企业商品化存贮发展。市县乡人口密集区，都应建设相应规模的高标准蔬菜生产和冬贮基地，并做好初加工产品和净菜上市，实现生产、存贮和超市一体化。产品应适应不同的消费群体的需求，还可做成蔬菜礼品盒等提升销售价格。冬贮蔬菜也可以加工成"冻干粉片汁"，以及酱菜类等加工产品，发展农产品加工业（图4-84）。发挥绿色食品和有机食品优势，秋贮冬藏发展，冬季室内加工业，还可以建成特色农产品加工产地。

图4-84 冬贮蔬菜加工产品

4. 准确定位，确保销售

黑龙江商品蔬菜生产，应按蔬菜生产类型和主要消费市场准确定位建设生产基地。以自产近销为主，商品远销为辅。一般蔬菜体积和重量较大，耐贮性又较差，确保产品低成本运输、产品保鲜和商品质量，有利于提高生产效益。

（1）城市近郊蔬菜

城市近郊是各类蔬菜，包括瓜类，特别是不耐贮运的鲜菜的主要产区，塑料大棚、日光温室和现代化温室等保护地生产，也包括各类低温保鲜存贮设施，都应尽可能建在运输便利的各类城市近郊。缩短销售运输距离，降低运输成本，确保商品质量。实现基地与城市超市、农贸批发市场、社区商店和公司宅配等"产加销"一体化，确保稳定销售产品。

（2）城市远郊蔬菜

城市远郊适宜生产耐贮类直播秋菜和夏菜地膜覆盖，也包括塑料大棚等较低成本生产技术生产的蔬菜，城市远郊占地面积、蔬菜产量和商品量较大，在近郊缺少耕地情况下，生产基地可以再向城市远郊地区发展，但更应重视建设冷藏设施和窖藏存贮（图4-85），同时，发展初加工和净菜上市，确保城市冬季精品消费。有条件时向深加工和精深加工发展，稳步扩大产品销售市场。

图 4-85　各类耐贮秋菜商品化贮存

（3）偏远农区蔬菜

对于人口密度较低的偏远乡村地区，应以确保本地消费为主，采取相应生产技术，适度生产各类蔬菜。特殊有优势生产条件的地区，在确保本地消费的情况下，也可以突出专用特色产品，生产蔬菜罐头等耐贮存或深加工产品。

（4）边境地区蔬菜

对黑龙江中俄边境地区，与内蒙古北部和吉林东部相邻地区，针对需方消费市场，发挥黑龙江产地生产相对优势，也可以有目标地生产各类蔬菜，并发展建设生产基地，特别是建设保鲜和运输通道，降低运输成本并确保商品质量。

5. 筑牢基础，提升产能

蔬菜与粮食生产相比较，属于高投入高产出类型，生产技术也较复杂，应重视提高生产技术水平。各类蔬菜因生产条件不同，产量和品质都会产生很大差异。露地蔬菜应重视选择优良耕地，特别重视地力培肥、完善灌排水条件，提高基地建设标准，预防旱涝灾害。塑料大棚提前或延后生产，应做好防风、防冻、防雹和防雪害的工作。温室保护地生产建设投资差距很大，生产技术类型多，对生产技术要求也高。

应注意黑龙江温室保护地生产投资产出率显著低于我国南方地区。主要是光照的差异，春季提前生产效果显著好于秋季，秋季可延后生产幅度不大。严冬季节因温光不足，增温补光成本更高，极端天气也增加冻害风险性，特别是果菜类生产更应慎重。生产中应用最普遍的塑料大棚和日光温室，均不宜建在盐碱地上，避免土壤次生盐渍化危害。

四、寒地特色种养资源

黑龙江冬季严寒时间长，夏季低温冷凉，作物生育期短，很多作物、畜禽以及野生资源，其生长发育和产品均有特殊性。全面开发寒地特色种养资源，也是现代农业生产的重要领域。

（一）丘陵山地小浆果资源

浆果是多汁肉质类水果的统称，区别于葡萄、猕猴桃和柿子等较大果实类型，较小果实类型为小浆果（图4-86），其生产特点是果小、采摘难度较大、不易直接保存。因其口感好和特殊营养价值，以及大规模生产时间较晚，又被称为"第三代黄金水果"。黑龙江有丰富的小浆果资源，是我国重要的小浆果产地。

图4-86 多种小浆果

1. 黑龙江小浆果生产特点

我国是世界后起小浆果生产大国，种植区域广，品种资源类型多。南自海南省，北至黑龙江省，全国大部分地区均有生产。各地区因气候和土壤等生态条件不同，生产的品种类型和产业化发展规模差距也很大。黑龙江小浆果生产有以下特点。

（1）生产地域广，品种类型多

黑龙江南北跨10多个纬度，各地气候条件差别大。除大平原地区外，土壤类型较复杂，特别是土壤pH值对一些野生小浆果品种分布，以及人工栽培影响较大。南北两大山区和丘陵坡岗半山区，分布着不同品种类型小浆果。大面积种植的主要有蓝莓、红树莓、草莓、黑加仑、蓝靛果、沙棘、猕猴桃和蔓越莓等，还有很多其他未开发品种类型。

（2）品质有特色，开发有潜力

黑龙江昼夜温差大，日照时间长，一般全国广泛种植的品种，在黑龙江均可生产，产品也有特殊性。一是很多品种酸甜适度，直接食用口感好，如树莓、草莓和蓝莓等。二是大量商品生产，更适宜加工成果汁、果酱、果冻、果脯和果酒等特色深加工产品。三是果实中维生素、氨基酸和微量元素等更丰富，有利于加工成多种食品添加剂、保健品和药品等。四是产地多在山区和半山区，产品为更安全的"天然绿色食品"。目前黑龙江已有蓝莓、树莓、蓝靛果和蔓越莓等加工好典型（图4-87）。全面开发小浆果资源，延长产业链，建设产业集群还有很大潜力。

图4-87 黑龙江小浆果加工产品

（3）生产历史长，发展有基础

世界小浆果大规模生产始于欧美等经济发达和生产资源丰富地区，其加工产品类型较多，人均消费量也较大。我国大规模生产只是近20～30年才受到普遍重视，其中，黑龙江又是我国人工栽培小浆果最早的地区。1897年俄国人修建中东铁路开始，就陆续把人工栽培的树莓、黑加仑和草莓等引入黑龙江尚志市石头河子镇种植，并开始加工生产果酱和果酒等。由此小浆果扩散种植，并开始生产系列加工产品。1987年石头河子镇被评为全国百家名乡之一"三莓之乡"；2011年尚志市已发展成全国最大的红树莓生产和加工基地，并被誉为"中国红树莓之乡"。

（4）生育期较短，技术受制约

黑龙江夏季生育期短，野生和露地栽培的小浆果品种虽较多，果实也可正常成熟，但与黑龙江以南生育期较长产区相比较，单产水平相对较低。特别果实人工可采收时间短而集中，劳动效率较低，原料生产成本较高。即使是采用保护地生产，相对单产也较低，投入产出比也较小。一些引进的高产品种，因冬季耐寒性较差，甚至需要采取特殊防冻害措施才能安全越冬，更是增加了生产管理成本。为此，在商品市场流通体系日趋完善的情况下，只有扬长避短，因地制宜选择特色小浆果品种生产，并重视精深加工，才能把产业做大做强。例如，黑龙江南部地区尚志市的红树莓系列产品加工和大兴安岭地区的野生蓝莓生产加工等。

2. 发展小浆果产业的重要意义

随着我国人民生活水平的不断提高，拉动着食物构成发生变化，产能较小的小浆果也迎来了大发展的历史机遇。黑龙江发挥资源优势，做大做强小浆果产业，有多方面重要现实意义。

（1）有效利用土地资源

黑龙江是农业资源丰富和农村人口较少的地区，特别是林区山地人口密度更少。各类农业资源虽较多，但农业开发历史较短，主要是重视粮食生产，土地产出率并不高。特别是山区林下和周边，以及丘陵半山区不宜种粮地区，遵循"大食物观"发展理念，更适宜种植各类小浆果，可以起到提高土地利用率和产出率，全面开发利用国土资源的效果。

（2）丰富高端消费产品

我国苹果和梨等"一代水果"、葡萄和柿子等"二代水果"消费市场已基本饱和，小浆果作为稀有的"三代水果"，市场价格较高，国内外均有销售潜力。除直接作为鲜品消费外，还可以加工成果汁和果酒等特色高档消费品。特别是作为药食同源植物，可再精深加工成食品添加剂、保健品和药品等，提升商品价值。目前蓝莓、树莓和草莓等主要品类生产加工较多，而其他众多的品类利用价值还有待深入研究和开发。

（3）实现居民就业增收

小浆果生产主要靠人工管理，特别是人工采摘用工量更大，存贮和加工也需要较多劳动力。这在黑龙江主要粮食生产机械化快速发展，产生大量剩余劳动力的情况下，可以实现劳动力在本地转移，减少乡村青年人流失，拓宽农民增收途径，对大幅度增加农民收入有重要现实意义。特别是其加工业，还可以起到提升城市就业率、吸引高端人才的效果。

（4）推动区域平衡发展

小浆果生产和存贮加工多为劳动密集型产业，一般乡镇行政村（林场、农场）以产品收购为抓手，发展产地存贮和加工业，可以起到容纳劳动力、拓宽农民增收渠道、壮大村集体经济和推动乡村产业振兴作用。县域重点发展高端产品精深加工，建设精深加工产业集群，可以起到提高城镇就业率，实现"农头工尾"、农业变工业，建设工业强县，促进区域经济发展效果。同时，发展温室栽培，还可以通过特色采摘、生活体验和娱乐，拓宽县域乡村休闲旅游观光途径（图4-88）。通过上述方式有助于实现"一村一品""一乡一业"和"全县大产业"，以及全省山区、林区和偏远地区平衡发展的目标。

图 4-88　小浆果产业的多种社会功能

（5）有利保护生态环境

小浆果多属于多年生低矮灌木，一般蓝莓和沙棘等可以生产 20~30 年。以往一般关注产品食用或深加工较多，但很多小浆果还有重要的生态功能，也需要关注。黑龙江省很多坡度较大的长期种粮农田，水土流失出现"破皮黄"，甚至形成了难再修复的侵蚀沟。这类耕地选择种植多年生小浆果，与种植多年生牧草一样，均可以起到保护耕地和可持续发展的效果。黑龙江省西部春季风沙较大地区，有些小浆果树还可以起到防风固沙作用。

3. 高效益发展对策

黑龙江省作为我国最早的小浆果规模化产地，在 20 个世纪 80 年代进入了快速发展的新阶段。除尚志市周边地区的树莓外，大兴安岭、黑河市和伊春市等地区，以利用野生蓝莓为主，陆续建起了一批小浆果加工企业。近年各类加工企业已发展到 160 家左右，企业规模逐渐壮大，产值不断提升。产品除直销鲜食外，还加工生产了饮料、果酒、果酱、果糖和保健品等九大系列 100 多个品种，黑龙江已成为我国重要的小浆果生产加工基地。小浆果多源自冷凉山区，一般具有不耐高温、喜冷凉等特点。黑龙江小浆果有寒地生产特殊性，扬长避短，加快小浆果产业发展应采取以下对策。

（1）选准生产类型，突出特色做大产业

目前，小浆果产业受到高度重视，特别是蓝莓发展最快，全国已有 27 个省份有商业化生产。2021 年我国蓝莓种植面积 6.64 万 hm^2，产量约 34.72 万 t，超过美国成为世界第一大生产国。同时，消费市场增长更快，产品供不应求，每年进口蓝莓持续增加，2021 年达到 2.96 万 t。贵州、辽宁、四川、山东和云南是我国五大蓝莓主产区，产量占全国的 76.8%。云南是我国优质鲜食蓝莓产地，大果产品率高，栽培形式多样化，露地与温室相结合，已实现一年三季全生产。

黑龙江省夏季生育期短，冬季严寒，人工栽培品种冬季耐寒性差，保护地生产投入产出成本较高。黑龙江省应"扬"品种资源类型多和环境优良之长，"避"生育期短和果实偏小之短,在继续做好现有的小浆果产业基础上,全面开发寒地区域特色小浆果资源,以地产优势野生资源为目标,打造全国小浆果开发生产品种类型最多、合计生产面积最大,以精深加工和高附加值产品为主的各类小浆果产业集群。黑龙江省作为我国小浆果资源最丰富的地区,还有很多野生品种资源有待开发生产。

（2）利用野生资源，发展人工栽培技术

本地野生小浆果资源适应当地气候生态条件,一般耐寒性和抗病性较好,食用口感和营养成分往往也有特殊性。但自然条件下,野生资源自然生长产量较低、分布也较分散,不同年间产量和品质稳定性较差。特别是人工采摘难度较大,采收成本也较高。为此,选定品种后,应重视野生品种资源向人工栽培管理转变,提高产量和品质。同时,采用先进的种苗繁育技术,建设种苗繁育体系,为稳定生产提供优质种苗。生产上采取地膜覆盖、塑料大棚和日光温室等措施,调控生长发育,提高产量和品质,并延长鲜果采收期。还可以借鉴已普遍种植的草莓和树莓等成功经验,发展特色采摘和旅游观光。

（3）产学研相结合，解决生产障碍问题

我国大面积种植小浆果时间还较短,特别是黑龙江寒地气候条件下,科研和生产需要深入研讨的障碍问题还较多,如高产高效人工栽培技术,新品种选育与扩繁,研制高效率采摘机械设备,采摘原料保鲜存贮,以及高附加值加工新产品研发等（图4-89）。发挥黑龙江农业科研院校和生产企业的优势,走科研院校与企业相结合发展道路,不断解决生产中存在的障碍问题,实现相关企业加快发展和做大做强。科研与生产应紧密结合、分工协作、协同攻关,加快实现企业创新发展目标。稳定连续的科技创新与企业生产增效之间建立稳定的利益分配机制,是科技支撑企业发展的关键问题。

组织培养　　快速育苗

机械采收

图4-89　选育新品种和机械化采收

（4）重视精深加工，提升产品商品价值

小浆果适宜在低温冷凉地区生长，除我国东北、内蒙古和新疆等高纬度低温冷凉地区生产外，我国低纬度南方地区，如云南、贵州和四川等地，也有适宜其生长的高海拔低温冷凉产区，采取保护地等生产方式，蓝莓等很多小浆果，一年四季均可生产。黑龙江种植适宜范围较广的蓝莓、草莓和树莓等品类，鲜食产品产量、销售时间和消费市场等并不占优势，在商品大流通背景下，生产应重视突出产品特色，走差异化发展道路。突出口感好的品种或选择其他特色品种，产品由保鲜和速冻销售，向精深加工转变。加工生产各类特色餐桌食品和休闲小食品等大众消费品。依据"药食同源"属性，利用其富含抗氧化成分、膳食纤维、花青素等，针对亚健康人群提高免疫力和抗衰老等，生产系列保健食品和药品等，建设多种产品类型的高附加值区域特色系列产品产业集群（图4-90）。

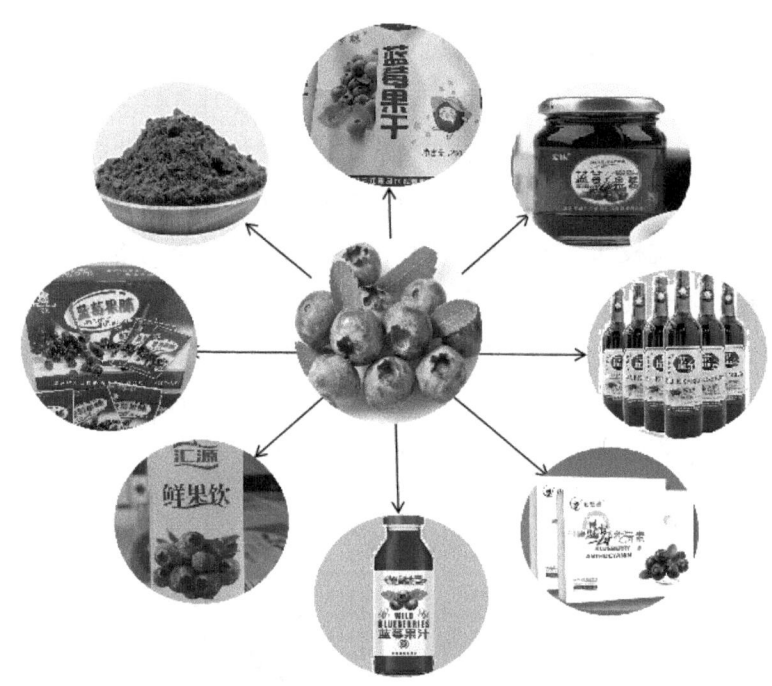

图4-90 蓝莓加工产品示例

（5）拓宽销售市场，打造产地知名品牌

黑龙江小浆果一年一季生产，大量产品集中采收，存贮和销售难度较大，农户种植必须优先考虑销售问题。本地鲜品消费市场有限，确保产品外销是稳步扩大小浆果种植的先决条件，只有农民种植与加工企业紧密结合，才能实现销售目标。小浆果加工企业需要细致分析全国各主产区生产和消费市场形势，以及进出口影响，突出产品特色，稳步拓宽销售市场，走"加工销售带基地"建设的发展道路。突出大小兴安岭和老爷岭产地优良环境特色，打造产地企业系列产品知名品牌。小浆果属于劳动密集型生产，受生产条件制约，与一般大浆果相比较，具备"好少新奇特"的特点以及特殊的营养价值，这是小浆果成为高档消费品的重要因素。我国和世界产区的产能有限，以国内外高消费大市场为目标，重视产品营销，形成稳定的产销体系，才能使小浆果产业做大做强。

(6) 争取政策支持，实现产加销一体化

随着我国人民由"吃得饱"向"吃得好"转变，预计小浆果产品消费量将呈增加趋势。农民生产看效益，我国对种植业生产补助差异较大，这是黑龙江种粮比例高达95%以上，而其他种植业占比很少的根本原因。只有种植小浆果收益不低于种植其他作物，生产才能不断发展。只有确保收贮和销售有可靠的保证，才能确保收益的稳定，农民才能有种植积极性。为此，各级政府和加工企业，应争取增加对小浆果生产农户种植和保鲜存贮库建设等补助支持，不断建设高标准生产基地。各级政府也应支持加工企业发展精深加工，建设成以加工企业为龙头，以订单农业为纽带，农户种植与加工企业紧密结合，"产加销一体化"的小浆果知名产地，在市场竞争中做大做强小浆果产业。

（二）大水面养冷水鱼

发展水产养殖业是坚持"大食物观"，全面发展现代农业的重要方面。2021年我国淡水产品产量3 303.1万t，其中84.4%产自南方16省（区、市），北方15个省（区、市）仅占15.6%。黑龙江省是我国大水面资源最多的地区之一，也是我国北方大水面最大的地区，但淡水产品产量仅分别占全国和北方地区的2.2%和14.0%，可见，黑龙江省水产业有较大发展潜力。

1. 水产业发展现状

近年来，黑龙江省水产品产量增速加快，占全国淡水产品产量比例不断提升（图4-91）。但产品构成与全国相比差距较大，黑龙江省鱼类、虾蟹类和贝类等产量虽然均呈增加趋势，但增加的主要是鱼类。到2021年，鱼类占比高达96.5%，比全国平均高13.7个百分点，而虾蟹类仅占2.8%，贝类等占比更少，还不到1%。其主要原因是与寒地特殊气候和冷水资源有关。即使是鱼类，黑龙江省可养殖的只能是适应本地条件的冷水鱼类，为此，突出冷水鱼特色打品牌，才能把水产业做大做强（表4-29）。

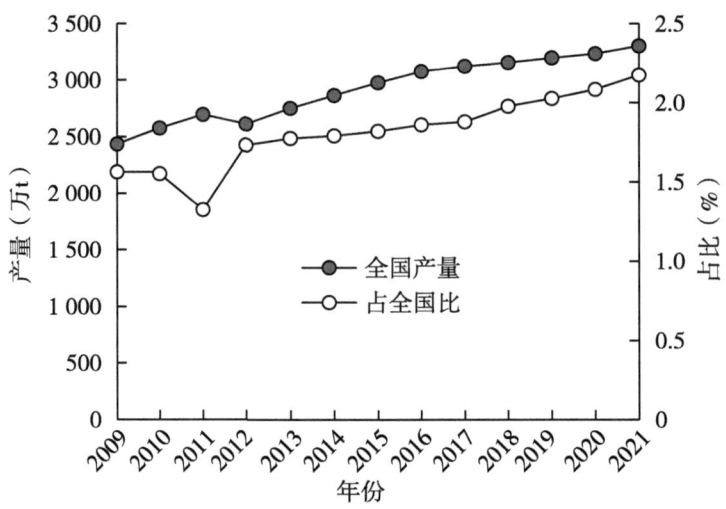

图 4-91　2009—2021 年黑龙江省淡水产品产量及占全国比例

（数据来源：中国统计年鉴）

表 4-29　2021 年全国和黑龙江省淡水产品产量构成

项目	全国		黑龙江	
	产量（万 t）	占比（%）	产量（万 t）	占比（%）
总量	3 301.1	100.0	71.9	100.0
鱼类	2 732.3	82.8	69.4	96.5
虾蟹类	470.7	14.3	2.0	2.8
贝类等	100.1	3.0	0.5	0.7

数据来源：中国统计年鉴。

2. 冷水鱼产业特点

鱼的种类多，世界范围分布广，不同鱼种对生态环境的要求差别较大。按对水温的适应性分为冷水鱼、温水鱼和暖水鱼 3 种类型。每种类型都有适宜水温和生存水温标准。适宜水温条件下，鱼的生长发育最好，低于或超过适宜水温时，对鱼的生长发育产生不良影响，超过生存水温会导致鱼死亡（表 4-30）。黑龙江省位于我国高纬度地区，夏季时间短，水温较低，冷水鱼是适宜发展的特色产业，其他大部分温水鱼类也可养殖。

（1）优势条件

我国高纬度和高海拔低温冷水区域很广泛，其中黑龙江发展冷水鱼产业具有如下优势。

表 4-30　各类鱼生存和适宜水温

类型	生存水温（℃）	适宜水温（℃）	代表鱼种
冷水鱼	0~20	12~18	大马哈鱼、达氏鳇、雅罗鱼、细鳞鱼等
温水鱼	0~32	15~28	鲫鱼、鲤鱼、草鱼、鳊鱼、青鱼、鲢鱼等
暖水鱼	15~35	22~30	罗非鱼、淡水白鲳、孔雀鱼、月光鱼等

数据来源：中国水产网资料。

一是大水面资源较广。冷水鱼生长不仅需要水温较低，还需要有清洁和流动的水源，特别是较大水面资源。黑龙江省境内有黑龙江、乌苏里江、松花江、绥芬河四大入海水系，流域面积超过 50 km² 的河流 2 881 条，总长度为 9.21 万 km；有兴凯湖、镜泊湖、连环湖和五大连池等较大湖泊，以及常年水面超过 1 km² 以上的湖泊 250 多个，水面总面积 3 037 km²。黑龙江省是我国大水面最多的地区之一，也是我国北方大水面最大的地区。丰富的大水面资源，是发展冷水鱼产业的基础。

二是鱼类品种类型多。黑龙江有 105 种鱼类，约占全国淡水鱼种类的 13%。黑龙江鱼类具有多样性和特殊性，既有本地野生特产冷水鱼，如兴凯湖大白鱼和方正银鲫等（图 4-92），也有江海洄游冷水鱼类，如鲟鳇鱼、大马哈鱼和细鳞鱼等。目前产量较多的主要还是适应性广泛的温水鱼类，如我国的草鲤鲢鳙四大家鱼等。冷水鱼中既有体型巨大的达氏鳇和施氏鲟等珍稀鱼种，也有普遍存在的鲫鱼、鲇鱼和胡罗鱼等。体型较大的江海洄游鱼类，多数种类含高比例蛋白质和脂肪，无肌间刺，可食部分多，口感和食味等独具特色，特别是鱼卵还可生产高档营养食品鱼子酱。人们习惯用"三花五罗十八子七十二杂鱼"描述黑龙江鱼类（表 4-31）。

图 4-92　兴凯湖大白鱼（左）与方正银鲫（右）

表 4-31　黑龙江特色名鱼

类别	鱼种
三花	鳌花、鳊花、鲫花

(续表)

类别	鱼种
五罗	哲罗、法罗、雅罗、铜罗、胡罗
十八子	岛子、鲫瓜子、鲤拐子、柳根子、白漂子、嘎牙子、川丁子、山鲤子、黄姑子、麻连子、斑鳟子、鲇鱼球子、沙姑鲈子、红眼瞪子、胖头鲢子、青根棒子、草根棒子、七粒浮子

数据来源：佳木斯政务网。

三是水源环境质量优。黑龙江乡村工业发展相对滞后，工业排污少；人口密度小，生活垃圾少；冬季严寒，夏季作物生育期短，病虫害发生程度较轻，杀虫剂用量少；特别是山区多，森林覆盖率高等，这是"江河湖库"水质优良的基础。各级政府重视水源保护，以"有口皆查清和有水皆达标"为目标，实施"河长制"，重点关注工业园区污水监管治理，省控水源断面已实现水源监控全覆盖，点源污染和面源污染都得到有效管控，山区小流域水质确保清洁高标准，包括松花江干流在内的"江河湖库"水质均达到历史最好水平。2022年，地表水国控断面优良水体比例大幅度提升至74.8%，水质也好于南方主要水产养殖区。

四是科技创新有基础。加快水产养殖发展需要有新品种选育、养殖技术和病害防治等相关科技创新的有效支撑。黑龙江是我国水产研究基础较好地区，我国成立最早（1950年）的国家级淡水产科研机构中国水产科学院黑龙江水产研究所就坐落在哈尔滨市。该研究所学科专业齐全，并有渤海冷水性鱼类试验站和呼兰水产试验场等试验基地，保存着史氏鲟、达氏鳇、柳根和金鳟等珍稀冷水鱼种。自建所以来，培育的松浦红镜鲤、鲟龙1号等新品种，以及"鲟鱼繁育及养殖产业化"等技术成果在生产中已推广应用，并取得显著经济效益。特别是水科1号和全雌1号三倍体新品种，解决了虹鳟鱼种依赖进口的"卡脖子"问题，对我国发展"陆海接力"生产模式将起到有力支撑作用。此外，省内各农业类大专院校、哈尔滨市农业科学院和很多大型水产养殖企业，都有专门科研队伍，黑龙江省水产推广总站等也有一定的科研和技术推广能力，可见黑龙江有水产养殖科技支撑基础保证。

（2）存在问题

黑龙江气候条件和所处区位对养鱼产业影响很大，也有一些需要重视解决的问题。

一是每年生长量较小。鱼类等水产品在适宜水温范围内，水温越低生长速度越慢。如目前池塘养殖的主要消费品种鲫鱼、鲤鱼和白鲢等温水鱼类，夏季可生长时间短，水温也较低，放养的鱼苗到秋季停止生长，个体生长量显著小于辽宁省和山东省同期养殖的水产。这造成商品大流通情况下，同样的产品市场竞争力较低，一般也很难大量向省外销售。

二是养殖投入成本高。同样的养鱼工程基础设施建设和鱼苗投入成本等，黑龙江省商品鱼产出量较少，产出投入比较小。特别是越冬养殖，冬季时间较长，气温低，技术管理要求更高，生产风险也较大。越冬个体减重量越是高纬度地区越明显。特殊的冬季低温可能造成越冬成活率下降，甚至造成大量死亡损失。

三是产品流通影响大。2021年黑龙江省人均水产品产量为23.0 kg，仅占全国人均产量的48.6%，可见差距较大。黑龙江省属于内陆地区，人均淡水鱼产量占水产品产量的比例高达96.7%，而虾、蟹、贝等产量很少。人均鱼产量（淡水鱼与咸水鱼合计）与全国人均鱼产量相比也有差距，占82.9%。但仅从人均淡水鱼产量看，黑龙江省比全国平均值还高14.9%（表4-32）。这说明在全国商品流通大背景下，黑龙江省水产品市场的全部海产品和大部分虾、蟹、贝类都来自省外，而一般淡水鱼类产品产销市场已基本饱和。由此可见，黑龙江省一般水产品主要是在本地销售，只有发挥本地冷水鱼资源特色优势，才能在市场竞争中把渔业做大做强。

表4-32 2021年黑龙江省和全国人均水产品产量

项目	水产品	鱼（淡水鱼与咸水鱼合计）	淡水鱼
黑龙江人均产量（kg）	22.99	22.22	22.22
全国人均产量（kg）	47.36	26.81	19.34
黑龙江与全国人均产量的比值（%）	48.55	82.88	114.86

数据来源：中国统计年鉴。

四是精深加工占比小。随着人们生活水平的提高和物流运输条件的完善，鲜活水产品销售量增加，销售价也显著高于一般冷冻或死亡产品。随着城市化进程和人们生活节奏加快，以及家庭小型化等，预制菜和快餐外卖等的生产对水产品提出了更高要求。大鱼分割加工和大小鱼分类加工，生产特色小包装，打开即食的耐贮终端消费品已成发展趋势（图4-93）。黑龙江水产品加工业虽然也有好典型，但产品加工率还较低。黑龙江水产养殖，往往是初冬集中收获上市销售，市场价格也会出现较大幅度波动。发展精深加工业，实现鲜活产品和加工产品同时销售，更有利于扩大远销市场和提高销售价格。

3. 发展对策

从大水面资源和寒地气候特点，以及有丰富的珍稀冷水鱼资源等综合因素看，黑龙江以冷水鱼为主的水产业有较大的发展潜力。这对全面开发利用国土资源，提高国土资源产出率，促进区域经济发展有重大现实意义。影响寒地水产业发展因素复杂，做大做

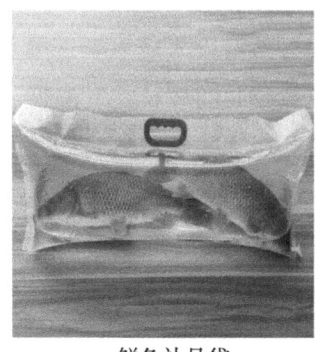 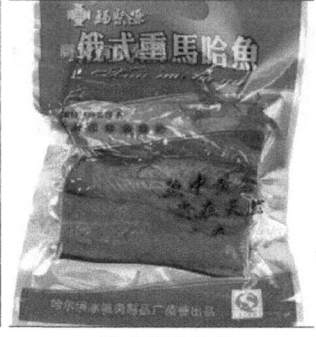 

| 鲜鱼礼品袋 | 俄式熏马哈鱼 | 电烤小黄鱼酥 |

图 4-93 礼品活鱼与鱼精深加工品

强产业，需要重视以下关键问题。

(1) 统筹规划全面发展产业

黑龙江的江河、湖泊、水库和池塘等水面资源类型较多，本地淡水冷水鱼、江海洄游冷水鱼、各类温水鱼，以及其他虾、蟹、贝类水产品种类差别较大。以全部利用水面资源为目标，按各类水产品生态适应性梳理适宜养殖类型，突出产品特色，明确养殖发展方向，确保满足本地消费，再努力扩大外销市场。以发展冷水鱼为重点，做好省市县的区域或江河流域水产业发展规划，稳步推进水产业发展，实现促进区域经济发展目标。

(2) 重视科技创新提高产能

首先是品种资源创新。以专业科研机构为主，结合大专院校和企业科研，建设公益性为主、稳定的育种创新团队，长期连续开展育种工作，选育推广具有生长速度快等优点的高品质新品种。其次是借鉴国内外先进养殖经验，探索适宜寒地条件的工厂化养殖、网箱养殖、温室养殖和野生变人工养殖等新技术，提高单位面积产量（图 4-94）。再次是以企业为龙头，建立包括种苗繁育、基地养殖、产品加工和销售等环节，分工协作、各负其责和利益共享的一体化经营机制。其中，面向国内外销售种苗应是重要发展方向。最后是水产养殖区域各级政府应重视公益性技术推广服务体系建设，为水产业发展提供有效的决策和技术支撑。

(3) 发展产地加工打造品牌

鱼类养殖受水面资源限制，且捕捞期较集中，要提升商品销售价格，应在目前多为冻品销售的基础上，重视向鲜活销售和精深加工销售转变。一般鲫鱼、鲤鱼和鲢鱼等常见温水性鱼类，应与附近销区超市等建立稳定的产销网络体系；珍稀冷水鱼类应在全国范围内的高消费区建设稳定的鲜品直销网络（图 4-95）。体型较小的鱼类，特别是冷水鱼，应尽可能加工特色美食终端消费品；体型较大的鱼类，应重视分割加工成小包装特

图 4-94　高密度养殖和温室养殖

色终端消费品,通过线上线下销往国内外更广大的高端消费市场。特别是重视寒地冷水特点,加工特色礼品,实现好产品卖出好价格。加工企业应重视注册产地和产品商标,打造知名品牌,不断提升品牌价值。还应重视产业相关的饲料、渔药、产品包装和加工等领域的发展,建设特色冷水鱼类产业集群。

图 4-95　大量鲜活鱼水产品长途运输

(4) 挖掘水产特色文化潜能

渔业养殖不仅产品为重要的特色食物,挖掘其特色文化潜能,对丰富人们的精神生活、发展旅游观光、打造产地知名品牌和促进区域经济发展等都有特殊意义。在冷水鱼主产地,应建设全国或世界最大的冷水鱼博物馆,展示各类冷水鱼样本和进化历史等,使之成为全国旅游观光的打卡地。随着人们生活水平提高和交通食宿条件不断改善,短期城市近郊游和假日休闲游等旅游观光形势都在不断变化。各地都应重视把特色水产养殖作为旅游线路的重要一环发展。不仅是开发冬捕旅游项目，还应室外与室内相结合，发展全年可体验的捕鱼和娱乐项目（图4-96），实现"看学食玩"一体化，离开时还可带走特色产品。

图4-96 乡村城市抓鱼娱乐

（5）争取国家产业项目支持

自2004年开始，我国进入工业反哺农业历史新时期。以粮食生产为主，针对"三农"发展相关领域，除普惠性政策和资金支持外，国家和地方政府对现代农业生产相关领域的项目也会选择性地投入资金重点支持，目的是以"示范区"引领相关产业加快发展。2017年党的十九大提出实施乡村振兴战略，又以乡村振兴为目标，投资支持建设地方优势产业示范区。2022年党的二十大又提出"树立大食物观""构建多元化食物供给体系"和"发展乡村特色产业"等重要指导方针。这也是黑龙江水产业争取国家示范区资金支持的有利时机。以高产养殖和精深加工为目标，突出独特的冷水鱼资源优势，争取建设国家级示范区；针对大水面资源利用率较低的现实情况，争取建设北方温水鱼示范区；各地根据水资源和特色地产优势鱼种，争取建设县乡村级示范区。由此实现水产养殖业"农头工尾"，打造各类特色淡水商品鱼产地和产品加工基地，推动实现产业振兴乡村和区域经济加快发展目标。

（三）其他特色养殖类

黑龙江冬季严寒时间长，山地林区还有很多有待开发的珍稀野生动植物资源。这类地区一般人口密度很小，养殖场之间可加大隔离，这既有利于减少疫病发生，又可规避养殖异味和噪声等对人们居住环境的影响。这对推动偏远地区发展"一村一品"和"一乡一业"，全面实现产业振兴乡村和区域经济发展目标有重要意义。

1. 小品种养殖业

肉鸽和鹌鹑，我国在统计上归为禽肉和禽蛋，其肉蛋产量占全国禽类肉蛋产量比例虽较小，但都是全国普遍消费的特色产品，甚至销往国外；我国肉兔和肉犬等养殖基地也有很多（图4-97）。目前，其种业、养殖基地和屠宰加工基地多在广东和浙江等南方地区，近年这些养殖企业已呈现向北方地区发展趋势，如我国有12个肉鸽种业繁殖基地，其中2022年新增4个全部在我国北方地区。从寒地气候和环境角度看，这些小品种更适宜黑龙江养殖。以往虽有养殖，但并未形成规模化大产业。现阶段在我国南方人口密集区养殖受环境制约和产业外溢等影响，特别是在物流运输条件已较完善的大背景下，黑龙江应重视招商引资和引导发展规模化养殖，并重视发展预制品和终端消费品产业。在满足本地消费需求的基础上，突出产品特色，打造全国知名产地品牌，把小品种建设成本地大产业。

图4-97 肉鸽和兔子工厂化养殖与加工

2. 野生种养资源

黑龙江省地域辽阔，特别是冬季严寒，适宜养殖以利用珍贵毛皮为主的狐狸、貂子和獾子等皮毛经济动物，以及以生产特用药材为目的养殖黑熊和鹿类（图4-98）。黑龙江省山区林地资源面积大，寒地特有的林蛙、蕨菜和刺老芽等动植物，都可通过建设保护设施实现规模化生产并提高产能。蜜蜂和蚕茧也是山区林地特殊的养殖产品，2021年黑龙江省蜂蜜产量1.64万t，占全国产量比例较高，为3.46%，但不同年份产量波动性较大（表4-33）。蚕茧产量3 289 t，占全国产量比例较低，为0.42%。此外，还有大榛子和山核桃等干果类，以及其他有待挖掘开发的种养资源。这些生产资源，都需要重视品种改良和生产技术创新，不断提高产量和提升质量，并打造品牌扩大销售市场，走销售带动生产基地稳步发展道路。特别是养殖类更要做好疫病预防，确保生产稳定持续发展。生产基地也可作为旅游观光打卡地增加生产效益。

图4-98 梅花鹿和黑熊养殖基地

表4-33　2016—2021年黑龙江省与全国蜂蜜产量比较

年份	黑龙江（万t）	全国（万t）	占比（%）
2016	2.06	55.5	3.71
2017	1.92	54.3	3.54
2018	1.88	44.7	4.21
2019	1.69	44.4	3.80
2020	1.33	45.8	2.91
2021	1.64	47.3	3.46

数据来源：中国农村统计年鉴。

五、区域特色作物资源

我国农业呈区域商品化生产发展趋势。如新疆的棉花、河南和山东的冬小麦，以及黑龙江北部和内蒙古东部的大豆等。但主产区外也有其他作物少量种植，2021年黑龙江三大主粮作物占农作物总播面积的94.8%，还有其他面积较小的作物78.6万hm^2。

针对这些小面积作物生产，应深入了解其全国主产区生产特点和产业发展情况，重视走特色产品差异化发展道路，避免同质竞争，才能提升产品市场竞争力并获得较好经济效益。

（一）杂粮作物

我国粮食作物包括谷物、豆类和薯类。在黑龙江省除玉米、水稻和大豆外，其他均可称为杂粮作物。国家对各地主粮和非主粮作物实行差别化生产补助政策。为此，杂粮作物更需要重视突出产品特色，提高市场竞争力。2021年黑龙江播种面积超过1万hm²以上的杂粮有5种（表4-34），但占全国同类作物比例的差异很大，高效益生产发展应采取不同对策。

表4-34 2021年黑龙江省杂粮种植面积占全国比例

作物	黑龙江种植面积（万hm²）	全国种植面积（万hm²）	黑龙江占全国比例（%）	排名
小麦	6.73	2 356.71	0.29	18
红小豆	6.67	15.25	43.74	1
马铃薯	6.54	463.25	1.41	13
杂豆	3.17	1 223.70	0.26	11
高粱	2.40	71.32	3.37	8
谷子	0.76	92.85	0.82	11
绿豆	0.49	32.91	1.49	14

数据来源：中国农村统计年鉴。

1. 小　麦

小麦曾经是黑龙江省最主要粮食作物之一，随着我国农业区域化生产发展，华北地区冬小麦面积增加，黑龙江省春小麦面积迅速减少（图4-99）。2020年黑龙江省小麦种植面积最小，只有4.9万hm²，产量18.7万吨，仅占全国产量的0.14%。面粉是黑龙江省的主食之一，目前主要是靠省外调入供应市场。仅存的少数面粉加工企业，主要是以订单形式收购农户小麦加工生产。产品突出绿色有机安全、"全粉营养"和专用特色。

(1) 建议恢复部分小麦生产

黑龙江省北部高寒地区，目前单一种大豆存在不可持续性。恢复种植小麦，实现豆麦轮作，有利于可持续发展。随着农业机械化生产发展，且黑龙江省水资源较丰富，小

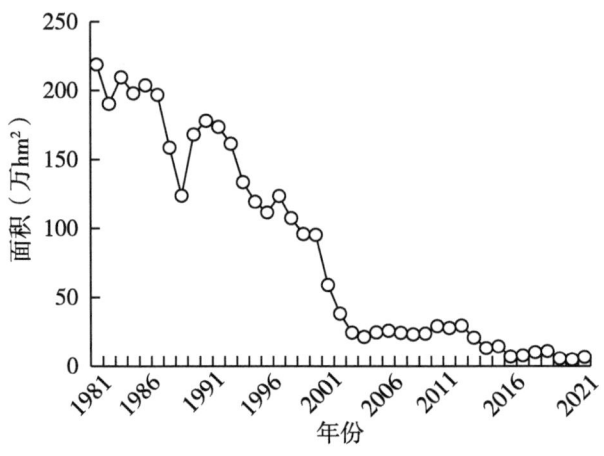

图 4-99　1981—2021 年黑龙江省小麦面积变化

（数据来源：黑龙江统计年鉴）

麦丰产稳产性已大幅度提高。把黑龙江北部作为我国重要的小麦产区，有利于减小自然灾害对全国小麦单产稳定性的影响，也有利于减轻华北冬麦区缺水的压力。黑龙江还是"强筋麦"适宜产区，扩大种麦有利于减少对强筋麦进口的依赖，确保口粮安全。

(2) 采取的对策建议

黑龙江省是典型的商品粮生产，特别是北部地区地广人稀，常有卖粮难问题。黑龙江省冬季时间长，夏季温度较低，国家存储小麦成本也较低。为此，呼吁国家出台保护价收储政策，调动农民生产小麦积极性。同时，支持面粉加工企业，以订单生产形式，带动农户生产专用优质小麦。此外，选择有排水条件保证的水稻田，建设高标准"水旱调控田"。国家每年可根据稻麦供需和存储情况，通过种粮补助调控稻麦种植面积，由此实现"确保口粮安全"和减少过量存储稻麦造成"陈粮"损失。

2. 马铃薯

黑龙江省作物生育期短、温度低，马铃薯病毒为害较轻，以往也是全国最重要的商品薯产地之一。但随着脱毒技术进步和生产区域化发展，马铃薯种植向我国西南山区和西部干旱沙土地区转移。黑龙江马铃薯产量由 2002 年 133.1 万 t，占全国 9.5%，减少到 2021 年的 31.2 万 t，占比下降到 1.7%，在全国有马铃薯种植的 25 个省份中排第十二位。从产量上看，四川、贵州、甘肃、云南、内蒙古和重庆是我国六大马铃薯生产省（区），合计产量占全国 67.1%。计算人均产量，黑龙江省为 10.0 kg/年，已比全国平均值 12.7 kg/年低 21.3%（图 4-100）。马铃薯是粮菜兼用作物，黑龙江省有传统食用习惯，马铃薯生产应注意以下问题。

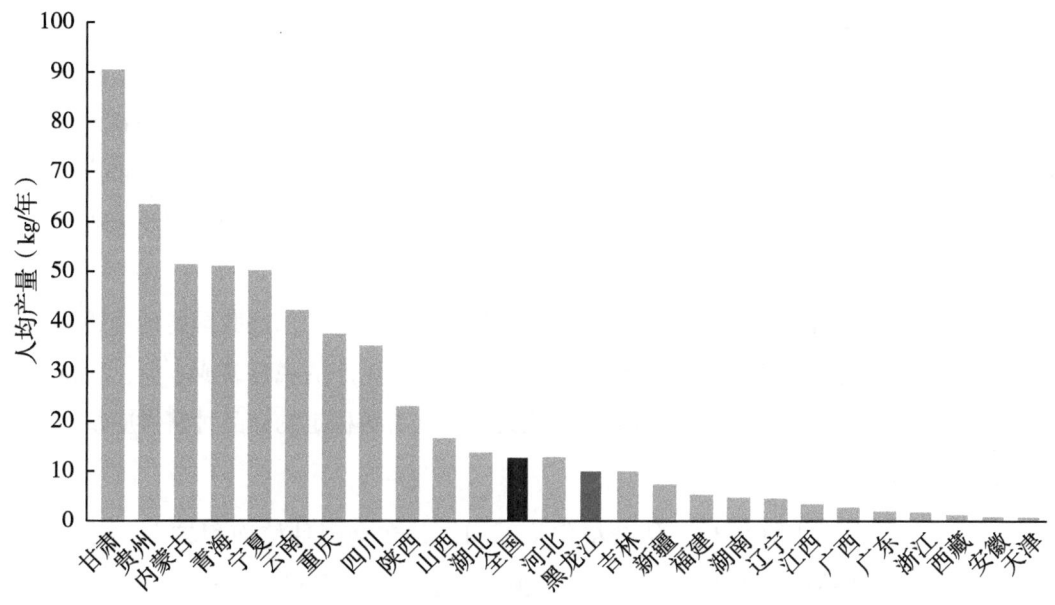

图 4-100　2021 年我国各省份人均马铃薯产量

（数据来源：中国农村统计年鉴）

（1）确保本省消费

马铃薯体积大、重量大、含水量高，不宜大量长距离运输，全年可食用周期长。黑龙江各地应立足自产和存储确保本地消费，特别应重视在人口集中的城市周边地区生产。马铃薯可鲜食，同时，加工用途广泛，以往生产多重视普通用高产品种。随着人们生活水平持续提高和加工需要，生产应向不同淀粉含量，鲜食区分炒、炖、炸，不同颜色和口感等专用特色品种，以及淀粉再加工粉丝、粉皮和粉条等多用途发展（图4-101），并打造特色品种产地知名品牌。

图 4-101　马铃薯加工和食用产品示意

（2）产地需要准确定位

黑龙江省平均温度低，昼夜温差大，有利于马铃薯生产。生产多用薯块播种，抗春旱能力较强。但黑龙江省夏季降水多，降水变率大；特别是多为大平原，阴雨连绵时排水不良地块易发生病害。黑土地又较黏重，秋季土壤湿度大也影响收获。为此，马铃薯生产应选择地势较高、排水良好的地块。大量商品薯生产，宜选在北部低温冷凉地区或西部沙土地。

（3）生产脱毒种薯

病毒病是马铃薯普遍性主要病害，越是高温地区危害越重。虽然我国各地马铃薯主产区组织培养等脱毒薯技术发展较快，但黑龙江省北部地区生产的脱毒薯成本低，脱毒效果更好。因此，黑龙江省北部地区有可能建设成为全国马铃薯稳定的商品种薯供应基地。

3. 红小豆

红小豆（学名赤小豆）与其他杂粮作物不同，其在全国种植面积较少，种植分布比较广泛。黑龙江种植面积虽不多，仍是全国红小豆种植面积最大、产量最高和商品率最高的主产区，红小豆常用于出口。2021年，黑龙江红小豆种植面积6.7万hm^2，占全国面积比例高达43.74%；产量9.6万t，占全国产量的41.4%。主要种植区集中在双鸭山市宝清县周边地区。提高生产效益应注意以下几方面。

（1）加快发展精深加工

以往黑龙江省作为全国最大的商品红小豆生产基地，产品主要是以"原字号"大包装外销。今后应重视发展产地加工业，面向国内外市场，销售初加工产品和精深加工产品，以适应家庭和企业消费需求。例如，筛选精品小包装为初加工产品，精深加工成"豆馅""豆沙""糖豆"和"预熟豆"等终端消费产品（图4-102）。由生产销售低附加值"原字号"产品向销售高附加值加工产品转变，打造中国红小豆"产加销"一体化知名产业集群。

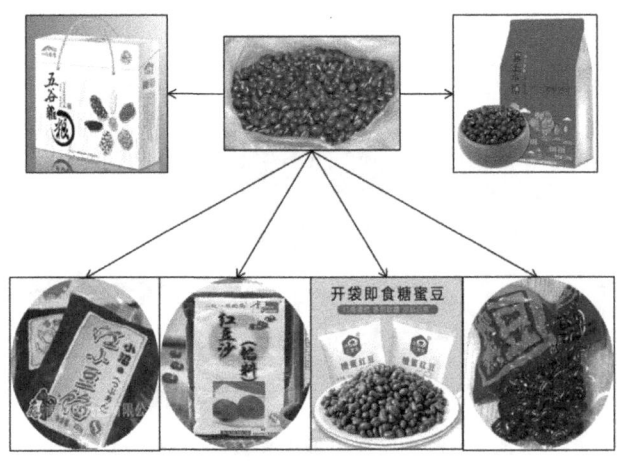

图4-102 红小豆加工产品示意

(2) 重视销售争取定价权

红小豆是生活重要消费品之一，但消费量较小，因种植面积和气象条件变化每年产量和销售价格波动性也较大。作为最主要的商品红小豆生产基地，应充分了解国内外消费市场和主要加工企业需求，通过订单农业，由被动地坐等销售向主动营销转变，争取牢牢掌握产品定价权。

(3) 突出特色提升品牌价值

红小豆即可供消费者直接购买，又可加工成美食供消费者选择，宣传产地优良生态环境和绿色有机生产，以及产品特色等更具有实际意义。粒形、大小和颜色等外观品质，以及加工食用口感等，都属于专用产品特色。合作社或乡村企业选用专用品种长期种植，实现"产储加销"一体化，无论是销售初加工产品，还是销售精深加工产品都有利于提升品牌价值。

4. 其他杂粮品种

一些生产面积小，占全国种植面积比例也小的杂粮品种更应重视产品特色。例如，矮高粱用于酿酒，应与酿酒厂合作发展订单农业；高秆黏高粱籽粒可以加工特色黏高粱米，秸秆可发展多种编织业。其他食用品种应在宣传绿色有机产品的基础上，选用专用品种，重视与主产区产品差异化，提高商品价格。例如，谷子有粒形、黏性和香味，以及粥用与饭用等区别；绿豆主要是看粒形一致性和发芽率用于生产"豆芽"，各类杂豆可加工成系列"预熟豆"产品等。这些小杂粮应优先满足本地消费市场，在此基础上再突出特色扩大外销市场。

（二）经济作物

随着主粮作物面积增加，经济作物种植面积相应减少，占黑龙江农作物和全国同类作物面积比例已经很小。

1. 经济作物生产概况

2021年黑龙江省只有花生、麻类和白瓜子种植面积超过1万hm^2，其中，花生面积虽较多，而且较稳定，但仅占全国种植面积0.47%。只有全国种植很少的麻类和甜菜占全国种植面积比例较大（表4-35）。以往黑龙江省是全国白瓜子的主要产地之一，也是我国烟叶的重要生产基地，但种植面积也在波动中大幅下降（图4-103）。向日葵在黑龙江省种植面积已经很少，油菜籽和甘薯等也只有零星生产。

表 4-35 2021 年黑龙江省及全国经济作物种植面积

作物	黑龙江种植面积（万 hm²）	全国种植面积（万 hm²）	黑龙江占全国比例（%）	排名
花生	2.28	480.53	0.47	21
麻类	1.59	5.67	28.04	2
白瓜子	1.40	—	—	—
烟叶	0.95	101.29	0.94	14
甜菜	0.34	14.11	2.41	4
向日葵	0.12	70.36	0.17	18
油菜籽	0.02	699.16	0.00	27

数据来源：中国农村统计年鉴。

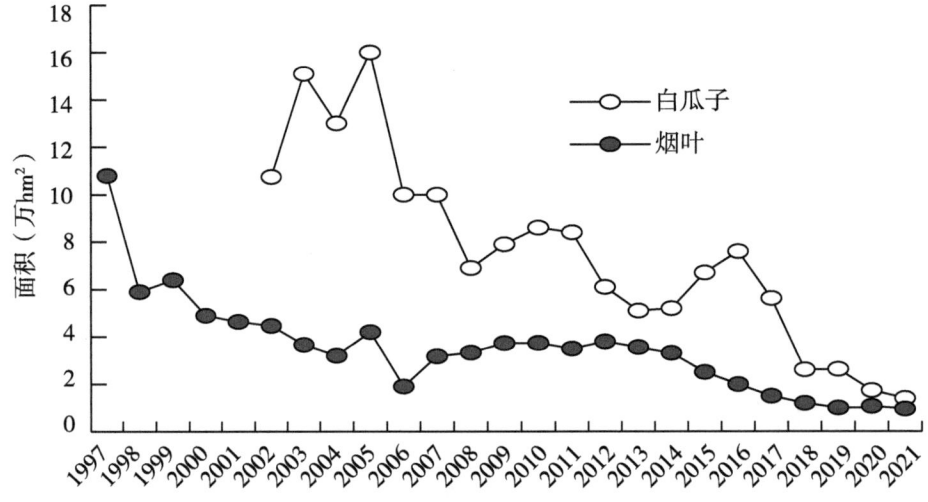

图 4-103 1997—2021 年黑龙江省白瓜子和烟叶种植面积

（数据来源：黑龙江统计年鉴）

2. 发展经济作物的重大意义

发展经济作物的关键是产后加工业容纳劳动力并为政府增加税收。以往黑龙江是全国最大的甜菜和亚麻生产基地，种植业支撑着产品加工业的繁荣，加工业也是很多县域经济的支柱产业。随着甜菜和亚麻种植面积的萎缩，加工企业缺少原料，直接导致企业生产规模缩小甚至破产。经济作物面积减少，主要粮食作物集中生产区域化，生产很难形成有效轮作，这可能加重病虫危害并带来可持续发展问题。

突出专用产品特色，经济作物产业化也有发展潜力。如向日葵不仅可食用籽粒，还有油用向日葵可加工特色向日葵油。同时，向日葵与油菜都有赏花观光功能，种植生产不仅可以发展榨油工业，还有美化环境和促进乡村旅游发展的效果。再如优势作物亚麻，随着人们生活水平的提高，预计对亚麻服装等产品，以及具有特殊营养价值的亚麻油等需求将会增加。亚麻籽在食品工业、医药、化工和化妆品领域都可利用，有助于实现"农头工尾"发展目标。黑龙江省最有可能恢复发展成为全国主要的亚麻生产基地，并形成加工产品产业集群（图4-104）。

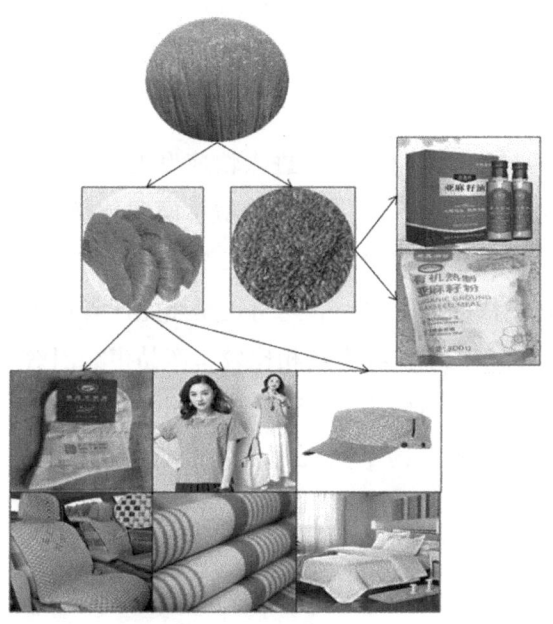

图4-104 亚麻加工产品示意

3. 发展经济作物的对策建议

农民种什么主要取决于与三大主粮作物比较生产效益，只有增加经济作物生产补助才能实现生产发展。应积极争取国家惠农政策支持，使种植经济作物农户比较效益不低于种植三大主粮作物。黑龙江省目前还有亚麻等加工企业利用进口原料加工生产，并取得较好的经济效益和社会效益（图4-105）。以亚麻、向日葵和甜菜等加工企业为龙头，企业和地方政府应探讨支持农民种植原料经济作物。打造以原料生产为基础，延伸到终端高档消费品生产，"产加销"一体化的特色经济作物知名品牌产地。

（三）北方药材

黑龙江省是我国北方药材重要产地之一。以往药材种植面积为4万hm^2左右，占农作物总播面积的0.5%以下。药材种植面积和产量均有周期性大幅度波动的特点，由此也造成产品销售价格大幅度波动。2015年，黑龙江药材种植面积下滑至近年最低点，

图 4-105　亚麻原料加工企业

2016年开始，与我国药材生产发展同步，进入快速发展新时期。到2021年种植面积达到16.3万 hm^2，是2015年的7.6倍，占农作物总面积比例由0.145%提高到1.080%（图4-106），占全国药材种植面积比例也由1.154%提升到5.294%，提高了4.140个百分点，是我国同期增速最快的地区之一。药材也是黑龙江省近年种植面积唯一持续大幅度增长的作物类型。药材与主粮作物生产相比较，产品市场消费量有限，适宜种植面又较广，产品市场需求量很少的品种甚至出现种植面积大幅度增减和销售价格暴涨暴跌问题，农户生产效益稳定性较差。为了实现药材生产稳步持续发展目标，应注意以下几方面。

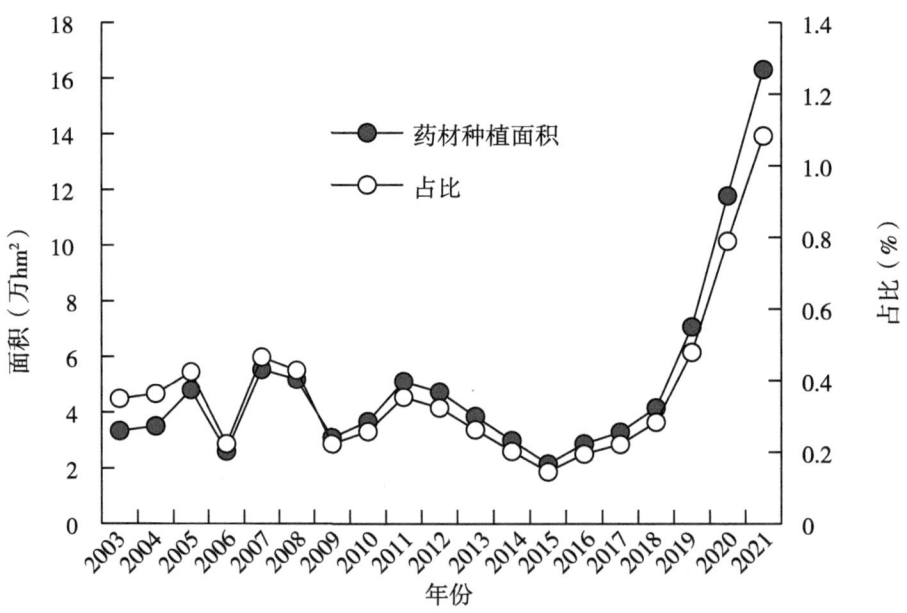

图 4-106　2003—2021年黑龙江省药材种植面积及其占农作物种植面积比例

（数据来源：黑龙江统计年鉴）

1. 选好类型，侧重道地药材

我国是世界最大的中药材生产国和消费国。各类中药品种资源达12 800多种。一般药材种植范围比较广泛，但特定生态条件下生产的道地药材质量和药效会更好。按我国道地药材建设规划，黑龙江省属于东北产区，特殊的寒地气候和辽阔的地域，孕育了丰富的药材资源，常称为北方药材，黑龙江省是我国北方重要的道地药材主产区之一。其中，已认定的道地药材有62种，又以刺五加、五味子和板蓝根等"龙九味"关注度较高。有的品种年产量占全国生产总量的80%左右。我国药材种类多，近年产量呈缓慢增长趋势，2021年为487.5万t，除少数品种外，每种药材需求增量并不多，一般情况下，产销市场也已基本平衡。药材多为刚性需求产品，一些需求量小的品种，容易出现销售价格大幅度波动。为此，在选择道地药材的基础上，还应重视选择需求量较大的药食同源品种和高附加值珍稀品种。我国十大药材产量详见图4-107。市场需求量少，特别是市场占有率较高小品种，应建设稳定的生产基地，以获得多年平均高收益。

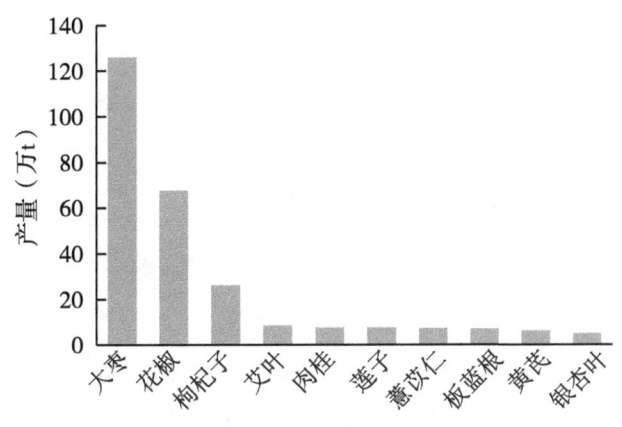

图4-107　2021年我国十大药材产量

（数据来源：共研产业资讯资料）

2. 关注市场，拓宽销售途径

药材属于完全商品，在市场经济和商品大流通背景下，农户和企业生产的产品，只有顺利销售才能获得较高收益。一般情况下，全国每种药材消费量年际间变化较小，药材生产应先了解市场需求并预测生产情况再确定生产规模。特别是多年生药材更要做好产品市场需求预测，避免盲目跟风扩大生产，出现产品滞销问题。目前，我国各地以销售本地药材为主，多已形成了区域药材集散地。应借鉴我国安徽亳州、河北安国，江西樟树和河南禹州"四大药都"的成功经验，打造黑龙江"寒地龙药"集散地，促进产品销售。另外，我国药材既有进口也有出口，2021年进口7.8万t，出口13.1万t；

2022年进出口继续增长，出口额同比增长13.8%，进口额同比增长5.1%。突出黑龙江寒地药材资源特色，做大做强产业，更应关注世界销售市场。

3. 产品加工，带动生产基地

药材销售价格受初加工产品质量和市场行情影响较大，应重视走以初加工企业为龙头，企业与农户或生产合作社签订单，农户或合作社负责药材生产，企业负责产品加工和销售，分工协作、各负其责的"产加销"一体化发展道路。由此提高农户或合作社药材生产技术水平，保证药材质量，避免增减药材种植面积的盲目性，这也有利于提升加工企业生产效益。确保农户生产可以获得比种粮更高的收益，是调动农民生产药材积极性的关键。招商引资外引加工企业、鼓励创办初加工小微企业和生产合作社发展产品加工业，都是发展加工企业的有效途径（图4-108）。初加工企业争取作为国内外相关制药企业原料供应基地，建立稳定的销售网，并有效利用大型药材集散地和电商线上销售。只有增加产品销量，才能带动生产基地扩大面积，使产业做大做强。

图4-108 药材加工产品示意

4. 科技攻关，研发终端产品

从种植药材生产"原字号"产品，到初加工企业生产商品药材，再到制药企业生产成品中药，只有制成终端产品——成品中药，才能体现出药材生产的最大价值。中药材品种和中成药产品种类繁多，发挥黑龙江省中医药教学与科研单位、医院和制药企业优势，以利用本地道地药材为主，聚焦医疗、康养和保健品，鼓励创新研发"丸散霜膏片锭饮"等终端消费成药。特别是鼓励公益性教学和科研单位，以提纯有效成分为目标，研发高效高值新药品（图4-109）。再与大中药企相结合，发挥科研创新和生产优势，以增效为基础，探索利益共享机制，从而延长药材产业链，建设产业集群，最大限度发挥拉动区域经济增长的作用。

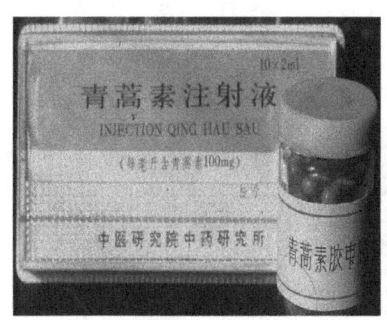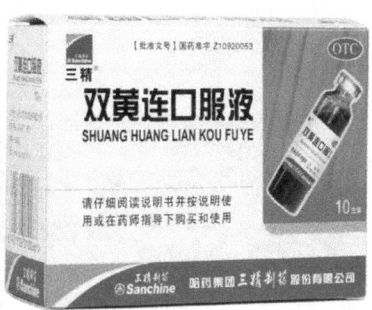

图4-109 我国高效高值中药产品示例

5. 创新技术，提升单产水平

药材质量对药效和商品价格影响较大。药材种植属于高投入和管理技术性较强的生产，产地周边环境和土壤类型，以及相关生产技术等，对产量和质量影响较大。"林下种植""拟境栽培""野生抚育"均应高度重视，但在一般自然条件下生产产量较低，稳产性也较差，还应重视自然生产向人工栽培转变。目前，选育的新品种已在生产中广泛推广应用，我国各类药材人工种养产量已超过总产量的70%。为此，药材生产应重视以下几方面：一是选择优良生态环境和土质肥沃的种植基地；二是重视选用产地适宜的高产优质新品种；三是生产基地要有完善的灌排水条件，避免发生旱涝灾害；四是尽可能选用育苗移栽、地膜覆盖和大棚温室等生产技术，减少低温冷害的负面影响；五是较大的生产基地尽可能种植多类型品种，以增强生产收益的稳定性；六是重视轮作、间作和病虫害生物预防，以减轻产品化学污染；七是做好农民培训，提高种植管理技术水平。

6. 突出特色，打造产地品牌

我国地域辽阔，大面积生产的药材有600多种，并形成了北药、浙药、川药、云药、藏药和蒙药等15个区域产地品牌。黑龙江应突出寒地气候和品种特色，走差异化发展道路，打造"寒地龙药"区域产地品牌。应大力宣传优良的绿色生态环境和化学污染少优势，以及一些药材品种有效成分含量高或具有特殊药效等，不断扩大黑龙江药材市场影响力。有效发挥"黑龙江中药材信息网"桥梁作用，对内做好信息交流，对外展示和介绍优势产品（图4-110）。各类药材产业示范园，尽可能设在最适产区，提高药材产量和质量，以及产品初加工质量，起到示范引领发展作用。占全国市场份额较高的刺五加、板蓝根和关防风等主要药材，应有计划种植，巩固市场占有率。种植面积较大、市场占有率较低的品种，应重视突出产品特色打品牌，提高产品市场竞争力，不断提高市场占有率。全省集中建设一个"药材大市场"，针对当地各民族防疫治病历史挖掘药材文化价值，特别是加快开发生产中成药，全力打造"寒地龙药"区域产地品牌。

图 4-110 黑龙江中药材信息网页面

（四）食用菌类

我国是食用菌生产和消费第一大国，产量占世界总产量的 70% 以上。我国食用菌生产历史悠久，品种类型丰富。食用菌不仅是重要食材，很多还兼有药用价值，也是重要的出口商品。食用菌是我国农业生产的重要领域之一，发展食用菌生产，对实现区域经济平衡发展和乡村全面实现产业振兴有重要现实意义。

1. 我国食用菌产业发展现状

我国食用菌生产技术，经历了由原始野生采集到人工栽培，再到集约"工厂化和现代化"生产发展历程。新品种的选育推广，以及产品"保鲜和加工"技术的进步，推动了生产快速发展。加之交通运输条件不断完善，我国食用菌生产已由区域自给自足生产为主，完全进入到"市场商品化"生产新时代。按鲜品统计食用菌产量和产值，可看出我国食用菌产业保持着较稳定持续发展态势，这也说明我国食用菌产业还有再发展的潜力（图 4-111）。

我国食用菌有 960 多种，大面积生产的有 60 多种。2021 年，香菇、黑木耳和平菇三大品种产量分别为 1 295.7 万 t、703.4 万 t 和 611.3 万 t，分别占总产量的 31.3%、17.1% 和 14.8%（图 4-112）。其次是产量超过 100 万 t 的毛木耳、金针菇、杏鲍菇和双孢菇 4 个品种，产量分别为 220.7 万 t、214.6 万 t、205.2 万 t 和 161.0 万 t。另外，产量超过 50 万 t 品种还有滑菇和银耳等（图 4-113）。草菇、大球盖菇、羊肚菌和猴头菇等品种产量均在 30 万 t 以下。食用菌总产量每年虽呈增长趋势，但各品种年际间波动也较大。如 2021 年与 2020 年相比，香菇产量增加 107.5 万 t，增长 9.1%；黑木耳产

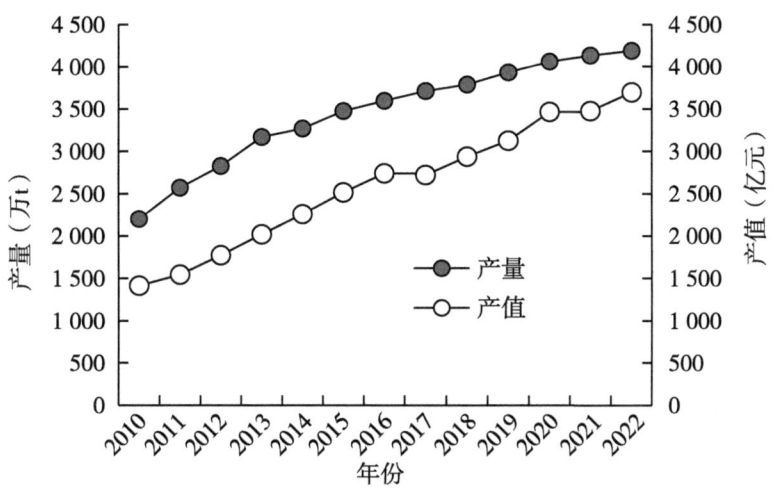

图 4-111　2010—2022 年中国食用菌产量和产值

（数据来源：中国食用菌协会）

量减少近 3.0 万 t，下降 0.4%；平菇产量减少 71.6 万 t，下降 10.5%。这说明食用菌销售市场还不稳定，或者受生产和气象条件影响还较大，各地区产量、主要生产品种和生产技术差别均较大。

香菇　　　　　　　　　　木耳　　　　　　　　　　平菇

图 4-112　我国三大食用菌

2. 黑龙江食用菌生产概况

近年黑龙江食用菌生产发展速度较快。采取林下、露地、塑料大棚和稻田育秧棚生产，以及各类基质利用和工厂化等生产形式，种植范围不断扩大，产能不断提升。特别突出的是黑木耳生产受到重视，产量约占全省食用菌产量的 95%，占全国黑木耳产量的 45%，黑龙江省是全国黑木耳第一大生产省。干品食用菌除黑木耳外，还有香菇等品种。近年多种鲜品蘑菇类保鲜加工也呈加快发展趋势（表 4-36）。涌现出一大批黑木耳、猴头蘑、滑子蘑和榛蘑等名特优产品和知名产地。亮子奔腾、佰盛食用菌和黑尊生

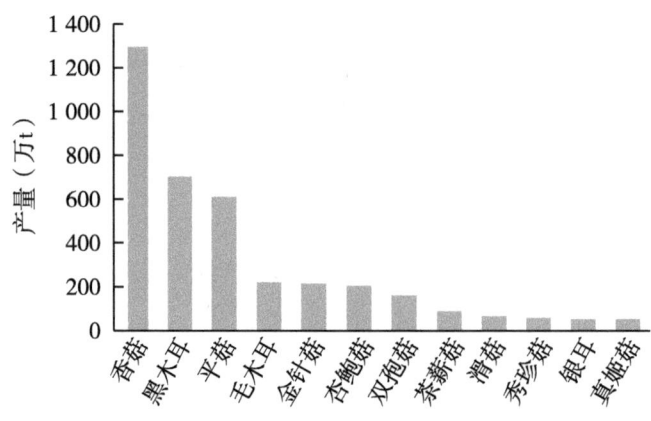

图 4-113　2021 年我国主要食用菌产量

（数据来源：中国食用菌协会）

物等大型企业，对生产发展起到了有效拉动作用。牡丹江东宁市已经成为我国最大的县级黑木耳集中产地，并建有农业农村部认定的"木耳批发大市场"。黑龙江各类食用菌保鲜和精深加工也在发展过程中。

表 4-36　2016—2021 年黑龙江省主要食用菌产量

品类	产量（万 t）					
	2016 年	2017 年	2018 年	2019 年	2020 年	2021 年
黑木耳（干品）	17.58	19.45	31.28	26.84	30.75	28.18
香菇（干品）	0.97	0.95	6.07	7.12	7.20	2.70
蘑菇类（鲜品）	15.92	25.83	7.90	15.99	20.1	29.57

数据来源：黑龙江统计年鉴。

据中国食用菌协会按鲜品产量统计，黑龙江省是我国食用菌产量稳定超过 300 万 t 的五大食用菌产地之一。2021 年鲜品产量 321.0 万 t，约占全国产量的 7.8%，排在全国第四位。但从总产值看黑龙江省又下降至第七位；再从平均单产值看，黑龙江省则排在 23 个产量超过 30 万 t 省（区）的第二十二位（表 4-37）。云南省生产效益最突出，产量虽然只有 85.2 万 t，总产值却仅次于河南省排在第二位，而平均单产值则排在第一位。五大食用菌生产省平均单产值均不高，主要原因是集中生产产量较大的品种。云南省生产珍稀野生菌多达 207 种，野生菌产量和出口量均居全国首位，平均单产值高达 75.3 元/kg。可见黑龙江省的食用菌生产也存在产业结构调整和提高生产效益问题。

表4-37　2021年我国各省份鲜品食用菌产量和产值

排名	总产量		总产值		单产值	
	地区	总产量（万t）	地区	总产值（亿元）	地区	单产值（元/kg）
1	河南	576.1	河南	410.4	云南	38.2
2	福建	478.0	云南	324.9	安徽	14.9
3	河北	331.4	福建	248.1	广东	14.1
4	黑龙江	321.0	四川	241.8	四川	10.8
5	山东	303.7	河北	228.7	贵州	10.5
6	吉林	231.1	贵州	219.6	湖北	10.4
7	四川	224.6	黑龙江	190.5	内蒙古	10.4
8	贵州	210.0	山东	188.7	江西	9.9
9	江苏	179.8	吉林	181.5	辽宁	9.6
10	湖北	146.7	江苏	156.6	湖南	8.9
11	江西	137.8	湖北	152.2	广西	8.8
12	陕西	129.7	江西	135.9	江苏	8.7
13	辽宁	128.5	辽宁	123.8	甘肃	8.7
14	湖南	126.7	广东	120.3	陕西	8.2
15	广西	101.0	湖南	112.7	重庆	8.1
16	广东	85.3	陕西	106.3	吉林	7.9
17	云南	85.2	广西	88.8	山西	7.8
18	浙江	75.1	安徽	83.7	河南	7.1
19	安徽	56.0	内蒙古	57.6	浙江	7.1
20	内蒙古	55.6	浙江	53.2	河北	6.9
21	甘肃	42.9	甘肃	37.2	山东	6.2
22	山西	42.6	山西	33.3	黑龙江	5.9
23	重庆	36.5	重庆	29.6	福建	5.2
	全国	4 134.0	全国	3 475.6	全国	8.4

数据来源：根据中国食用菌协会资料整理，广东和内蒙古的数据为推算值。

3. 黑龙江食用菌发展对策建议

坚持"大食物观"发展新理念，依托丰富的自然资源，发挥优良生态环境优势，黑龙江食用菌产业还有较大的高效益发展潜力。作为国家重要的商品粮生产基地，食用菌生产与粮不争地、与人不争粮、与地不争肥，可以大幅度提高国土资源产出率。需要注意的是，近年我国食用菌产业已进入平缓发展阶段，随着其他地区生产不断扩张，一一般大宗食用菌市场批发销售价波动增大，这将对其生产效益的稳定性产生直接影响。因此，黑龙江实现食用菌产业持续高效益发展，应注意采取以下对策。

（1）拓宽生产品种类型

继续做大做强优势产品黑木耳，同时重视挖掘本地野生资源，加快发展已有小品种，并引进适宜本地气候的其他食用菌品种，逐步建设成以黑木耳生产为主，"一主多辅"生产大格局（图4-114）。黑木耳有耳形大小、耳片厚薄、耳色深浅、生产季节、食用口感和营养成分等特色差别，生产中应注意选择适宜品种。从我国市场销售价格和商品出口品种价格看，珍稀食用菌价格多显著高于大宗品种（表4-38），因此，应特别重视挖掘本地特有珍稀资源生产。多品种类型同步发展，有利于发挥丰富的生态类型优势，拓宽食用菌生产区域范围，减少同质竞争，扩大食用菌销售市场并增加收益，打造多种产品特色知名品牌，推动发展"一村一品"和"一乡一业"。

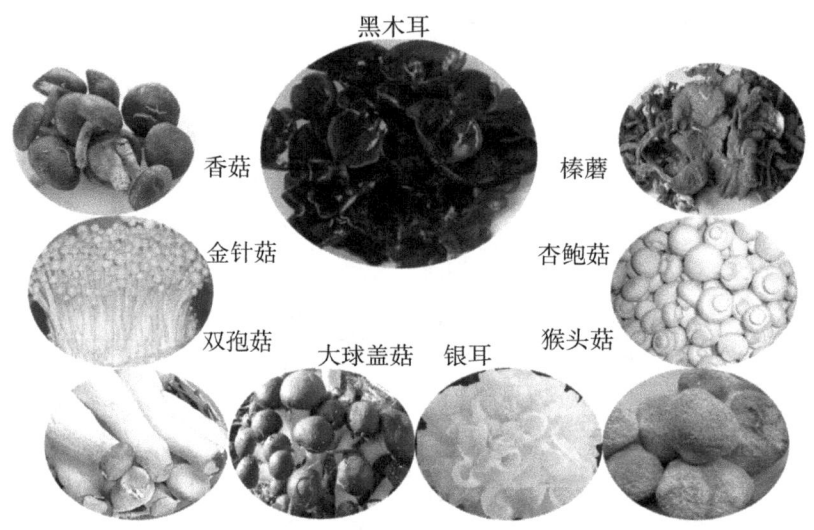

图4-114 黑龙江食用菌"一主多辅"生产结构示意

表4-38 2021年我国干品食用菌出口情况

排名	出口量		出口额		平均价格	
	品种	出口量（万t）	品种	金额（亿美元）	品种	均价（美元/kg）
1	香菇	5.348	香菇	8.601	羊肚菌	127.07
2	黑木耳	1.902	黑木耳	2.778	伞菌蘑菇	25.96
3	银耳	0.385	银耳	0.664	牛肝菌	25.18
4	牛肝菌	0.119	牛肝菌	0.300	银耳	17.24

(续表)

排名	出口量		出口额		平均价格	
	品种	出口量（万t）	品种	金额（亿美元）	品种	均价（美元/kg）
5	羊肚菌	0.015	羊肚菌	0.187	香菇	16.08
6	伞菌蘑菇	0.014	伞菌蘑菇	0.037	黑木耳	14.61
7	金针菇	0.001	金针菇	0.001	金针菇	9.96
8	其他	0.182	其他	0.355	其他	19.54
	合计	7.965	合计	12.922	合计	16.22

数据来源：根据中国食用菌学会资料整理。

（2）发展产品精深加工

一般食用菌鲜品含水量大，保质期短，生产干品有利于长期贮存和运输，这是黑龙江省黑木耳生产发展较快的重要原因之一。黑木耳和香菇等产地大量生产干品，应重视走"产加销"一体化道路，由批发销售一般"原字号"干品，向产品分级包装和精深加工发展，提升产品整体效益。一般食用菌干品与鲜品重量比为1:10，干品折算鲜品可比价格，鲜品和保鲜品一般高于干品（表4-39）。因此，一般食用菌品种在确保干品稳定销售的基础上，应向保鲜包装鲜品、腌制品和罐头等保鲜加工类产品发展，实现销售产品多元化（图4-115）。特别是适应社会需求变化，方便大众消费，生产预制菜或终端消费品，实现扩大销售市场，提高产品销售价格。

表4-39　2021年我国食用菌出口情况

排名	出口量		出口额		平均价格	
	类型	出口量（万t）	类型	金额（亿美元）	类型	均价（美元/kg）
1	罐头	24.68	干品	12.922	干品	16.224
2	菌丝	16.56	罐头	11.255	罐头	4.561
3	冷藏	13.93	冷藏	2.958	腌制	2.504
4	干品	7.96	菌丝	1.017	冷藏	2.122
5	腌制	2.05	腌制	0.514	菌丝	0.614
	合计	65.19	合计	28.665	合计	4.397

数据来源：根据中国食用菌学会资料整理。

（3）重视产品销售市场

黑龙江位于我国偏远的内陆地区，食用菌属于典型的商品生产，陆路运输成本高，在我国食用菌产能趋于饱和的情况下，产品销售价格容易出现较大幅度波动，甚至出现

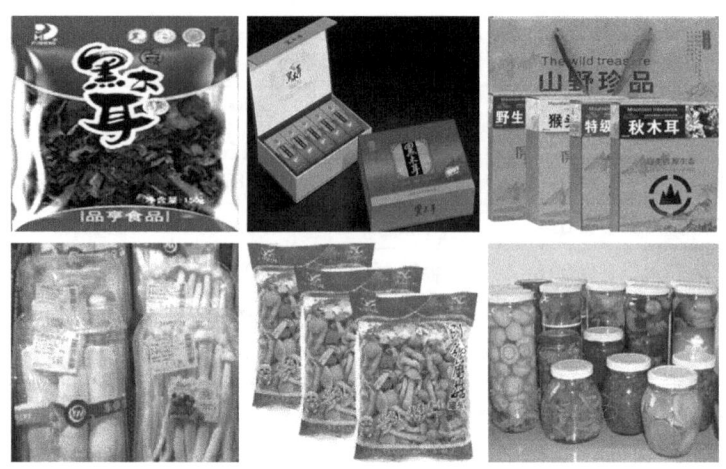

图 4-115　一般食用菌加工产品示意

卖难问题。"好酒不怕巷子深",等客户上门来买的销售理念,已不适应现代农业新发展形势。研究消费市场,有针对性地生产和加工,确保产品顺利销售,生产才能持续发展。销售市场可分为本地、附近地区、全国和世界市场,食用菌产品又可分为鲜品、干品、腌渍和罐头等类型。销售路径也有农贸市场批发、电商直销和订单销售等。依据各食用菌品种特点,深入研究各类消费市场需求,实现长期稳定供货,有利于产业做大做强。如城市附近地区适宜生产金针菇、鸡腿蘑和双孢菇等鲜品,供应本地和附近地区消费市场,同时,腌制品和罐头等适宜销往国内外大市场(图 4-116)。注册商标、打造品牌、重视宣传推介,都有利于实现稳步扩大市场。

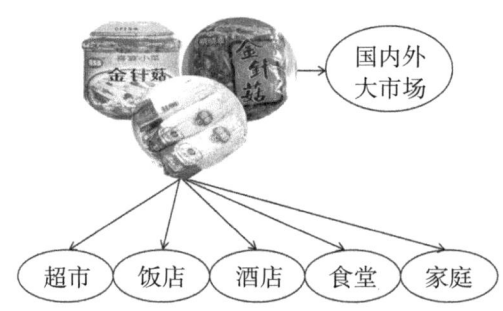

图 4-116　金针菇加工销售示意

(4) 提升科技支撑能力

食用菌"产加销"各环节,都应重视采用先进实用技术。隶属政府的技术推广和科研单位,以及大专院校等,应重视科研与生产紧密结合。隶属黑龙江省科学院、黑龙江省林业科学院、黑龙江省农业科学院和各大专院校较分散的食用菌相关研究团队,应有效整合科技资源,分工协作,针对生产发展中需要解决的问题,开展联合攻关,为生产提供有效的科技支撑。需要持续开展研究的主要问题：拓宽品种资源、选育新品种并保证原种有效供应；利用作物秸秆等培养基创新和研发高产高效生产技术；重视保鲜加工、市场营销和打造品牌，以及药食新产品和保健品研制开发等。公益性科技事业与生产企业紧密结合，以产业主体增产增值增效为目标，探讨科技成果转化和技术推广等利益分配机制，实现科研与企业一体化同步发展。

(5) 因地制宜降低成本

食用菌分露地、塑料大棚、各类温室和工厂智能化等诸多生产方式。各种生产方式投入成本、产量、产品质量以及产出效益等差别较大。食用菌生产技术管理多属于劳动密集型，对温度和光照，特别是水分和湿度管理要求均较高。食用菌品种类型多，生产应依据现实条件，以获得收益为目标，选择适宜的食用菌品种和生产方式。以黑木耳为例，即使是低投入的露地生产，也应配备喷水喷雾设施，以减轻缺水干旱灾害的影响。生产采用塑料大棚，有利于提升调控温、光、水的能力，大幅度提升产能。有条件的应向规模工厂智能化生产发展，实现生产条件完全调控，进一步提升产量和质量。总之，"低投入，少产出"的生产，应向"高投入，高产出"的生产转变（图4-117）。

图4-117 黑木耳和菇类生产方式示意

(6) 做大做强产业集群

食用菌产业集群，包括产前菌种生产到产中相关设施设备，以及产后产品包装和运输过程中，各环节涉及的一切工业产品制造。随着以干木耳生产为主向其他食用菌品种扩展，涉及的工业产品会相应增加，如培养基生产设备、滴灌和微喷管、大棚和培养基框架、包装和印刷设备，以及各种温湿度自动化监测和调控产品等。生产规模较大的产地，应重视这些相关工业的发展，在满足本地生产和全省同类生产需求的同时，可销往国内外同类产区。招商引资和引导大众创业，发展这些相关工业，对产地区域经济发展更具重要意义。

(7) 发挥职能部门作用

与长期普遍关注的粮食生产相比较，食用菌产业发展得较晚，加快发展需要探讨的问题多而复杂。按照《黑龙江省食用菌产业发展指导意见》要求，各级政府主管部门应把握发展方向，引导食用菌产业稳步持续发展。一是职能部门与各地农业技术推广中心相结合，准确统计食用菌种类、面积和产量，以及生产技术类型，为科学决策提供可靠依据。二是科研项目管理部门，针对生产重大问题开展科技攻关，研发高附加值食用菌精深加工产品，引领食用菌产业发展（图 4-118）。三是重视发挥黑龙江食用菌协会的作用，编写科普资料，组织召开专题研讨会，解决生产中出现的问题，并与技术推广部门共同承担生产技术专项培训任务。四是支持主产区争取政府项目，鼓励主产区发展各类食用菌文化、建设食用菌博物馆、打造产地知名品牌等。

图 4-118　黑木耳精深加工产品示意

（五）寒地果树

我国统计水果产量分园林水果和大田瓜果两类。其中，果园面积仅次于粮食和蔬菜排在第三位，我国也是世界园林水果面积最大和产量最多的国家，人均产量已显著超过世界平均值。近年我国水果面积和产量增加较快，其中主要是园林水果增长，大田瓜果变化不大（图4-119），水果已成为实现农村区域经济平衡发展的重要产业。2019—2021年，平均每年我国果园面积1 257.7万hm^2，大田瓜果面积214.9万hm^2；产量分别占水果总产量的70.99%和29.01%。本部分主要阐述园林水果。

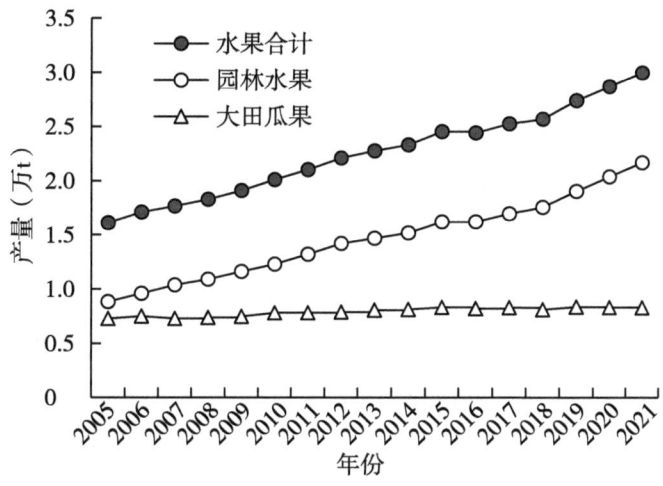

图4-119　2005—2021年我国水果产量

（数据来源：中国农村统计年鉴）

1. 我国水果产销现状

我国地域辽阔，南北温度和东西降水差别大，农业生态类型具有多样性。加之我国人民消费水平提高，特别是市场经济条件下，生产比较效益的拉动，在我国果园面积和水果产量不断增加的同时，可看出以下显著特点和发展启示。

(1) 品种类型多

我国是世界水果资源最丰富的国家之一，《中国果树分类学》列举我国栽培果树有300多种，世界各国栽培的水果我国几乎都有。以往我国苹果产量最多，但近年柑橘发展最快，2018年开始产量超过苹果，2021年柑橘产量近5 600万t，占水果产量比例超过25%，苹果产量近4 600万t，超过21%，这是我国最主要的两大水果品种；其次是梨、葡萄和香蕉，产量均超过1 000万t，五大品种占水果总产量的68%以上；此外还有红枣、柿子、菠萝、桃、李、杏、山楂、荔枝和猕猴桃等（表4-40）。

表4-40　2021年我国果园面积和产量

排名	种类	面积		产量	
		面积（万hm²）	占比（%）	产量（万t）	占比（%）
1	柑橘	292.3	22.82	5 595.6	25.81
2	苹果	197.5	15.42	4 597.3	21.20
3	梨	92.2	7.20	1 887.6	8.71
4	葡萄	70.2	5.48	1 499.8	6.92
5	香蕉	32.6	2.54	1 172.4	5.41
6	红枣	—	—	740.2	3.41
7	柿子	—	—	361.8	1.67
8	菠萝	—	—	188.6	0.87
9	其他	—	—	5 637.5	26.00
	合计	1 280.8	100.00	21 680.8	100.00

数据来源：中国农村统计年鉴。

（2）生产区域性

我国各省份都有果园分布，但面积、栽培品种、产量和商品性差别很大。我国果园面积最大和产量最多的是广西，2021年产量2 798.0万t，占全国产量的12.9%；其次是山东、陕西和广东，产量均在1 800万t以上，占比均超过8.4%；而青海等9个省（区、市）产量很少，合计面积291.4万t，仅占全国产量的1.3%（图4-120）。

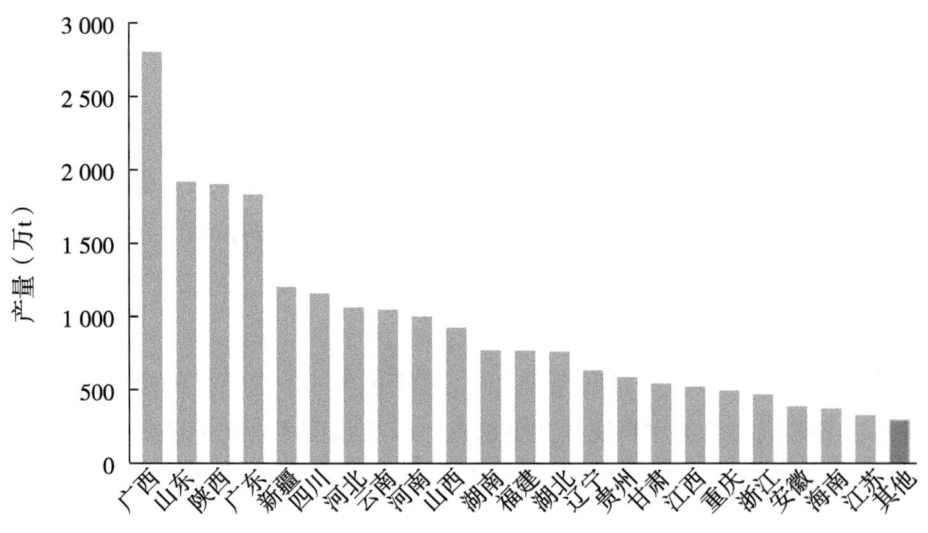

图4-120　2021年我国各地水果产量

（数据来源：中国农村统计年鉴）

我国各类水果种植区域差别较大，并呈向优势产区集中发展趋势。梨和葡萄产地范围广，各省（区、市）都有种植。2021年，河北省梨产量最多，为366.6万t，占全国产量的19.4%；新疆葡萄产量最多，为327.0万t，占全国产量的21.8%。苹果产地主要在我国北方，其中陕西产量最多，为1 242.5万t，占全国产量的27.0%。柑橘和柿子主产区在我国南方，其中广西柑橘产量最多，为1 607.4万t，柿子产量为135.0万t，分别占全国产量的28.7%和37.3%。菠萝和香蕉为热带水果，种植范围小，广东香蕉、菠萝产量最多，分别为483.3万t和128.0万t，分别占全国产量的41.2%和66.8%。其他品种种植范围较小，产量较少的荔枝、杧果和杨梅等特色品种，也向气候适宜地区集中。

（3）进出口并存

随着经济的发展，我国已由水果净出口国转变为净进口国，特别是实施《区域全面经济伙伴关系协定》（RCEP）更加快了进口速度。近年已呈现数量"出口减进口增"和金额逆差扩大态势。2022年我国各类鲜果进口量为771.6万t，进口额为145.4亿美元。按进口量统计，三大进口鲜果中香蕉最多，其次是椰子和榴莲；按进口额统计，榴莲最高，其次是樱桃和香蕉（表4-41）。2022年我国鲜果出口量为436.6万t，出口额为59.4亿美元。近年我国苹果出口量虽减少，但仍是第一大出口品种，其次是柑橘、梨和葡萄（表4-42）。我国水果进出口还有很多小品种，以及加工干品和保鲜品等。随着世界经济一体化发展，以及"一带一路"建设进程加快，特别是随着人们生活水平的不断提高，预计我国水果进出口数量，特别是"新奇特"产品还持续增加。

表4-41 2022年我国鲜果进口统计

排名	进口量		进口额	
	品种	数量（万t）	品种	金额（亿美元）
1	香蕉	181.0	榴莲	40.3
2	椰子	107.0	樱桃	27.7
3	榴莲	82.5	香蕉	11.6
4	火龙果	55.8	山竹	6.3
5	樱桃	36.7	椰子	5.7
6	山竹	20.9	火龙果	5.1

数据来源：依据国家海关统计资料整理。

表4-42 2022年我国鲜果出口统计

排名	出口量		出口额	
	品种	数量（万t）	品种	金额（亿美元）
1	苹果	82.3	苹果	10.4

（续表）

排名	出口量		出口额	
	品种	数量（万t）	品种	金额（亿美元）
2	柑橘	58.9	葡萄	7.3
3	梨	44.0	柑橘	7.2
4	葡萄	37.7	梨	5.0
5	柚子	13.8	柚子	1.2

数据来源：依据国家海关统计资料整理。

（4）发展加工业

一般水果含水量大，含糖量高，保鲜期较短，长期存贮既增加成本又降低质量，甚至出现腐烂损失。为此，大量商品水果产区应重视产品深加工，如苹果可加工成各类饮品、保鲜品和干品，以及保健品和化妆品等（图4-121），既可以提高水果利用率，又可以延长加工产品销售时间，同时，延长水果产业链，提升产品附加值，由此可以实现"农头工尾"和建设产业集群，并能拓宽果农就业增收渠道，发展乡村区域经济。随着人们生活水平不断提高，人们消费理念也在向个性化和差异化发展，从单一消费鲜品水果向消费各类加工产品同步发展是社会发展大趋势。目前，我国水果加工量平均每年不足10%，立足丰富的水果资源，发展多样化系列水果加工产品具有广阔的市场发展前景。

图4-121 苹果加工类型和产品示意

(5) 流通速度快

随着我国交通运输与市场条件的不断完善，特别是鲜活农产品"绿色通道"建设，以及各地农贸大市场建设，极大地推动了水果主产区商品化发展；电商网络销售的普及，也极大地促进了"名特优"水果的流通。以往产地小范围消费将会减少，突出产品特色打造品牌，面向国内外两个大市场销售将会进一步增加。一般果树为多年生，产出时间有滞后特点，在完全商品性生产和一般市场已基本饱和，以及进口规模还可能扩大的情况下，生产发展更应重视鲜品销售和精深加工，避免盲目生产扩张，造成产品"销售难"问题。各地都应重视突出特色打造品牌，增加生产效益。

2. 黑龙江省水果产销概况

不论是果园面积、水果产量，还是人均水果产量，黑龙江省都属于较少的9个省份之一（表4-43）。其中北京、天津和上海市耕地面积少，果园面积小，但果园占耕地面积的比例并不低。黑龙江等省（区）主要是受高寒地区气候、缺水干旱和耕地过少等多因素影响。黑龙江水果产销有以下特点。

表4-43 2021年我国水果产量较少的9个省份

排名	地区	产量（万t）	占全国比例（%）
1	宁夏	77.6	0.358
2	内蒙古	54.2	0.250
3	黑龙江	44.2	0.204
4	北京	35.4	0.163
5	天津	30.2	0.139
6	吉林	29.1	0.134
7	上海	17.3	0.080
8	西藏	1.9	0.009
9	青海	1.5	0.007
	合计	291.4	1.344

数据来源：中国农村统计年鉴。

(1) 果园面积小

黑龙江省大平原耕地多，适宜规模化粮食生产。加之国家"惠农助粮"政策，特别是寒地水果生产又不具备气候优势，以往果园面积和水果产量占全国比例都较少，50%以上又集中分布在南部温度较高和降水较多的牡丹江市，其他地区果园面积均很少，占耕地面积比例也更小，甚至属于零星生产（表4-44）。特别是随着粮食生产机械化发展和省外水果大量进入市场,近10多年来黑龙江水果生产与全国发展趋势相反,呈大幅度波动下降趋势。最低的2018年产量只有29.5万t,比历史最高年减少50%以上。占全国产量比例由0.55%下降至0.17%(图4-122)。自2019年开始果园面积和产量虽然开始回升,但受寒地气候等综合因素影响,黑龙江水果还应重视走突出产品特色和多用途发展道路。

表4-44 2021年黑龙江省各地果园面积

排名	果园面积			占耕地比例	
	地区	面积(万hm²)	占比(%)	地区	占比(%)
1	牡丹江	2.404	53.422	牡丹江	3.709
2	佳木斯	0.378	8.404	七台河	0.710
3	齐齐哈尔	0.348	7.742	大庆	0.350
4	黑河	0.310	6.890	伊春	0.304
5	哈尔滨	0.277	6.153	佳木斯	0.202
6	大庆	0.245	5.448	黑河	0.168
7	鸡西	0.151	3.357	鸡西	0.162
8	七台河	0.149	3.302	大兴安岭	0.145
9	双鸭山	0.090	2.000	齐齐哈尔	0.143
10	伊春	0.085	1.880	哈尔滨	0.139
11	大兴安岭	0.025	0.556	双鸭山	0.090
12	鹤岗	0.020	0.449	鹤岗	0.037
13	绥化	0.018	0.398	绥化	0.010
	全省	4.500	100.000	全省	0.309

数据来源:黑龙江统计年鉴。

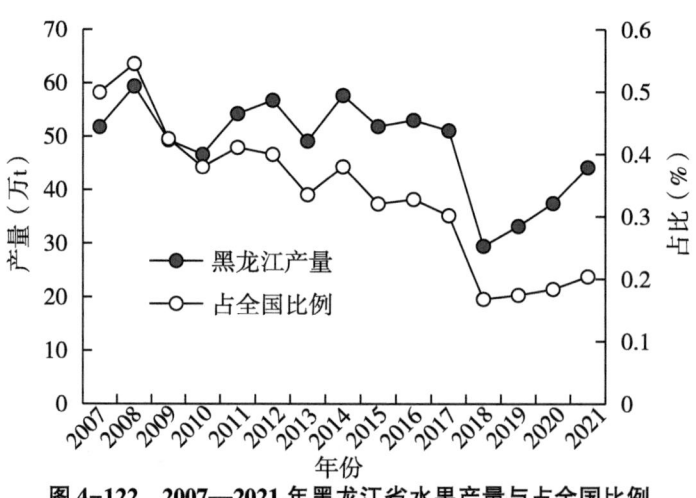

图4-122 2007—2021年黑龙江省水果产量与占全国比例

(数据来源:中国农村统计年鉴)

（2）品种类型少

寒地气候条件，有些南方热带水果在温室内虽然也可种植，但只能作为"新奇特"旅游观光，巨大的成本并不能实现大面积生产。黑龙江只能种植耐寒性强、生育期短、适应本地熟期的果树品种。特别是冬季严寒时间长，最低温度波动幅度大，耐冻性是决定水果能否大面积种植的重要指标。目前有统计的品种，种植面积最大的是苹果，其次是葡萄和梨，此外，还有李子和杏等。近年个别品种面积和产量虽略有"止跌回升"，但幅度并不大（图4-123）。

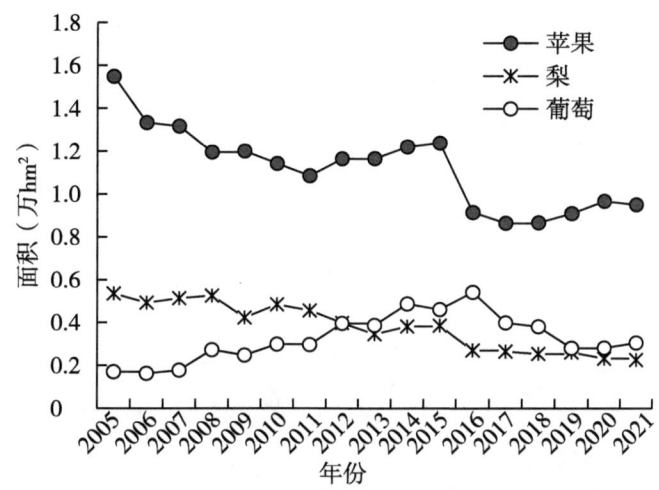

图4-123 2005—2021年黑龙江省苹果、梨和葡萄的果园面积变化

（数据来源：黑龙江统计年鉴）

（3）产品有特色

黑龙江省作物生育期短，同品种水果与省外主产区产品"大脆甜"相比较，常被称为"酸小硬"，这也是水果产能下降的重要原因之一。但随着我国水果产销形势的变化，黑龙江水果产业应扬长避短，突出特色提升产业效益。一是病虫害危害轻，农药用量少，打造绿色有机水果品牌。二是突出产品特色，生产推广的新品种适口性也已大幅度提升，产品早上市，不仅可满足本地消费鲜品，也可以销往全国特殊消费市场。此外，冻品水果也是特色商品。三是针对"酸小硬"特色，发展"干粉片"、饮料和各类保鲜罐头等加工业，这对发展产地区域经济有重要现实意义。

（4）输入产品多

黑龙江自产水果主要是秋季集中采收后直销市场，只有部分可存贮延后销售，温室保护地提前延后生产更少。黑龙江人均水果产量少，平均仅相当于全国人均产量的10%左右，葡萄、梨和苹果3个主要品种也仅相当于全国人均产量的15%~25%（表4-45）。

表 4-45 2021 年黑龙江省和全国人均水果产量比较

项目	水果	苹果	梨	葡萄
黑龙江人均产量（kg/年）	14.1	4.6	1.6	2.6
全国人均产量（kg/年）	153.5	32.5	13.4	10.6
相差比例（%）	90.8	85.9	87.8	75.3

数据来源：根据黑龙江统计年鉴整理。

黑龙江省市场水果销售品种繁多，不论是我国热带水果香蕉和椰子，还是进口榴莲和杧果，以及各地商品主产区广泛种植水果应有尽有（图 4-124）。这主要是"鲜活农产品大通道"和省内各地较完善的存贮批发市场发挥了有效作用。"电商"冷链物流，对满足"新奇特"产品消费需求，起到了推动作用。黑龙江省作为我国最主要的商品粮生产基地，预计果园面积有可能扩大，但以粮食生产为主的基本面不会改变。现代农业区域化和商品化发展趋势，决定了黑龙江省水果只能走特色差异化发展道路，以本地销售鲜品和加工保鲜品为主，再努力扩大外销，实现增加比较效益。

图 4-124 黑龙江省超市里丰富的水果

3. 黑龙江水果发展对策建议

因地制宜发展果树生产，是全面开发利用国土资源，提高国土资源产出率的重要途径。特别是对边远山区乡村经济多元化、加快实现乡村全面产业振兴和发展县域乡村区域经济有重要意义。加快发展需要注意以下几方面。

（1）保护耕地永续利用

坚持"大食物观"，在长期耕翻种粮已造成水土流失，甚至形成侵蚀沟的坡岗地，建设多年生果园。这有利于改变耕地环境恶化现状，并不断培肥土壤，这也是保护黑土地的重要方法之一。生产水果也是保证"食物安全"的重要内容，其生产发展应与荒山荒地利用、全面开发利用国土资源、"退耕还林"和"退耕还草"等统一规划，实现协调发展。

（2）拓宽耐寒品种资源

针对黑龙江寒地气候特点，把握品种的早熟耐寒性和冬季极端天气耐冻性，拓宽果树生产品种类型，突出产品特色提高产品市场竞争力。与省外主产区产品相比较，产品果实大小、形状、色泽、味道、口感等，都属于产品特色。创新选育新品种、引进世界同纬度气候相似区资源、挖掘野生资源人工栽培等，都是拓宽耐寒品种资源的重要途径。

（3）重视保鲜精深加工

水果生产需要树立产业化发展理念，实现"产加销"一体化，关键是解决销售问题。除销售鲜品之外，发展各类产品加工业，销售特色加工产品，是加快高效益生产发展的重要途径。简单的鲜果分类与初加工，以及适宜产品长期保存的精深加工应同步发展；本地销售、本省非生产区销售和国内外大市场销售并举，不断建成稳定的销售网络。

（4）结合旅游增加收益

我国已进入乡村旅游大发展新时期。挖掘果树多种功能，种植各类果树，对发展乡村旅游、增加农民收入和建设美丽乡村都有重要价值。果园可以"观花赏景""采摘体验""品尝鲜果"吸引游客。很多果树也有美化环境的功能，建设美丽乡村和打造水果知名产地，乡村和庭院内外也应重视种植果树，城市公园和街道也可以种植各类特色果树。

（5）重视科技支撑产业

果树生产周期长，做大做强产业，更需要树立科学发展观，重视解决生产中的问题。如建园选地、选择品种、生产管理技术、防病治虫、防灾减灾、产品存贮、保鲜加工、市场营销等各环节，都需要统筹做好发展规划。公益性大专院校和科研机构科技创新应与生产有效结合，探索利益共享新机制，全面支撑产业稳步发展。

六、结　语

黑龙江三大主粮作物生产，事关国家粮食安全，必须高度重视。其他丰富的各类农业资源都需要推进开发生产。其中，水土流失坡岗地养牛养羊发展"食草牧业"，最具特色发展潜力，并且具有农业可持续发展的现实意义；养猪养鸡等"饲料牧业"，作为大众消费品，在平原旱田区应大力发展；水边草地养肉毛兼用的鸭、鹅，大水面养冷水鱼，以及林区生产小浆果和食用菌等，既可以拓宽农民增收渠道，也有利于"粮食大省向食物大省"转变，特别是有利于提高土地利用率。充分利用好黑龙江的农业资源，才能为实现乡村全面振兴奠定产业基础。

第五章　乡村产业振兴路径

乡村产业与城市产业发展目标不完全相同，发展乡村产业需要在确保农业生产可持续发展的基础上，解决"三农"问题，最终实现城乡一体化。黑龙江各地乡村农业资源差别较大，共性问题是"寒地气候"和"市场边缘"的特殊性。因地制宜，扬长避短，坚持走地产资源产业化发展道路，牢牢把握核心要点问题，才能全面实现乡村产业振兴目标。

一、全面开发国土资源

各地乡村所属区域范围内的国土资源，主要是耕地资源，也包括其他一切可以利用的国土资源，都应重视开发利用。拓宽农业生产领域，开发新产品，提高土地利用率和产出率，拓宽农民增收渠道，也为多元产业发展奠定了原料基础。

（一）高标准基本农田区

黑龙江省松嫩和三江两大平原耕地面积大，多为土质肥沃的黑土地，气候适宜粮食生产。作为国家重要的商品粮生产基地，需要重视解决土地"薄瘦硬"问题，还要以"地块平整、大小适度、耕层深厚、结构良好、保墒抗旱、渗水排涝"为目标，全部建设成旱涝保收的高标准基本农田。主要生产粮食，通过提高单产增加粮食总产，切实起到国家粮食安全压舱石的作用（图5-1）。这类地区多为主粮作物生产基地，很多乡村种植相同作物，往往存在同质生产竞争问题。除主产品生产外，各乡村应重视专用特色品种生产和农区养殖业，以及庭院经济等。

（二）一般性普通农田区

一般性普通农田区是指地形地势较复杂，农田坡度较大，长期耕翻种粮，因水土流失黑土层迅速变薄，甚至已形成"破皮黄"或侵蚀沟的耕地。这其中有国家鼓励退耕还林、退耕还草和已确定为永久基本农田的耕地。今后国家也可能投资逐步把这类永久基本农田全部建成高标准农田（图5-2）。耕地黑土层形成时间漫长，出现"破皮黄"

图 5-1 黑龙江大平原建设高标准农田

和侵蚀沟是黑土地难以恢复的永久性破坏。这类耕地大面积建设高标准农田投资建设费用大，预计建成时间较长，目前关键是"止损"，防止水土继续流失。在建设成高标准农田之前，应按照"大食物发展观"，争取各级政府相关政策支持，引导这类耕地种植多年生牧草，或是可以少耕免耕的青贮饲料作物，发展牛羊等"食草牧业"集约化养殖，并形成粪肥与农田良性循环机制；种植多年生小浆果和果树，以及建设温室保护地生产蔬菜和食用菌等。

图 5-2 坡岗地建设高标准农田

（三）特殊性农业资源区

各乡村区域内其他一切国土资源都需要重视开发利用。适宜林区种植养殖的林下经济，应重视保护地温室利用，由野生向人工种养转变。大水面冷水鱼工厂化养殖，小流域的小水库和小堤坝建设，以及自然泡沼利用，应提高水资源利用率和水产品产量。荒山荒地应全部开发利用，一般缺水干旱草地通过人工种草提高牧草产能发展牛羊养殖，低洼湿地通过调控水源发展鸭、鹅养殖业。尚未开垦的重度盐碱地，在有充足外来水源作保障和政府投资支持的必要条件下发展水田，不断培肥地力提高产量；水源无保障时，应完善排水工程，恢复植被，种植牧草发展畜牧养殖业。农业是利用自然资源的产业，"顺天时，量地力，用工少，成功多"。计算投入成本和产出效益，充分认识"小面积试验示范"结果与"大面积推广应用"生产的本质差别，减少大面积开发生产投入的盲目性。这是黑龙江省北部中部山区、边境地区和其他非人口聚集区乡村同步实现产业振兴的根本途径。

二、走产业化发展道路

20 世纪 80 年代农村经营体制改革后，针对联产承包和农户自主分散经营后出现的新问题，1995 年我国全面推广山东省农业产业化经验。从中央到地方都设立了农业产业化办公室，并投入大量资金，立项支持和引导农业产业化发展。2004 年开始，每年中央一号文件都强调走农业产业化发展道路，各地也已涌现出很多农业产业化先进典型。目前，实现乡村振兴的重点任务是产业振兴，对于黑龙江乡村来说，关键就是在全面开发国土资源的基础上，走好农业产业化道路。主要任务是建设基地、发展加工、重视营销和打造品牌（图5-3）。

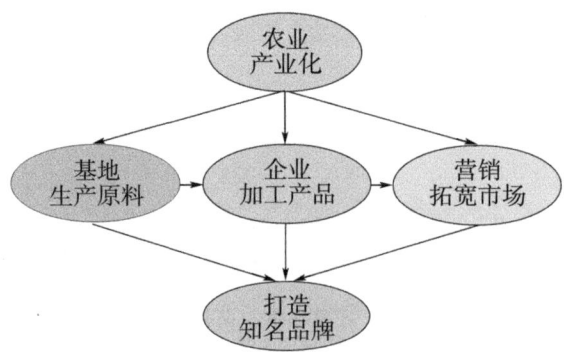

图 5-3 农业产业化基本模式示意

（一）建设原料生产基地

我国已经进入现代农业发展新阶段，数量农业正在向数量、质量与效益并重转变。黑龙江省作为我国特殊的商品农业产区，应努力争取国家各项惠农政策支持，加强农业基础设施建设，提高抗御自然灾害能力。建设完善的种畜供应体系，采用先进生产技术，打造高产稳产农产品生产基地，提升农产品产量和质量，为产品加工提供高质量加工原料，同时增加农业生产效益。

1. 选用专用特色品种

每种农产品都有很多品种类型。根据加工企业和消费市场需求，选择专用特色品种生产，打造特色农产品知名产地和产品品牌，提升产品销售价格。如稻米有粒形、口感、香味和黏性等差别；大豆有色泽、粒重、蛋白质和脂肪含量等差别型；玉米有高赖氨酸饲用、高淀粉加工用和各种食用类型等；猪、鸡、牛、羊等主要养殖品种类型差别也较明显，冷水鱼和食用菌等品种类型更多。

2. 扩大生产规模增收

粮食和肉类等大宗"原字号"农产品销售价格过低，"谷贱伤农"影响农民生产收益，不利于再生产。销售价格过高增加消费成本，影响人们生活。特别是需要再加工的产品终端消费品价格会更高，甚至直接影响相关工业。为此，国家通过生产补助、产品进出口和存贮数量等调控大宗农产品销售价格。一般粮食销售价格很难大幅度提升，单产水平提升也较缓慢，农民生产实现大幅度增收，只能靠国家生产补助和土地流转适度扩大规模经营。因此，扩大生产规模是农民生产大幅度增收的重要途径。

3. 完善生产经营体系

随着农业机械化快速发展，原来以粮食生产为主的农村劳动力向其他生产转移是发展大趋势。生产规模扩大，农业生产由家庭成员操作机械和依托社会化服务体系，以及短期雇工等完成。应鼓励剩余劳动力向本地其他种养领域、农产品加工和社会化服务体系转移。村集体、农民合作社和服务公司等社会化服务体系应加快发展。加快实现现代农业经营目标。生产规模较小的农户，可侧重生产环节，以互助生产形式实现社会化生产。

（二）重视龙头企业加工

依托本地农业资源，发展农产品加工业，是实现农业产业化的关键环节，也是黑龙江省解决乡村"无工不富"问题和实现乡村全面产业振兴的根本途径。农产品加工企业发挥着实现"原字号"农产品大幅度增值、容纳乡村剩余劳动力就业、转变农村产业构成和带动生产基地发展的关键作用。"粮头食尾，农头工尾"，各地发展农产品加工业，影响因素复杂，难度最大。选准加工项目，不断解决产业障碍问题，才能把企业做大做强。

1. 区分加工产品类型

各类农产品因产品类型和终端消费市场需求变化等，加工产品类型差别很大，具体划分为以下两种主要类型。

（1）农产品初加工

"原字号"农产品经过分类、清理、筛选、扒皮、去壳和包装等，加工技术较简单，只产生物理变化，并未发生化学变化的加工统称为农产品初加工。如"净菜上市"与多种农产品的礼品盒等；玉米和大豆等大宗农产品也需要去杂清理再销售；水稻也可以脱壳销售糙米降低运输成本。自产农产品初加工实现增值，国家不收增值税。这是村集体、合作社和其他乡镇企业发展的重点领域（图5-4）。农产品经粉碎和碾磨也未发生化学变化，不论其精细到什么程度，也不论其包装多么精美，都属于农产品初加工范畴，适宜在乡村发展（图5-5）。初加工农产品具有保证人们生活的公益性商品属性，企业可打造区域品牌和产品品牌。

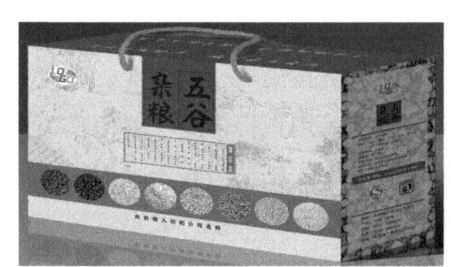

图5-4 初加工特色农产品示意

（2）农产品精深加工

农产品加工过程中通过加温、发酵、腌渍和分离提取成分，以及多种原料混合再加工，包括保鲜罐头产品，这些发生化学变化的加工产品属于精深加工。加工产品生产技术较复杂，生产过程有技术标准可依，可以注册产品商标，加工企业达到一定规模国家

图 5-5 主粮初加工产品示意

征收增值税。这类企业也应尽可能不出县域范围，如大型屠宰厂、食品加工企业和大型榨油厂等，目的是把农产品加工增值利润留在县域乡村。各级政府应把精深加工作为支持重点，实现政府增税目标。黑龙江省出产的"冰地玉米胚芽油""飞鹤婴儿奶粉"和"克东腐乳"等都是好典型（图5-6）。我国"海天酱油""维维豆奶""涪陵榨菜"等农产品精深加工企业生产的大众消费品，已成为地方经济支柱产业。

图 5-6 知名精深加工农产品

2. 多种途径发展加工

我国提出发展农业产业化已有近30年，从"龙头企业带动"到"三产融合"，再到发展"现代农业"和"乡村产业振兴"等，从中央到地方从不缺少指导文件和发展规划。尽管已涌现出很多好典型，但各地发展还很不平衡，说明影响农业产业化发展因素的复杂性。国家实施乡村振兴战略，有些乡村实现产业振兴难度较大，很多乡村缺少龙头企业，特别是缺少创办企业的带头人，关键是要解决"谁来办企业"问题。

(1) 招商引资发展企业

招商引资发展企业是县域乡村各级领导干部发展区域经济的首要任务。根据区域资源，抓住我国沿海经济发达地区和大城市"企业外溢"和"产业转移"机遇，招商引资发展地产资源加工业。企业带来资金，带来经营管理经验和加工技术，以及品牌和市场等，这相当于主要依靠外来企业家办企业，是一种见效快的有效途径。

(2) 鼓励大众创办企业

提升大众对农产品加工增值效果的认识，鼓励本地青年、打工返乡人员、复员退伍军人和一切未就业人员创业，依托生产资源，创办各类企业，特别是小微加工企业。走"由小到大，做大做强"发展道路。鼓励农民生产合作社发展加工业，向"产加销"一体化的综合性合作社转变。这也有利于发展成为"本部经济"。

(3) 村集体必须有企业

各行政村必须重视发展村集体农业龙头企业。行政村领导"一肩挑"改革后，村党支部书记的重要任务之一是发展村集体经济，并作为法人代表，原则上担任理事会理事长。发展村集体经济应作为考核村党支部书记业绩的重要指标。村党支部书记工作繁重，村龙头企业采用合伙人股份制模式或聘用职业经理人经营有可能取得更好效果。

3. 加工企业合理布局

多数农产品数量多、体积大、重量大，需要仓储库存，特别是鲜活产品还需要保鲜防腐。从产地到终端消费，各环节都应重视确保质量和降低运输成本。鲜活与死亡鱼虾，保鲜程度不同的水果与蔬菜等，销售价格差距很大。大宗粮食初加工到精深加工，产品的量会越来越少，多呈宝塔式结构（图 5-7）。相关企业也需要合理布局，例如，大面积生产水稻的地区，稻米和稻草加工企业应建在乡村生产基地，每个加工企业的规模也不宜过大。精深加工企业需要广泛收集初加工企业的产品，扩大生产规模。

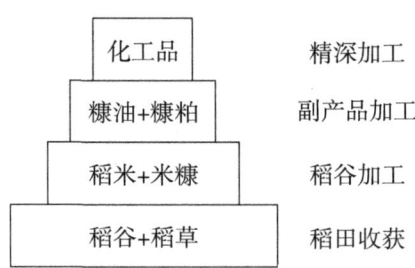

图 5-7 水稻加工宝塔式产量示意

（三）拓宽产品销售市场

作为典型的农业产区，在重视本地销售产品的基础上，必须高度重视产品外销。我国物流运输条件已发生根本性变化，但运输成本高仍然是增加商品成本和降低产品市场竞争力的重要因素。我国基尼系数大，高中低端消费市场差距明显。特别是烟酒茶、服装箱包、化妆品等市场销售价格存在巨大差距。大米和水果等农产品销售价格差距也很大。另外，不同区域消费习惯有区别，消费方式也在变化。在重视本地消费市场的基础上，再突出产品特色，针对国内外各类消费市场主动营销，不断扩大销售市场覆盖面和销售量，才能实现产业加快发展。

1. 培育专业营销队伍

大中企业都应设立产品销售部，专门研究市场需求和推销产品。村集体、农民合作社和个体公司等，都可以社会化服务体系的形式，专门从事产品销售。还可与政府供销社系统和邮局农产品销售网相结合，探索合作承担销售任务。不断分析市场需求变化，研究营销策略，并发展壮大专业营销队伍，实现由"生产好"向"销售好"转变，并不断提高销售价格和生产效益。

2. 电商物流结合销售

我国电商业务发展迅速，各种农产品和加工食品等，通过电商可迅速邮寄给消费者。但电商邮寄成本较高，主要适合销售体积较小的商品。应重视线上电商销售小样品与线下大量商品物流运输相结合，电商小样品供消费者品尝和试用，大宗商品再通过铁路或公路等运输到消费者所在地区，降低物流成本，实现大量销售。

3. 利用销区营销网络

我国城市商品销售网络建设已经比较完善，如农贸批发市场、大型超市、社区商店和宅配公司等。农产品加工企业和农民加工合作社，针对本地销售应建设"农超对接""农贸对接""农配对接"和"产品进社区"等网络体系直销农产品。针对远销农产品，应与销区销售网相结合，把产品销售给广大消费者；还应探讨与销区加工企业合作，在产地生产初加工或半加工产品，再由销区加工企业精加工销售，如去壳水稻糙米、预制菜和玉米熟化饲料等。

4. 重视销往世界市场

我国实施"两种资源和两个市场"世界经济一体化战略，建设"一带一路"经济走廊，进口多为生产原料，出口多为加工产品。黑龙江省中俄沿边地区对俄罗斯可以直接出口农产品，其他各地生产的特色加工农产品也可通过中欧铁路销往世界大市场。已经开通的黑龙江抚远市江海联运和即将开通的海参崴口岸，都为黑龙江加工农产品走向世界展示了美好前景。

（四）打造特色知名品牌

走农业产业化道路，需要生产基地、龙头企业和产品销售同步发展，实现"产加销"一体化。在我国农产品市场基本饱和，外销运输成本较高等不利情况下，产业能不能做大做强，关键是扩大产品销售市场和打造产品知名品牌。产业做大做强的过程，就是打造知名品牌的过程。

1. 商标与品牌

商标是用文字、语音、色彩和图案等，代表企业和产品的标识和符号，是企业和产品的"名片"。商标的基本特点是唯一性，企业商业化生产，只有注册商标才能做大做强。商标使用权不容侵犯，受法律保护，是法律概念。品牌是市场消费者对产品的评价，是大众的口碑和商品信誉，是社会对产品的认可程度，是市场概念。被全世界、全国或地区范围认可的产品，经评选可称为相应范围"知名品牌"和"驰名商标"。商标与品牌概念虽不同，又不可分割。商标易作，品牌难成。好商标有利于打造知名品牌，品牌价值会体现在商标上。商标是随着品牌增值而增值，有价值的品牌可以出售转让商标使用权。如"农夫山泉"矿泉水、"康师傅"方便面、"对青烤鹅"餐饮和"波司登"羽绒服等，其商标都已经产生了巨大品牌价值（图5-8）。

图5-8 著名产品商标示意

2. 农产品的商标和品牌特点

初加工与精深加工农产品商标管理方法不同。精深加工农产品有加工技术标准，一般产品数量较少，企业可以注册产品商标，如"老干妈"辣椒酱、"太阳岛"黄豆酱和"老村长"白酒等。若有擅自违法使用商标的行为，企业可以追究责任，并要求赔偿经济损失。初加工农产品属于广泛生产的大量农产品，不可能垄断生产，也不能直接注册产品商标，只能注册加工企业商标或产品标识。黑龙江某大米加工企业注册"碗中情五个碗"商标，以及日本北海道农协制作的品种卡通标识，都起到了较好地打造大米品牌的效果（图5-9）。1982年我国已出台《中华人民共和国商标法》，并经多次修订，管理越来越规范。

图 5-9　大米企业商标和品种标识示意

3. 农产品打造品牌应注意的问题

农业产业化各相关环节对打造产品品牌均产生影响。生产基地按加工企业需求生产优质原料，加工企业或生产基地做好原料存贮，加工企业做好产品生产和销售，销售人员需要开拓市场，同时及时向加工企业反馈市场需求信息，由此形成以加工企业为核心的良性循环发展运行机制。

（1）尽早注册商标

没有商标的产品，即使是已经有了较好的市场品牌效应，也容易被其他企业抢注商标，而失去已经获得的品牌价值。例如，"老干妈"辣椒酱之所以成为知名品牌，其品牌意识强是一个重要原因；南方某企业抢先注册"稻花香"大米商标，使我国其他水稻产区全部失去了"稻花香"商标的合法使用权。著名的"得莫利炖鱼"因前期未注册商标，也成为不受保护的公共产品。

（2）商标简洁有内涵

商标简单、易记、有内涵，有利于产品打造品牌。例如，黑龙江著名的"翠花酸菜"，是借助"流行语"注册商标；阿城亚沟黏豆包是利用当地的口碑，注册"笨磨坊"商标做大企业。大庆市"老街基"，是利用了当地历史城市名称，体现历史传统，才发展成带动农产品大量销售的企业（图5-10）。以反映当地优良环境和品质为目标，依托当地知名度较高名山大川、人文历史，以及特殊的生产条件等注册商标，有利于农产品打造知名品牌。

图 5-10 黑龙江注册商标发展企业的典型

(3) 产品质量稳定有特色

消费者对特色农产品"吃了还想吃""下次想再买",由此不断扩大销售市场。质量若不稳定,消费者就可能不再消费这个产品。精深加工农产品,要按照企业加工技术标准和食品安全标准生产,确保产品特色和质量的稳定性。各种农产品质量的内涵不同,但作为食品类,市场基本标准应该是好看、好吃和有营养。受气候和自然灾害影响,初加工农产品质量存在不稳定性,如大米的垩白和成熟度,以及小麦的霉变粒等。为此,产业化生产基地应更重视产品质量,生产并非产量越高越好,而应追求效益最大化,保证加工对质量的需求。以水稻施氮肥为例,随着施肥量增加,产量达到最高时施肥成本增加、抗倒伏性和抗病性变差、生育期延长,以及食味品质下降等,都会增加产量与质量的不稳定性,降低稻米的生产效益(图 5-11)。大面积生产中应牢牢把握以效益为生产目标。另外,加工企业应重视清选和分类,确保高等级商品质量和价格的稳定性。例如泰国大米按整齐度分级,销售价格差别化,碎米再加工成米粉销售。

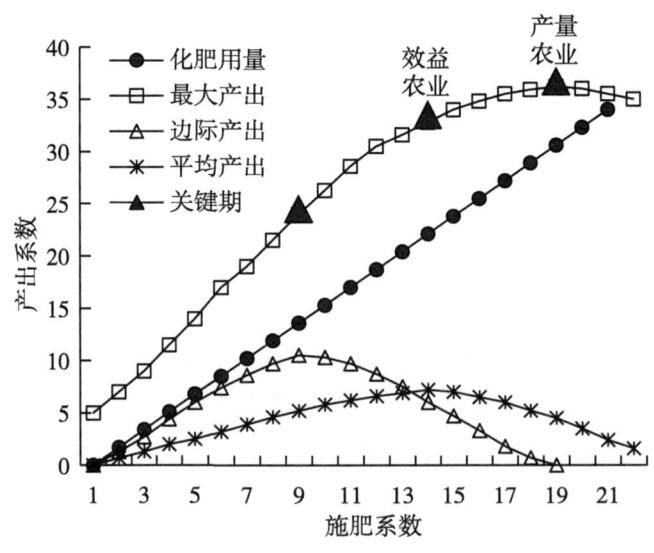

图 5-11 化肥用量与水稻产出效益示意

(4) 系列产品适应市场

我国人口众多，人均收入和消费水平存在差距。不同民族、年龄、消费场所、区域消费习惯，对产品特色和价格都有不同需求。生产企业针对不同的消费市场，生产出各种类型的产品。如黑龙江省克东腐乳有限公司，作为"中华老字号"和黑龙江名牌企业，产品有两大系列50个品种类型，通过大小包装、干湿包装和特殊包装材料等，销售到国内外广大市场（图5-12）。各类初加工农产品，也应重视产品加工分类，适应各种消费市场需求。如初加工产品大米，不仅有加工企业、产地和水稻品种的区别，也有精碾程度、免洗或不免洗、散装或真空保鲜包装等区别，其销售价格差距较大。

图5-12 "克东腐乳"系列产品

(5) 策划宣传创品牌

"好酒也怕巷子深"，在农产品市场基本饱和情况下，主动策划推销才能加快打造品牌。突出产品特色，让消费者感觉到商品差异化，才能提升消费者认知程度扩大销量，起到打造品牌效果。电视等各类媒体和电商平台等都可起到宣传效果。哈尔滨双城"老村长酒"，针对南方人口集中地区，有目标地集中宣传，做大做强成为全国知名企业，是中小微企业量力宣传打造品牌的好典型（图5-13）。"五常大米"突出"好吃"食味特色，山东"章丘大葱"宣传"大脆甜"，本地消费者认可度高等，口口相传也增强了区域品牌影响力，都是成功的好经验。认证"地理标志产品"、评选"特色产品之乡"和争取"驰名商标"等都有利于继续做大品牌，但过度宣传农产品的"特殊功能"和产品过度包装等，并不利于打造知名品牌。

(6) 防止假冒产品保品牌

尽管国家采取专利保护和各种防伪技术等措施严格监管假冒商品，但由于利益驱使，仍有人铤而走险制作假冒产品。各地均有保护品牌的好典型。浙江省金华市原有

图 5-13 "老村长酒"量力而行打造品牌

400多家各类企业生产"金华火腿",已成为公共产品,各企业难以做大做强。其中金字火腿股份有限公司注册了"金字火腿"商标,采用低盐发酵技术,工厂化生产"金华火腿",并开发生产系列分割产品适应消费需求,有效解决了假冒产品问题,企业迅速成为全国最大、世界知名的火腿企业。"涪陵榨菜"是世界知名酱菜产品,各类加工企业众多,重庆市涪陵榨菜集团股份有限公司,注册了"乌江"商标,整合分散的中小企业,实现以加工企业为龙头,"产加销"一体化,已发展成全国唯一酱菜类上市企业(图5-14)。

图 5-14 突出特色注册商标做大企业的典型

大米、小米和面粉等初加工农产品,属于公共产品,防范假冒产品难度更大。建设以加工企业为龙头的"产加销"体系,注册企业和特色产品商标,把握产品"好看"和"好吃"要点,通过线上电商销售网和线下销区销售网相结合,减少从"基地到餐桌"中间环节,加工企业不断扩大稳定的消费客户群体,是可借鉴的途径。大庆老街基农副产品有限公司和五常顺泽米业稻香社都是作出有益探索的好典型。日本北海道统一做大米经营数据标签,也应参考借鉴。随着我国消费者品牌意识提高和消费理念的转变,特别是随着品牌管理制度的不断完善,我国的假冒农产品会越来越少。

三、建设农业产业集群

农业产业集群是以区域优势农业生产为基础,以农业产业化为主线,同步发展其他相关工业,最终实现加快区域经济发展目标的农工融合产业集团。建设农业产业集群,对解决人才外流问题,加快发展县域乡村区域经济,加快黑龙江省由粮食生产大省向农业强省转变都有重大意义。

(一)做大做强现有企业

各地现有涉农企业,应以国内外同类先进典型为样板,以提高主产品市场竞争力和高端产品市场占有率为目标,不断发展壮大企业。特别应重视本土企业,加快发展本部经济。

1. 主体企业延长产业链

农产品大型加工企业应延长加工产业链、提升价值链,生产初级低附加值加工产品的企业,需要向精深加工生产高附加值产品发展,招商引资也应更重视高附加值产品企业。如玉米加工企业从加工初级淀粉与乙醇燃料向生产各类化工提取制品、药品保健品和食品添加剂延伸;大豆加工企业加工生产功能蛋白粉、特色食品酱油和非转基因大豆油等终端消费品等(图5-15)。

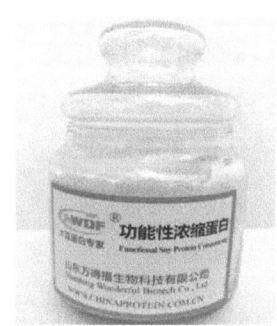

图 5-15 大豆加工终端消费品示例

2. 中小企业拓宽加工领域

农产品加工领域广泛,除大型加工企业生产大量主产品外,中小微企业也可选择相关项目发展加工业,共同做大农产品加工产业集群,实现全部产品"吃干榨净"。如稻谷加工大米,副产品碎米用于加工食品、生产"玄米茶"等。玉米加工副产品玉米芯可以提取有机溶剂糠醛,玉米叶可以手工编织提包和坐垫等特色产品(图5-16)。

图 5-16 玉米叶手工编织品示例

（二）发展生产相关工业

农业不仅保证人们的食物安全，农业的产前、产中、产后还涉及众多的涉农工业，现代农业发展必须依靠相关工业有效支撑。随着现代农业的发展，以粮食生产为主的农业劳动力必然减少，涉农工业将是容纳剩余劳动力主要领域。同时，涉农工业也将创造巨大的产值和税收，起到推动区域经济发展的重要作用。农业是国民经济的基础，粮食是重中之重，我国原粮产品具有公益属性，其经济和社会价值也体现在发展相关工业方面（图 5-17）。黑龙江省作为全国最突出的商品粮生产基地，发挥着国家粮食安全的"压舱石"作用，同时，粮食生产的相关工业也有较大的发展潜力。以商品粮生产为主，全面发展各类农业产业化，重视相关制造工业，建设各类农业产业集群，将起到农民生产增收、相关工业增效、剩余劳力就业、政府财政增税、推动区域经济发展的作用。

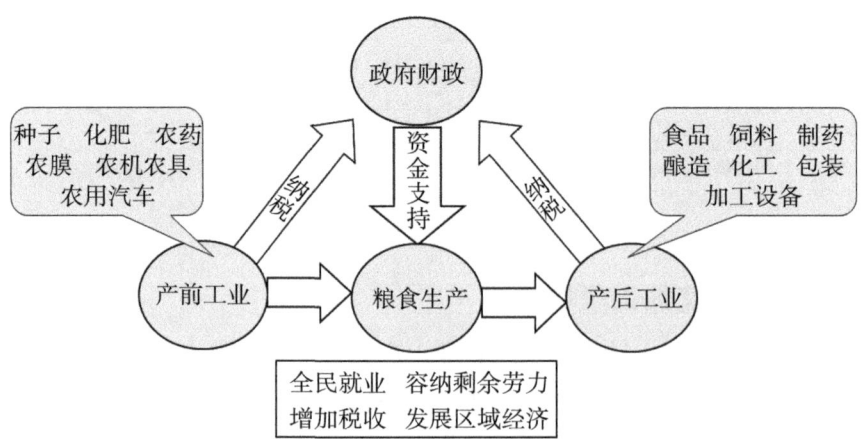

图 5-17 农业生产相关工业重要意义示意

黑龙江现有各类大专院校 78 所，拥有国家和地方专业科研机构 121 个，此外，还有市县级、企业和个体科研机构等，是我国农业科教资源较丰富的地区。其中，东北农业大学和八一农垦大学两所农业综合大学，以及隶属黑龙江省农业科学院和黑龙江省科学院的系列科研单位等，其专业领域几乎完全覆盖全部农业相关领域，加之还有哈尔滨工业大学和哈尔滨理工大学等以工业专业见长的大学，根据涉农相关工业产品需求，工农科研联合攻关，引进消化吸收再创新，就一定能研发出实用的产品。目前生产中使用省外产品较多，应有目标地立项攻关，替代外来品，首先满足本省需求，再突出特色销往国内国外两个大市场，在竞争中做大做强相关工业产业。围绕各类农业生产现代化需求的一切工业产品都应关注其发展。如玉米液体施肥机、高速水稻插秧机、蔬菜育苗移栽机和稻田除草剂等（图 5-18）。此外，适合乡村特色生产的小加工设备等都应重视发展。

图 5-18 农业产业化相关工业产品示意

（三）产业集群发展趋势

以加工产品销售带动生产基地和相关企业不断整合扩大规模，使较分散的生产基地向气候适宜区集中，并尽可能扩大生产区域范围，最终形成具有区域特色的农业产业集群。黑龙江省农业资源类型多，产业集群发展潜力必然差别很大。以三大主粮作物为核心的粮食种植业，以猪、牛、鸡为主的养殖业，普遍种植的寒地蔬菜和分布广泛的冷水鱼等，相关工业产品应用范围广，有可能发展成为适应特殊气候和土壤的较大工业产业。应重点做好省级发展规划，支持相关工业发展，满足本省生产需求，也可起到引领全国发展作用。小浆果和食用菌等区域性或规模相对较小的产品，主产区市（县）政府，应重视相关工业的发展，使之成为特色经济产业集群。总之，政府主管部门应重点立项支持相关工业发展。同时，通过招商引资或鼓励大众创业创新发展相关工业，最终实现大小产业集群并存，实现由粮食数量生产大省，向全方位发展的农业强省转变。

四、结 语

坚持"大食物观"，全面开发利用本地国土资源，拓宽农业生产领域。在此基础上，招商引资与大众创业、大中小微企业同步发展，走农业产业化发展道路。重视产品策划营销，实现农业"产加销"一体化，打造乡村特色产品知名品牌。壮大村集体经济应重视发展农产品加工业，农民生产合作社应向产品加工和销售发展。做到一般"初加工不出村""精深加工不出县"，参与建设区域特色农业产业集群。重视农业产前、产中和产后相关工业，推动黑龙江省从粮食大省向农业强省转变。

第六章　加快乡村产业振兴的对策建议

2021年黑龙江省有67县（市）、901个乡镇和9 026个行政村。尽管以往已经有乡村产业振兴的好典型，但因影响乡村产业振兴因素复杂，各乡村经济基础不同，资源禀赋又有较大差异，实现乡村产业全面振兴，必然是一项需要长期建设的艰巨任务。只有发挥各级职能部门的领导作用，特别是村干部的带头作用，才能加快实现预期目标。农业投资建设决策失误多具不可逆性，这需要各级政府制定产业发展规划，各地紧密结合乡村具体情况，选准产业项目，牢牢把握发展方向，扎实稳步推进，同时应特别重视采取综合发展对策。

一、转变乡村发展理念

黑龙江耕地规模大，以往农村劳动力主要从事粮食生产，粮食生产也是农民收入最主要的来源。粮食单季生产时间短，产品又有相对耐贮性，加之国家还有生产补助等，与其他种植业、养殖业和加工业相比投入成本较低，生产风险性较小，收入稳定性较大。但随着农业机械化发展，劳动生产率提高，劳动剩余时间也大幅度增加。特别是黑龙江省冬季严寒，"半年生产半年闲"，本地又缺少就业增收机会，由此产生年轻人外流等一系列农村问题。但从土地流转价格走高也未出现农田弃耕角度看，说明粮食生产仍然是农民增收的重要途径。

需要注意的是，耕地面积再增加的可能性已经很小，全范围各粮食作物单产大幅度提升潜力有限，一般情况下，粮食销售价格也不可能持续大幅度提升。随着农业机械化的进一步发展和社会化服务体系的不断完善，从事粮食生产的劳动力还将进一步减少，种粮农民大幅度增收主要是靠扩大生产规模。由于原粮生产"农民可增收，政府不增税"，对发展区域经济作用有限，国家又鼓励外出打工人员返乡创业，为此，黑龙江农村应在稳定做好粮食生产的基础上，适应形势变化，转变对原粮数量生产过度依赖传统理念，树立"大食物观"新理念，全面开发本地一切资源，引导农村剩余劳动力，向其他种植、养殖和农产品加工业，以及社会服务体系发展（图6-1），由此实现留住人才，推动乡村实现产业振兴。

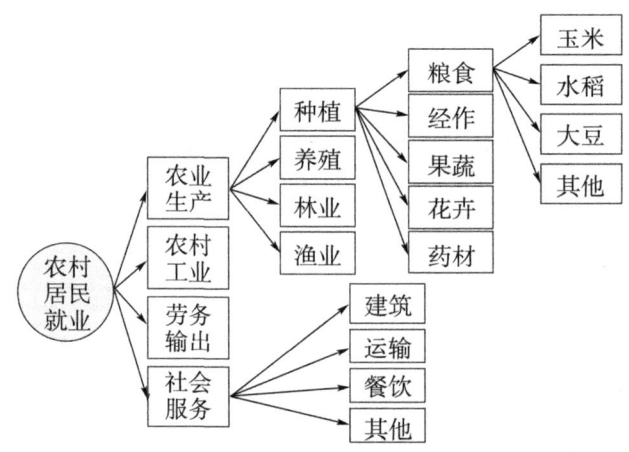

图 6-1 黑龙江农村居民就业路径示意

二、尽快出台乡村振兴规划

我国正处于城乡社会结构大变革时期，农村交通和通信，以及农业生产方式等都在不断发生变化。以往过于分散的小村屯人口已迅速减少，农民开着汽车或骑着摩托去管理农田已很普遍。黑龙江地域辽阔，作为我国边境地区，农村人口不宜过少，居住地也不宜过于集中或分散，农区、林区和垦区乡（镇）村应统筹规划，合理分布，确保单位国土资源面积有稳定的乡村人口。鉴于黑龙江特殊的粮食生产、丰富的农业资源和内陆边境地区的特殊性，应尽快制定县乡村三级发展规划，争取国家支持，率先探索乡村改革，为乡村产业发展奠定稳定的发展基础。

我国乡村振兴最终目标是实现城乡一体化，国家对乡村建设支持力度也会不断加大。需要规划解决高寒地区乡村冬季供暖、医疗卫生、子女上学、生活环境和文化娱乐等主要问题。乡村应注意保留田园风光，适度允许保留种植养殖，与城市生活相比较应有"收入不低住房大，活不太累环境好，社会保障都一样，文化娱乐也不少"等基本特点，城乡生活环境应各具特色，使乡村成为宜居宜业的美丽家园（图6-2）。乡村也应成为城市居民退休返乡生活的乐园。尽早出台乡村长远发展规划，有利于各类产业稳定持续发展。县（市）、乡（镇）和中心村，都可以成为乡村人口聚集地，同时发展农产品加工业作为产业支撑。中心村以下村屯可重点发展规模化养殖业，建设大牧场，确保实现人畜分离和建设美丽乡村。

图 6-2 建设宜居宜业的美丽乡村

三、壮大乡村集体经济

发展现代农业,实现乡村振兴,需要把分散的土地和自主经营的农民有效地组织起来,实现适度规模经营,这需要发挥行政村领导的主导作用。国家对乡村振兴支持投入虽然会不断增加,但主要是普惠性建设投入或项目试点。我国江苏华西村、山东西王庄村和河南南街村等著名的富裕村,几乎都是靠村集体经济发展起来的。安徽小岗村和山西大寨村深化改革,走壮大村集体经济道路,都成为探索壮大村集体经济的好典型(图 6-3)。只有壮大村集体经济,增强村级财力,才能增强村民凝聚力,加快推动乡村振兴建设。

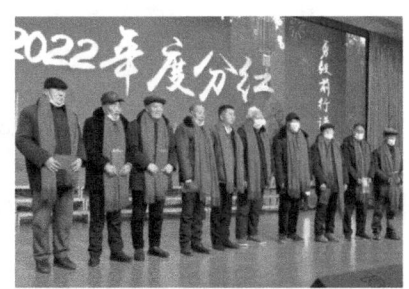

图 6-3 安徽小岗村实现村民变股民

一些行政村靠出租土地资源等虽然也能获得稳定收益,但没有农业产业还很难实现留住乡村人才和全部行政村产业振兴的发展目标。上级对村行政管理和党建等工作均有明确的要求和考核指标,村支部书记工作繁杂、任务量大,而发展村集体经济更是工作中的难点。应把村支部书记发展乡村产业当作考核业绩的重要指标。驻村第一书记应重视在促进产业发展中发挥作用。壮大村集体经济,应重视推广村集体经济股份制管理,实现"农民变股民"身份转变。对于行政村来说,一是重视建设服务生产主体的社会化服务体系,这有利于提升农业生产质量和降低生产成本;二是创办农产品加工企业或其他工业,村办企业应重视采用招聘合伙人的方式,实行经理责任制,确保生产高质量稳步发展;三是因地制宜创办乡村旅游和社会服务业;四是各级政府投入的项目资金,都应作为行政村投入股份管理。

四、招商创业同步发展

依托优势农业资源招商引资发展相关工业已成为普遍共识。较大企业一般需要集中用电、规模用地和大量用工等基本条件,为此,一般县(市)以上政府都建设经济开发区集中发展工业企业。黑龙江在各类粮食加工、食品制造、饲料生产、养殖和屠宰业等领域已取得显著成效,龙头企业发挥着带动作用。需要注意的是,在招商引资的同时,还应鼓励本地人主动创业,特别是走小微企业发展道路,与大中型企业共同建设产业集群,这对全面实现乡村产业振兴有重要意义。小微企业生产"小商品",销往国内外"大市场",也可以获得"大效益"。小微企业积累发展,使生产要素不断发生转变,最终实现小微企业做大做强,发展成大中型企业(图6-4)。

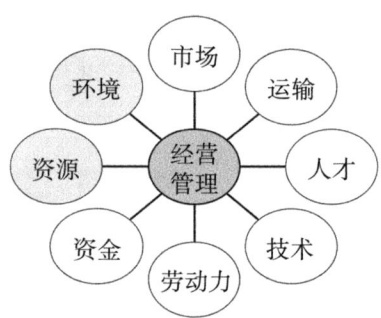

图6-4 农村企业发展要素构成示意

招商引资与大众创业同样重要,两条腿走路,缺一不可。小微企业对乡村留住人才和繁荣至关重要。一是广泛宣传发展小微企业重大意义,特别是宣传"地产资源产业化",坚持"后发经济理念"创业,重视"拿来主义""替代主义"和"外销替代"选项目,生产"专精特新"产品,突出特色在市场竞争中发展产业。二是村集体重视发展地产资源加工业,引导农民生产合作社发展产品初加工,实现"产加销"一体化。鼓励乡村青年、打工返乡人员和复员退伍军人等创办小微加工企业。重视把本地人培养成"企业老板"和"农村经纪人"。三是鼓励乡村人员依据地产资源,与大专院校和科研单位合作,"研企"结合创办科技型小微企业。以企业增值为基础,完善利益共享机制，确保企业持续发展。

五、重视冬季加工生产

黑龙江省"冬闲"时间长，又缺少就业增收的机会，这是外出打工人多和难留人才的重要原因。发展农村工业，特别是农产品加工业是容纳剩余劳动力就业的根本途径，其中"冬季室内加工"是关键。发挥农业生产资源类型丰富和环境优良的优势，充分利用农村闲置空房，把握好各级政府重视发展乡村产业的机遇，加快发展冬季室内加工业。

关键是选准项目、扩大销售和获得收益。除简单的冻品和干品初加工外，小商品精深加工更具发展潜力。种植业发展"夏产秋贮冬加工"产业链，如火锅用的年糕片、各种口味的糖醋蒜、多种蔬菜的果蔬脆、马铃薯粉条、方便食用的预熟豆和精包装木耳礼品盒等。延长各类养殖屠宰期和鱼类捕捞期，加工鲜品或冷冻保鲜再加工，生产各类肉罐头、酱肉和香酥鱼等。人工栽培和野生产品可腌渍再加工，如蕨菜、酸菜和小酱菜等。应注意把握好生产特色产品、大众消费品、终端消费品。另外，培育家庭工场、手工作坊和乡村车间，探索发展其他工业产品，为大中型企业生产配套产品，以及与人们生活密切相关的特色消费品。如适合高寒地区使用的加厚衣帽和木制洗浴盆等（图6-5）。借此留住乡村实用人才，实现农村居民全年生产增收，发展"一村一品""一乡一业"，实现乡村全面产业振兴。

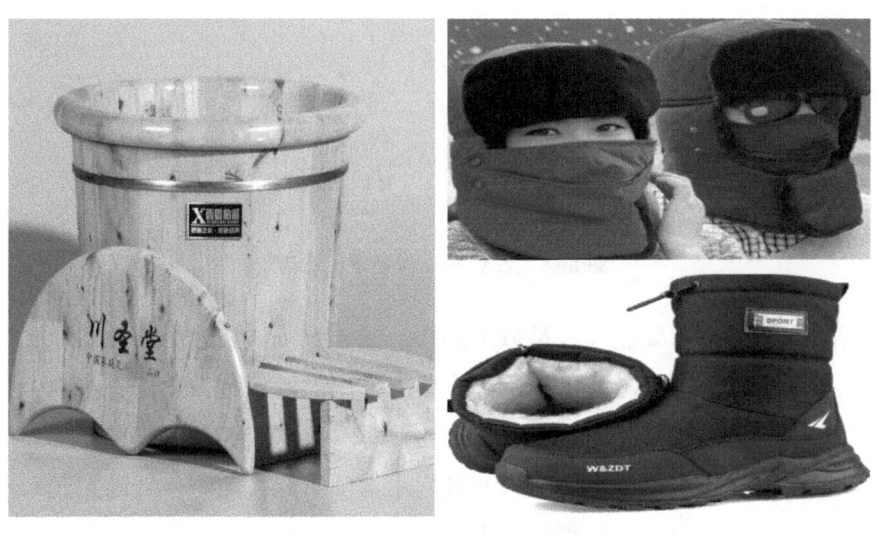

图6-5 寒地特色生活消费品示意

六、完善科技支撑体系

实现农业生产可持续发展需要有公益性为主的科技体系有效支撑。我国农业科技体制正在探索发展过程中，目前存在的主要问题是国家与地方科研、科研与教学、科研与推广、高新技术与常规技术、公益性科研与企业创新等协同攻关效果有待提高。科研在现代农业发展中，主要任务应该是技术创新、产品创新和知识创新，同时还需要为政府相关规划和资金投入等提供科学决策依据。目前科研多为"利益导向""经费导向""成果导向"，且学术交流体制不完善，这都是深化农业科技体制改革需要探讨的问题。黑龙江省是我国特殊的大农业区，应争取国家政策和资金支持，率先做省级农业科技体制全面改革先行试点，更有效发挥科技支撑现代农业发展和乡村全面振兴的作用（图6-6）。

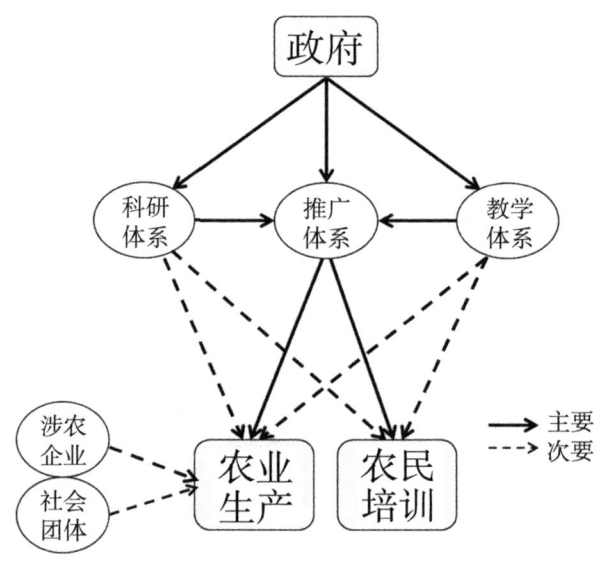

图 6-6 农业科技体系建设参考

完善科技支撑体系的要点，一是分工协作。基于农业科技创新的长期性和推广范围的广泛性，应明确以政府主导技术推广为主线，推广、科研和教学任务主次分明，分工协作，发挥整体效应的机制。二是服务本省。针对本省生产存在的问题，科研以应用研究为主；教学以为本省培养人才为主，兼顾应用基础研究；同时，与国家基础研究和高新技术研究紧密结合，提升科技创新水平。三是培训体系。以提升全体农民科技素质为目标，建设省市县乡四级科技培训体制机制。做到有师资队伍和培训基地，培训覆盖所有生产生活领域，实现有针对性的专门技术培训。国家惠农资金应按比例用于科技培训。四是企业创新。以营利为目的的涉农企业,只能在"可垄断物化成果"方面成为科技创新主体。如杂交作物种子、特殊肥药和农机具等,而公益性创新只能依靠政府科技体系完成。应鼓励发展非政府资金支持的社会团体服务农业。五是学术交流。发挥各级专业学会的作用,定期召开专题研讨会,反映生产发展需求,交流学术思想,论证重大项目投资,集思广益,提出发展对策建议,确保乡村全面振兴加快发展。

七、争取国家项目支持

目前,黑龙江省县域乡村面临青壮年人外流、人口出生率下降、经济发展迟缓等影响可持续发展瓶颈问题。主要原因是严冬气候和边缘区位增加生产成本,制约工业发展,以及就业岗位少和人均收入较低等。我国重视粮食生产,同时又推进乡村振兴战略,特别是正在实施的"东北老工业基地振兴"计划。为此,在一般招商引资发展工业的基础上,应突出商品粮生产可持续发展为国家粮食安全作贡献,以及地处东北边疆肩负国家安全职责等,精心谋划,努力争取国家政策和项目资金支持,实现加快县域经济和乡村产业振兴发展目标。

以各类农业生产的产前、产中、产后相关工业为主争取项目资金支持,推进建设各类农业产业集群。一是优先争取农产品精深加工企业,可以起到龙头企业带动产业化发展作用。依据优势资源,每个县(市)都应争取大项目;每个乡村,特别是边境地区乡村都应争取相适应的农产品加工项目。二是积极争取主粮生产的"良种"、养殖的"种畜"和食用菌的"菌种"繁育等生产保障体系建设项目资金支持。突出商品粮生产,还应更多争取国家土地整理、高标准农田建设和水利工程等重大项目投资支持。国家各类农业示范园区建设项目和乡村产业振兴项目也应向黑龙江倾斜(图6-7)。三是应发挥黑龙江老工业生产基地"军工"和"重工"企业人才、技术和设备等优势,在产能过剩的情况下,关注向现代农业相关工业和人们生活相关轻工业兼营生产,"军兼

图6-7　各类产业园和生产基地开工仪式

民,重兼轻,融合发展提产能"。四是应总结以往投资建设的成功经验和失败教训,各级政府投资建设项目的资金,都需要建立有效的专家论证制,并实施效果考核问责制,确保投资建设取得实效。

八、营造产业发展氛围

随着现代农业发展,我国各地农业生产方式、生产结构和农民增收途径,甚至居住地等,都在不断变化过程中。黑龙江省大平原多,以商品粮生产为主,但区域农业资源禀赋差别也较大,产业类型和现代化发展路径也不可能完全相同。坚持问题导向,认清发展大趋势,需要走好地产资源产业化发展道路,建设各类高效益农业产业集群。由此实现"农业持续发展、农民生产增收、企业加工增效、剩余劳力就业、壮大集体经济和政府财政增税"的乡村全面振兴和县域经济加快发展,最终实现城乡一体化目标。

黑龙江加快乡村产业振兴,需要转变以往的计划经济思维,以及农村就是"种养"和"重大轻小,重招商轻创业"等传统理念,树立"敢为天下先"创新发展精神,调动创新创业发展积极性,发展适合乡村的各类相关工业,实现乡村产业化。这需要充分发挥社会舆论的导向作用,营造乡村产业发展的良好社会氛围。一是各类新闻媒体加强宣传报道乡村发展产业的好典型,深入总结可借鉴创业经验,起到引领乡村产业全面振兴示范作用(图6-8)。二是大力宣传依靠地产资源发展加工业的经验,引导专业合作社和本地居民,以及城市未就业人员到乡村创办农产品加工企业。三是各级政府应重视表彰创业发展的先进典型个人、先进村和企业,提升其社会影响力。四是鼓励发展农产品精深加工和打造知名品牌,各县(市、区)应评选农产品知名产品,推动其升级为市级、省级和国家级知名品牌。

图6-8 带领村民自主创业壮大村集体经济的好典型
——尚志市元宝村党总支终身名誉书记张宝金

九、结　语

全面实现乡村产业振兴，需要牢牢把握地产资源产业化发展方向。这是一项影响因素复杂和需要长期坚持建设的系统工程。黑龙江省乡村具有高寒气候、边疆地区和商品粮基地等显著特殊性。应在重视争取国家相关政策和项目资金支持的基础上，坚持问题导向，扬长避短，因地制宜，采取相应综合发展对策。有效发挥村集体的组织领导作用，牢牢把握全面开发国土资源、走产业化发展道路、建设各类产业集群和实现全年旅游观光等关键问题，加快全面实现乡村产业振兴、促进县域经济发展和城乡一体化发展目标。

参考文献

董盈，李天池，2023. 让头昂起 把尾拉长 [N]. 黑龙江日报，2023-09-07（4）.

段新宇，王敬元，谷英楠，等，2022. 农业产业化推动城镇化发展分析 [J]. 农业展望，18（3）：26-29.

国家统计局，2022. 中国农村统计年鉴 [S]. 北京：中国统计出版社.

国家统计局，2023. 中国统计年鉴 [S]. 北京：中国统计出版社.

国务院，2016. 关于推进农村一二三产业融合发展的指导意见 [J]. 中华人民共和国国务院公报（2）：41-45.

国务院，2019. 国务院关于促进乡村产业振兴的指导意见（国发〔2019〕12号）[EB/OL]. 中国政府网，2019-06-28. https：//www. gov. cn/zhengce/zhengceku/2019-06/28/content_ 5404170. htm? eqid=91068fec00007b1e00000006648fcccf.

黑龙江省人民政府，2022. 黑龙江省产业振兴行动计划（2022—2026年）（黑政发〔2022〕15号）[EB/OL]. 黑龙江人民政府网，2022-06-21. https：//www. hlj. gov. cn/hlj/c108376/202206/c00_ 31186046. shtml? eqid=97fe1a4b003cae290000000264648266.

黑龙江省人民政府，2023. 加快推进农产品加工业高质量发展三年行动计划（2023—2025年）（黑政办规〔2023〕3号）[EB/OL]. 黑龙江人民政府网，2023-07-10. https：//hlj. gov. cn/hlj/c116009/202307/c00_ 31648033. shtml.

黑龙江省统计局，2022. 黑龙江统计年鉴 [S]. 北京：中国统计出版社.

姜莹，李文枫，李晓晨，等，2020. 壮大乡村集体经济问题与对策研究 [J]. 黑龙江粮食（9）：32-36.

矫江，等，2008. 农村经济发展与农民增收 [M]. 北京：中国农业出版社.

矫江，刘艳霞，苏戈，2021. 建设农业产业集群发展乡村循环经济 [J]. 奋斗（9）：40-42.

李方权，姜莹，段新宇，2022. 提升黑龙江省种业创新能力对策研究 [J]. 黑龙江粮食（11）：15-17.

刘艳霞，矫江，毕洪文，等，2022. 农业优势产业集群的条件及建议 [J]. 农业科技通讯（3）：14-16.

农业农村部, 2021. 农业农村部关于拓展农业多种功能 促进乡村产业高质量发展的指导意见（农产发 [2021] 7 号）[EB/OL]. 中国政府网, 2019-11-17. https://www.gov.cn/zhengce/zhengceku/2021-11/19/content_5651881.htm.

农业农村部, 2020. 农业农村部关于印发《全国乡村产业发展规划（2020—2025年）》的通知（农产发〔2020〕4 号）[EB/OL]. 中国政府网, 2020-07-09. https://www.gov.cn/zhengce/zhengceku/2020-07/17/content_5527720.htm.

王敬元, 段新宇, 谷英楠, 等, 2021. 黑龙江省乡村产业模式及振兴路径 [J]. 农业展望, 17 (9)：103-107.

习近平, 2022. 高举中国特色社会主义伟大旗帜 为全面建设社会主义现代化国家而团结奋斗——在中国共产党第二十次全国代表大会上的报告 [J]. 求实 (21)：4-35.

中共中央, 国务院, 2018. 乡村振兴战略规划（2018—2022 年）[EB/OL]. 中国政府网, 2018-10-20. https://www.gov.cn/zhengce/2018-09/26/content_5325534.htm.